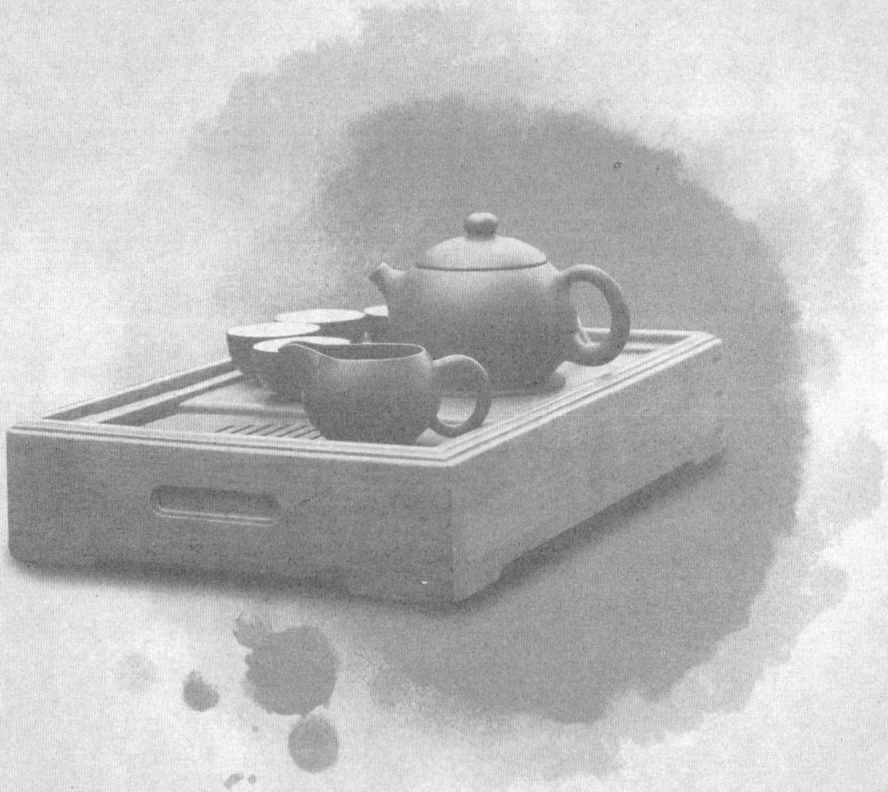

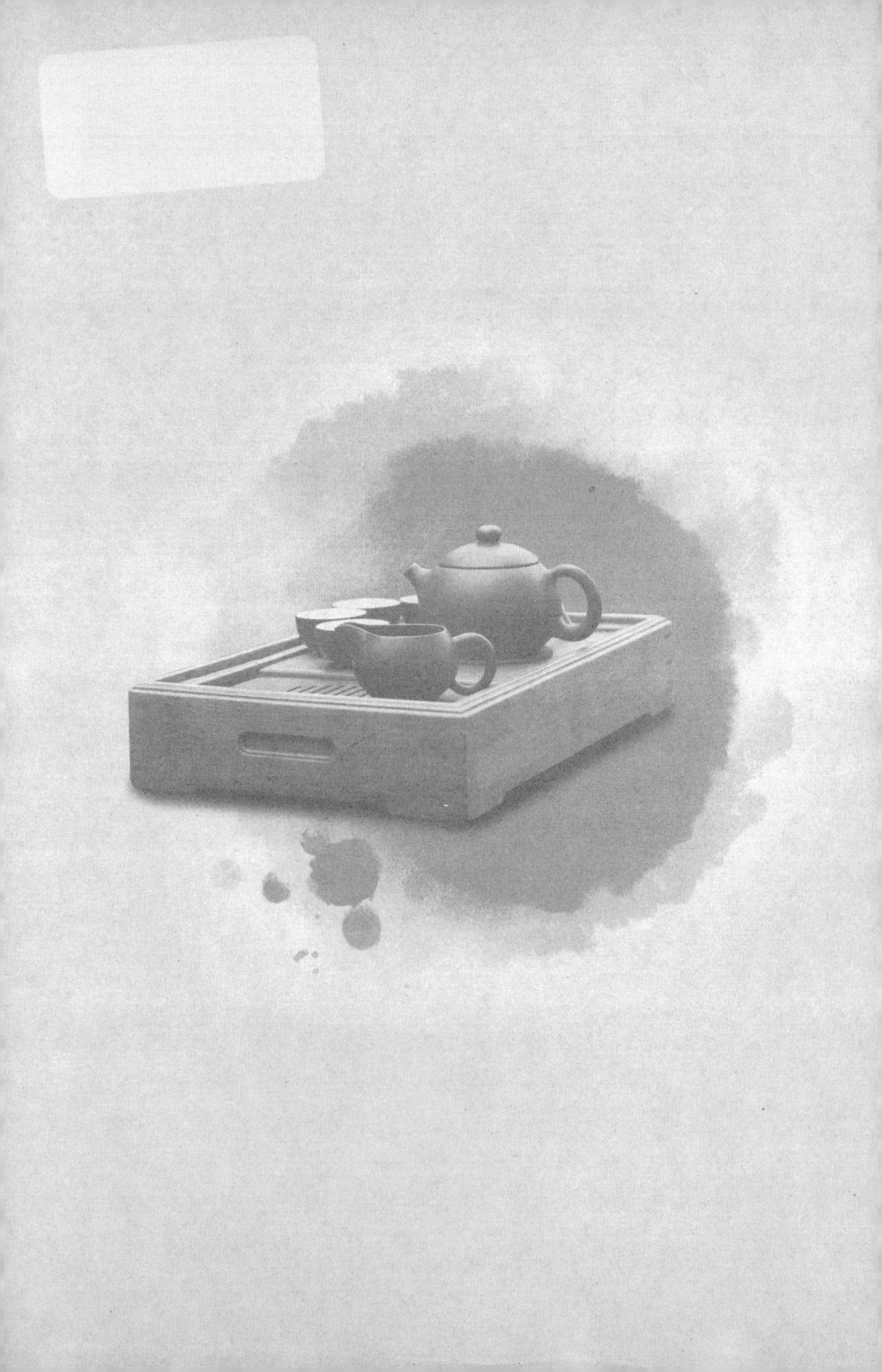

生活的哲学与哲学的生活

《茂名市哲学社会科学知识普及》丛书

唐少莲 ○ 著

黑龙江人民出版社

图书在版编目(CIP)数据

生活的哲学与哲学的生活 / 唐少莲著. —哈尔滨：黑龙江人民出版社, 2015.5(2021.3重印)
ISBN 978－7－207－10339－0

Ⅰ.①生… Ⅱ.①唐… Ⅲ.①哲学—通俗读物 Ⅳ.①B－49

中国版本图书馆 CIP 数据核字(2015)第 121928 号

责任编辑：梁玉梅
封面设计：张　涛

生活的哲学与哲学的生活
Shenghuo De Zhexue Yu Zhexue De Shenghuo

唐少莲　著

出版发行	黑龙江人民出版社
通讯地址	哈尔滨市南岗区宣庆小区 1 号楼
邮　　编	150008
电子邮箱	hljrmcbs@ yeah. net
网　　址	www. longpress. com
印　　刷	三河市华东印刷有限公司
开　　本	787 毫米×1092 毫米　1/16
印　　张	15
字　　数	210 千字
版　　次	2015 年 6 月第 1 版　2021 年 3 月第 2 次印刷
书　　号	ISBN 978－7－207－10339－0
定　　价	29.00 元

网络出版支持单位：东北网络台(www. dbw. cn)
本社常年法律顾问：北京市大成律师事务所哈尔滨分所律师赵学利、赵景波
(如发现本书有印刷质量问题,印刷厂负责调换)

编委会

主　任：向　欣　崔　爽
副主任：邱克俭　黄国琪
编　委：李　润　车永强　文亚青　张忠江
　　　　　卢　诚　陈元福　钟世玉　谈　毅
　　　　　陈文钦　唐少莲　梁德萍　周绍健
　　　　　关锡飞　姜桂义　马　波　闫亚平

前　言

思想是行动的先导。哲学社会科学是人们认识世界、改造世界的重要工具，是推动历史发展和社会进步的重要力量。繁荣发展哲学社会科学事关党和国家事业发展的全局。人类文明发展史表明，人类社会的每一次重大变革以及社会形态的更替，都首先是从思想意识开始的；一个民族要兴旺发达，要屹立于世界民族之林，不能没有创新的理论思维。社会科学，是人们在改造社会的实践过程中，经过积累升华而形成的对社会现象和社会历史发展运动规律的科学认识，其功能主要是帮助人们解决世界观、人生观和价值观，解决理论认识和科学思维，解决对社会发展、社会管理规律的认识和运用，发挥着认识世界、传承文明、创新理论、咨政育人、服务社会的重要作用。

毛泽东同志指出："代表先进阶级的正确思想，一旦被群众掌握，就会变成改造社会、改造世界的物质力量。""任何思想，如果不和客观的实际的事物相联系，如果没有客观存在的需要，如果不为人民群众所掌握，即使是最好的东西，即使是马克思列宁主义，也是不起作用的。"中共中央《关于进一步繁荣发展哲学社会科学的意见》（以下简称《意见》）也指出："掌握必备的哲学社会科学知识，特别是马克思主义辩证唯物主义和历史唯物主义，对于人们正确认识纷繁复杂的社会现象，提高道德素养和精神境界是十分重要的"，对于领导干部特别是高级干部讲政治、懂全局、驾驭复杂形势、研究战

生活的哲学 与哲学的生活

略策略、提高领导水平,更是十分重要的。而要使更多的人掌握哲学社会科学知识,并把这些知识更好地运用到各自的工作和生活中去,离开社会科学知识的普及是根本无法实现的。社科普及,是促使人们知识形态的生产力转化为物质形态的生产力的重要途径和不可或缺的环节。因此,《意见》强调要加强哲学社会科学的宣传和普及,大力宣传哲学社会科学研究的优秀成果,扩大优秀成果的社会影响力,推动优秀成果更多更及时地应用于实际。

目前,摆在我们面前的一个难题,就是如何有效地进行社科普及,通过大众化的途径、多样化的方式、通俗化的语言和生活化的载体,把哲学社会科学知识传播给广大社会公众,并为广大社会公众所接受、掌握和运用。

2014年5月,广东省第十二届人大常委会通过了《广东省社会科学普及条例》,要求"各级人民政府应当加强本行政区域内社会科学普及的领导工作,将社会科学普及工作纳入本级国民经济和社会发展总体规划及年度工作计划,制定促进社会科学普及工作的政策措施","制定社会科学普及作品出版计划,组织有关专家进行社会科学普及创作,编写社会科学普及读物,进行社会科学宣传,推动社会科学普及工作"。应这一形势的需要,中共茂名市委宣传部、茂名市社会科学界联合会成立编委会,组织有关社科理论专家、教授编写并陆续推出一套社会科学普及读物——《茂名市社会科学知识普及》丛书,旨在加强我市社会科学普及工作,提高公民社会科学文化素养,促进人与社会的全面发展。

由于社会科学普及的内容很广,涵盖了哲学、法学、史学、文学、政治学、社会学、心理学、经济学、伦理学、管理学、教育学、人类学和文艺学等社会科学基础理论及应用知识,加上我们编辑的时间以及人力、物力和财力的限制,丛书既不能穷尽所有,也不能同时推出,而且疏漏难免,敬请广大读者批评指正。

《茂名市社会科学知识普及》丛书编委会
2015年6月

目 录

导言:哲学与生活 ……………………………………………………（1）

第一章　什么是哲学? ……………………………………………（10）
　一、爱智慧——回归本原的哲学 …………………………………（10）
　二、惊奇——哲学的起源 …………………………………………（21）

第二章　作为"玄学"的哲学 ……………………………………（37）
　一、哲学是科学吗——关于哲学与科学的思考 …………………（37）
　二、转识成智——关于哲学与常识的思考 ………………………（44）
　三、请别用理性来诠释信仰——关于哲学与宗教的思考 ………（50）

第三章　作为价值关怀的哲学 …………………………………（58）
　一、电车该怎么开——道德困境及其反思 ………………………（58）
　二、谁更有价值——动机与效果的争论 …………………………（64）
　三、亲亲相隐还是大义灭亲——情与理的挣扎 …………………（71）

第四章　作为批判精神的哲学 …………………………………（77）
　一、上帝存在吗——一切都值得怀疑 ……………………………（78）
　二、王侯将相宁有种乎——破了还需要立 ………………………（88）
　三、理发师与说谎者——关于哲学悖论 …………………………（96）

第五章　作为思维方式的哲学 …………………………………（106）
　一、在理性的天平上打量——一个严谨求实的世界 ……………（106）

二、在澄明的心灵中感悟——一个豁然开朗的世界 …………（122）
三、在创新的实践中突破——一个柳暗花明的世界 …………（133）

第六章　作为人生境界的哲学 ………………………………（150）
　　一、追问意义——人活着的理由 ……………………………（150）
　　二、真、善、美——人生的永恒追求 ………………………（158）
　　三、境界的提升——人生修养与层次 ………………………（170）

第七章　作为行动指南的马克思主义哲学 …………………（178）
　　一、马克思主义的基本立场 …………………………………（179）
　　二、马克思主义的基本观点 …………………………………（189）
　　三、马克思主义的基本方法 …………………………………（208）

主要参考文献 …………………………………………………（226）
后记 ……………………………………………………………（228）

导言:哲学与生活

德国哲学家莱布尼兹在评价中国哲学时说过:"所谓哲学无非是一门幸福的科学。"

的确,哲学是提升我们幸福感的学问,但现实中有许多人却过着一种没有哲学的生活。

多年以前,一个上大学二年级的女学生给我打来电话,莫名其妙地抛出一个无厘头的问题:"老师,我该怎么办?"

我问:"发生了什么事吗?"

她说:"我到你办公室去吧。你一定要帮我啊!"

见面后我才发现,这个女生很瘦弱,但眉宇间除了一丝忧郁,更多的是倔强。

她明明白白地告诉我:她被男朋友抛弃了。所以,第一,她想报复;第二,她不想活了。

按照常规,作为她的哲学老师,我应该立即宽慰她:做人应该学会放下、忘记和宽容,千万不要报复,因为冤冤相报何时了;更应该郑重地告诫她:每个人都要学会尊重生命,不能自杀,因为生命只有一次。

可我一开始什么都没说。我只是静静地看着她,听她倾诉。然后轻轻地问一句:"你打算怎么报复?又打算怎么离开这个世界?"

沉默了好一阵,她说:"老师,我还没想好。其实我不是真的想报复,也并不是真的想离开这个世界。"

我说："那就对了。报复能解决什么问题呢？自杀又能解决问题吗？"我给她讲了一个禅宗的故事：

一位禅学大师有一个老是爱抱怨的弟子。有一天，大师派这个弟子去集市买了一袋盐。弟子回来后，大师吩咐他抓一把盐放入一杯水中，然后喝一口。

"味道如何？"大师问道。"咸得发苦。"弟子皱着眉头答道。

随后，大师又带着弟子来到湖边，吩咐他把剩下的盐撒进湖里，然后说道："再尝尝湖水。"弟子弯腰捧起湖水尝了尝。

大师问道："什么味道？""纯净甜美。"弟子答道。

"尝到咸味了吗？"大师又问。"没有。"弟子答道。

大师点了点头，微笑着对弟子说道："生命中的痛苦是盐，它的咸淡取决于盛它的容器。"

我问女生："生活中的你是愿做一杯水，还是一片湖呢？"

女生若有所悟。我接着通过几段对话和几个小小的比方引导她一步步地深入思考：

第一段对话：我问："你现在还爱他吗？"她说："爱。"我说："那你希望你所爱的人幸福吗？"她答："如果他继续爱我，我就希望他幸福；如果他抛弃我，我就希望他不幸福。"我问："那你认为你的这种爱是真正的爱呢还是自私的爱？是愿意为所爱的人奉献所有的无私的爱呢还是一心只想占有对方的自私的爱？"她不好意思地回答："我的爱的确是自私的。"稍微停顿一下，她又说："不过，爱情本来就是自私的嘛！"她小声地争辩着。我进一步引导说："假设你所爱的人提出与你分手的确伤害了你，那么你认为是现在分手造成的伤害要大一些，还是他假装继续爱你、并与你结婚生子、但实际上身在曹营心在汉对你的伤害要大呢？"女生沉默了。我说："退一万步讲，即使是他的不对，伤害了你，是不是一定要伤害他才是你最好的选择呢？就像你

导言:哲学与生活

早晨出门,突然被一条狗咬了一口。这时你有两个选择:第一是追上去也狠狠地咬狗一口,出了心中那口怨气;第二,立即去防疫站打狂犬病疫苗。"我问她:"你会怎么选择呢?"过了一会儿,她说:"老师,我还是不与狗一般见识吧。"我说:"恭喜你做出了正确的选择。追上去咬狗就是报复,可是即便咬到了狗又解决了什么问题呢? 恐怕真咬了之后,不但没有你想象中的快感,说不定会比原来更加难受呢。"

第二段对话:我说:"现在给你打个比方。假设你与我一起结伴去北京旅游。我们坐火车从广州出发,到了长沙。我们突然发现,这列火车不是开往北京的,而是开往乌鲁木齐的。这时你也有两个选择:第一,立即下车,换乘正确的火车前往北京;第二,将错就错,到乌鲁木齐算了。"我问:"你又会怎么选择?"她几乎不假思索地回答:"我肯定换车,因为我是要去北京啊。"我说:"对呀。恋爱就像结伴旅游,两个人奔向一个共同的目的地。走了一段之后,发现这列火车根本到不了目的地,那就及时下车,换乘别的火车啊。你不是也选择下车吗? 为什么要一错到底呢?"

第三段对话:我说:"假设我与你谈恋爱,你不爱我了,终于一脚把我踹了。如果说我们俩非得有一个人要去跳楼,是你去还是我去?"她回答:"老师,当然你去。我把你踹了,我为什么要跳呢?"我问:"那我又为什么要去跳呢?"她说:"你失恋了,你失去了心爱的女人,你会痛苦不堪,当然你去跳。"我说:"我肯定不去,要跳你去跳。"她问:"为什么?"我告诉她:"很简单! 如果你是一个可恶的人,那么你把我踹了,让我终于摆脱了你这个可恶的人,这不是值得高兴的事吗? 我为什么要与一个可恶的人长久生活在一起呢? 反之,如果你是一个可爱的人,虽然你不爱我了,但我依然深爱着你。所以,如果你把我踹了,你的损失比我大。因为你失去了一个深爱着你的人;而我呢,只是失去了一个不爱我的人罢了。"

第四段对话:我说:"我们来谈谈自杀的问题。其实我们每个人都没有理由自杀,因为我们与生俱来就是生活的强者。"女生不解,问:"像我这样被

3

生活的哲学 与哲学的生活

别人无情地抛弃了,也能算是生活的强者吗?"我回应说:"当然!你想想,你是怎么来到这个世界的呢?"女生答:"爸爸妈妈把我带到这个世界来的。"我说:"对呀,但当初你爸爸妈妈为什么生下的是你,而不是别人? 你要知道,当初你爸爸'播种'的时候可是有几亿个细胞呀。在那几亿个细胞中,作为你前身的那个细胞争先恐后、勇往直前,战胜了几亿个竞争对手,才得以与你妈妈的那个卵细胞'胜利会师',才有了今天的你啊。因此,你的出生本身就是一种奇迹。你想想看,人生什么时候、什么阶段比那个时候的对手更多? 几亿个对手你都可以战胜,你难道不是最牛的那一个? 你难道不是生活的最强者?"

那女生很惊愕地看着我,说:"老师,我明白了。生活,有时只要换一个思路,就是另外一个境界。"

我很庆幸,通过几段简单的对话、打几个简单的比方,那个学生就得到了她应该得到的东西——一种对新的生活哲学的透彻领悟。的确,很多人以为哲学晦涩难懂,抽象枯燥,于生活毫无用处。其实,这是对哲学极大的误解。真正的哲学,乃是生活的哲学,任何脱离生活的哲学,要么是故弄玄虚,要么是无病呻吟。就像我与学生的那几段对话,表面上与哲学毫无关系,实际上在不经意间,我已经与她进行了关于如何处理怨恨、如何对待恋爱与失恋、如何善待生命以及如何全面客观地看问题等一系列人生哲学的交流。在我的哲学课堂上,我对学生说的最多的一句话是:哲学源自生活。哲学思维与人类的生活经验息息相关。如果你要问我哲学是什么,我会告诉你:哲学就是生活,生活就是哲学。

其实,哲学与生活的统一在古希腊就开始了。曾经有人问哲学家亚里士多德:"你和平庸的人有什么不同的地方?"亚里士多德淡淡一笑,举重若轻地说:"他们活着是为了吃饭,而我吃饭是为了活着。"的确,庸人享口福之乐,哲人享智慧之乐;庸人享物质之乐,哲人享精神之乐。可以说从哲学诞生之日起,每一个哲学家的生活都是他们哲学思想的映射。不仅是亚里士多德,那时的哲学家,从米利都学派到苏格拉底,从斯多亚学派到犬儒学者,他们的哲学就代表了他们的生活方式和生活态度。

让我们来看一下苏格拉底的两个小故事:

苏格拉底的老婆是个泼辣的女人,是哲学史上最有名的悍妇。她叫桑蒂普,动不动就会河东狮吼。有一天苏格拉底刚一进家门,他的老婆大人不知为了什么就对他唠叨不休,紧接着就是破口大骂,言语不堪入耳。苏格拉底已习惯这一切了,于是就坐在一边一言不发。他老婆看到他对自己不理不睬的,更是火冒三丈,气不打一处来,索性端起一盆子洗脚水兜头一泼,顿时把苏格拉底泼成了落汤鸡。哲学家却像没事一样,不慌不忙地说:"我就知道,雷鸣之后是一定会有暴雨的。"

曾有人问苏格拉底"为什么娶了这么个夫人",他回答说:"擅长马术的人总要挑烈马骑,骑惯了烈马,驾驭其他的马就不在话下。我如果能忍受得了这样的女人的话,恐怕天下就再没有难以相处的人了。"

还有一次,苏格拉底对一位马上就要结婚的学生说:恭喜你!因为你如果娶了一位好老婆,你就会成为一个幸福的人。学生接着问:如果我娶的是坏老婆呢?苏格拉底说:那就更要恭喜你,因为这样一来,你就会成为一名哲学家。

从上述事例可以得知,哲学虽然免不了抽象的推理,免不了深刻的反思,但哲学的推理和反思都来自于生活,绝不是什么故弄玄虚的糊弄和艰深晦涩的概念游戏。生活中的哲学智慧具有三个基本特征:

其一是普遍性。所谓普遍性就是指哲学在生活中无处不在,无时不在。按照哲学界对哲学最一般也最通俗的理解,哲学应该是关于世界观的学问。姑且不论这种理解是否完整、准确,但世界观问题作为哲学的核心问题是不容置疑的。可以说,自从人类作为智慧生物从自然母体脱胎之日起,就一直在不屈不挠地追问我们所生活于其中的这个世界(包括我们自身)的来源、本质等种种真相,从而形成了各种不同的世界观、人生观、方法论等哲学观念。正因为如此，我们的一言一行、一举一动几乎都与哲学息息相关。小至吃饭睡觉、待人接物、修身立命，大至治国安邦、宇宙奥秘、无穷世界，无不可以理解为哲学问题。就像小朋友喜欢问妈妈——我是从哪里来的？这种追问就包含着"我们从哪里来，又到哪里去"这样一个最基本的哲学命题。再如，有的人相信神或者上帝，于是会顶礼膜拜，祈求上苍保佑，赐予他幸运；有的人不信神，相信命运靠自己创造，于是终生勤勉努力，用自己的双手创造自己的幸福。这就是有神论哲学与无神论哲学对我们生活的影响。再比如有的人虽家财万贯，但他并不快乐和幸福；有的人虽然贫穷，却十分满足和快乐。究其实质，乃是不同的人生态度和人生哲学所致。

其二是隐蔽性。所谓隐蔽性是指哲学发挥作用的方式是潜隐不彰的，可谓百姓日用而不知，习焉而不察。就像曹操当年信奉"宁可我负天下人，不可天下人负我"，于他而言，这或许只是他内心积淀的一个人生经验或个人信条，但用今天的观点来分析，则无疑是一种典型的利己主义哲学。在我们的身边，有的人在十件事情里面做成功九件，但他依然很郁闷，认为自己太倒霉，然后不停地纠结：怎么就偏偏有一件事情失败了呢？而有的人十件事情哪怕只做成功一件，他也会很快乐，他告诉自己：啊，我真了不起，我终于做成功了一件事。这两种人也许根本就不懂哲学，但他们的确是悲观主义与乐观主义哲学的代表。

美国一家铁路公司，有一位调车员叫尼克，他工作认真负责，不过有一个缺点，就是他对自己的人生很悲观，常以否定的眼光去看世界。有一天，同事们为了赶着去给老板过生日，都提早急急忙忙地走了。不巧的是，尼克不小心被关在了一辆冰柜车里，无法把门打开。于是他在冰柜里拼命地敲打着、叫喊着，可由于除他之外全公司的人都走完了，没有一个人来给他开门。尼克的手敲得红肿，喉咙喊得沙哑，也没有人理睬，最后他只得绝望地坐在地上喘息。他想，冰柜里的温度在零下20摄氏度以下，如果再不出去肯定会被冻死的。他愈想愈可怕，最后只好用发抖的手，找来纸和笔，写下了遗书。在遗书里,他写道:"我知道在这么冷的冰柜里,我肯定会被冻死的,所以……"当第二天公司职员打开冰柜时,发现了尼克的尸体。同事们感到十分惊讶,因为冰柜里的冷冻开关并没有开启,而这巨大的冰柜里也有足够的氧气,尼克竟然被"冻"死了!

其实尼克并非死于冰柜里的温度,尸检报告也显示没有被谋杀或急病猝死的可能,那么是什么原因呢?他是死于自己心中的"冰点"。因为他根本不敢相信这辆一向轻易不会停冻的冰柜车,这一天恰巧因要维修而未启动制冷系统。他的不敢相信使他连试一试的念头都没有产生,而坚信自己一定会被冻死。于是,他真的死了。与其说他是死于恐惧心理,倒不如说他是死于一种面对不利环境时习惯性绝望的"悲观哲学"。

其三是超越性。所谓超越性就是指哲学的品性是超越的,它超越有限,追求无限;超越当下,追求未来;超越现实,追求理想;超越世俗,追求信念。在当今市场经济大潮铺天盖地席卷而至的时候,很多人习惯于把学问分为两种:一种是能给自己带来升官发财等好处的学问,譬如市场营销、计算机、外语、法律以及绝大部分技术性学科等工具性的学问;一种是不能给我们带来功名利禄等好处的学科,譬如哲学、文学、历史等绝大部分人文类学科。问题是:如果只有给我们带来世俗好处的学问才是有用的,那么当今很多非工具性的学科都将面临生存的考验。事实上,也许非工具性的学问不能给我们带来直接的好处,但它们所给予人类生存的价值一点也不比工具性学科少。正是在这个意义上,我们说哲学有大用而无小用,有远用而无近用。哲学就像春风化雨,润物无声,潜移默化地影响我们的生活方式与生存样态。

因此,如果一定要追问哲学究竟有什么用,我的回答是:学习哲学肯定不能为你提供生活中所需要的柴米油盐,也不一定能使我们升官发财,但生活并不仅仅意味着就是这些东西,就像亚里士多德所言:我们活着并不是为了吃饭。生于钟鸣鼎食之家的贾宝玉,整日为金屋绣榻、锦衣玉食、如云美

生活的哲学 与哲学的生活

女所包围,具备了俗人眼中"幸福的一切条件"。然而大观园中封建礼教的重重羁缚,爱情生活的时时纠缠,并没有给贾宝玉带来幸福生活;相反,精神生活的极大苦恼迫使他选择了远离红尘的道路。释迦牟尼出家前贵为王子,物质方面应有尽有,但他看到人间各种不同的痛苦,而且无论是谁,无论贫富,都无法摆脱生老病死的最终命运,于是放弃太子身份和王宫的安逸生活,离家寻道,艰苦修行,终于在一棵菩提树下修成正果。可见,充裕的物质生活、安逸的生活环境、高贵的社会地位等世俗的一切并不意味着必然的幸福。真正的幸福只有在精神的领地中才能找到。你如果要想使自己的生活更加丰富、更加幸福、更有意义、更为美好,那么以对世界和生活的反思为己任的哲学就是通向美好生活的通途,就是打开幸福宝库的钥匙。哲学并不神秘,也不高深莫测,它就在我们的日常生活中,就是关于我们生活的学问或艺术。

毫无疑问,如果我们是从实用主义的视角去思考哲学的功能,那答案很可能是——哲学没什么用;但如果我们超越世俗功名利禄的追求,超越实用主义的狭隘视野,那么哲学将为我们敞开一个无比神奇的世界。

先秦哲人庄子曾带着一众弟子,走到一座山脚下,看见一株大树,枝繁叶茂,耸立在大溪旁,特别显眼。但见这树:其粗百尺,其高数千丈,直指云霄;其树冠宽如巨伞,能遮蔽十几亩地。庄子忍不住问伐木者:"请问师傅,如此好大木材,怎一直无人砍伐?以至独独长了几千年?"伐木者似对此树不屑一顾,道:"这何足为奇?此树是一种不中用的木材。用来做舟船,则沉于水;用来做棺材,则很快腐烂;用来做器具,则容易毁坏;用来做门窗,则脂液不干;用来做柱子,则易受虫蚀,此乃不成材之木。不材之木也,无所可用,故能有如此之寿。"

按照伐木者的观点,庄子他们所见到的这棵树几乎不能做任何器具,可能是最"无用"的东西了。但正因为这棵树"无用",所以它才得以保存下来,得以避免被人类砍伐,而独享那些"有用"之木难以企及的千年之寿。哲学就像《庄子》中描绘的这棵"无用"之树,看似什么实际的用处都没有,背后却隐藏着一般人看不到的大用。

历史上有许多科学家都自觉地学习哲学、迷恋哲学,不是因为哲学可以给它们带来财富和荣耀,而是因为他们觉得一种有哲学的生活是一种值得过的生活。

意大利著名科学家伽利略年轻时就对哲学产生了浓厚的兴趣,立志于学习哲学,可是他的父亲却不同意。一次,伽利略又为这事去找父亲。

"爸爸,有件事我一直不明白,那就是你为什么要和妈妈结婚?"伽利略问。

"因为我喜欢她。"父亲答道。

"那你没娶过别的女人?"伽利略又问。

父亲赶紧加以纠正:"孩子,绝对没有这种事,我敢对天发誓,我只喜欢你母亲一人,我痴痴地追求着她,要知道你母亲从前是一位非常美丽的姑娘……"

听完父亲的话,伽利略趁机说:"我相信你说的这些话。要知道,现在我也面临同样的处境。哲学是我唯一的需要,除了哲学以外,我不可能选择别的职业,我对它的爱犹如你对母亲的爱一样。"

父亲终于同意了伽利略的要求。

的确,生活离不开哲学,哲学也不能脱离生活。我们每一个人从呱呱坠地开始,随着自我意识的觉醒,就逐渐并一直在思考:"世界是怎么回事?""我是谁?""我是从哪里来的?我来世界上干什么?""我来到世界有什么意义?""人如何才能过上美好的生活?"这一系列永恒的问题,乃是哲学的使命。因此,哲学对于生活,就像空气和水对于我们一样。古罗马哲学家西塞罗说得好:"哲学,人生的导师,至善的良友,罪恶的劲敌,假使没有你,人生又值得什么!"

愿我们每个人都能用一种生活的哲学去过一种哲学的生活!

生活的哲学 与哲学的生活

第一章　什么是哲学？

有人说:"对于一位哲学家来说,最恶毒的问题就是问他什么是哲学。"的确,哲学是"神秘"的,正如一千个读者就有一千个哈姆雷特一样,对于什么是哲学,一千个哲学家就会有一千种不同的答案。诚如德国哲学家叔本华所言:哲学就像一个长着许多脑袋的怪物,每个脑袋都说着不同的语言。或许,正因为如此,古今中外的哲学流派与哲学思潮才百花齐放,异彩纷呈。但,哲学究竟是什么？各种哲学的共性何在？哲学要研究和思考什么问题？它有何独特的理论品格？对所有这些问题的回答,我们要从"哲学"一词的起源说起。

一、爱智慧——回归本原的哲学

古希腊哲学家苏格拉底有一天和他的学生们聚在一块儿聊天。一位出身富豪之家的学生米德夸耀他家在雅典附近拥有一片非常广大的田地。苏格拉底要他拿出一张世界地图,摊开后对他说:请你在这地图上标出你们家的土地吧。米德说:这是世界地图啊,我家的土地怎么可能在上面找到？苏格拉底说:在世界地图上都找不到的财富有什么好炫耀的呢？

的确,在一般人的眼里,有大片土地、有大把财富也许很值得炫耀。但在哲人的眼里,也许不值一提。因为他们追求的根本就不是土地和财富,而是智慧。

第一章 什么是哲学？

古希腊智者毕达哥拉斯说：人生犹如一场奥林匹克竞技，有一种人参加竞赛，赢得光荣，有一种人参加竞赛，赢得财富，而第三种人只在观看，他们就是哲人。

哲人与一般人的区别在哪里？或许在苏格拉底、毕达哥拉斯等古希腊哲学家看来，一个重要的尺度应该是看这个人人生追求的根本目标是什么。如果你每天蝇营狗苟地追求口腹之欲、声色之利、风光之名等外在的东西，无疑你是凡夫俗子；如果你很认真地思考世界和人生，思考人应该如何活着更有价值，追求它们背后的真相、本质和意义等，那么你就是哲人。

希腊文中"哲学"一词是由爱和智慧两个字衍化而来。最早使用philosophia（爱智慧）和philosophos（爱智者）这两个词语的是毕达哥拉斯。所以从词源意义上考察，即从古希腊语的"philein"和"sophia"出发，一般地将哲学理解为"爱智慧"或"智慧之学"。哲学就是"爱智慧"，这大概是目前对哲学最为"共同"的看法。中国古代也用"哲"来指代聪明而有智慧的人。现在的成语"明哲保身"来源于《诗经》里的"既明且哲，以保其身"；《尚书》里说"知人则哲"。这里的"哲"皆指一种洞明而智慧的境界。古语中的"哲"与"聪明"并不一样："聪明"在古汉语中最初是指"耳聪目明"，即眼睛好使、耳朵好使；"哲"则是脑子好使、心智发达、充满智慧的意思。因此，从汉语的词源意义上说，哲学也是一门孕育智慧、使人聪明的学问。19世纪日本哲学家西周首次用汉字"哲学"一词来表示源于古希腊的philosophy，其后被我国学者黄遵宪、康有为等人将这一名称引进中国。"哲学"遂成为我们今天所熟悉的学科。

那么，什么样的问题是智慧的问题？对于古希腊人来说，智慧的首要问题就是追问世界"本原（始基）是什么"的问题。这就类似于我们喜欢问："我们是怎么来的？"对于人类文明的童年期来说，更重要的问题是："世界是怎么来的？"因为只有追问世界的本原问题，才能为世界和人类找到一个可靠的根基。在这个变动不居的世界里，只有找到最可靠的本原，才能为我们的安心、安身、安居乃至安国找到本体论上的依据，人类才能从大地上站立起来，为生命寻求本质，为生活寻求意义。

但哲学不等同于智慧。就其"爱智慧"的词源意义来说，哲学的重心应该更侧重于爱好、追求之意，表达了人类之所以为人类的、超越一切其他生物的独有特性——对世界真相、本质、根源和意义等根本性问题不屈不挠的追问的刨根究底的思考。人类有许多爱好和追求，但对金钱、美女、权力、声色等世俗对象的迷恋以及满足人类的肉体快感和动物性需求，这不是哲学；只有对知识、智慧的永恒爱好和终极关怀，从而使人类真正能够安身立命、安居乐业、安邦治国，这才是哲学最重要的本质。

以苏格拉底为例，他就是一个爱好和追求智慧的典范。苏格拉底为了追寻智慧，每天不是找人辩论就是独自沉思。有一天早晨苏格拉底在想着一件他不能解决的事，他又不愿意放下这件事，所以他不断地从清早想到中午——他站在那里一动也不动地想着。到了中午人们就注意起他来了，来来往往的人传说着苏格拉底从天一亮就站在这里想事情。最后，晚饭以后天黑下来，有几个伊奥尼亚人出于好奇，就搬来他们的铺盖，睡在露天里，为的是要守着苏格拉底，看他究竟会不会站一整夜。他就站在这里一直站到第二天早晨。天亮起来，他向太阳做了祈祷，才走开了。这件事记录在《筵话篇》里。

所有在苏格拉底身边的人，都会受到他苏格拉底式智慧的影响。传说苏格拉底的三个弟子曾求教老师，怎样才能找到自己理想的伴侣。苏格拉底没有直接回答，却让他们走麦田埂，只许前进，不准回头，选摘一支最好最大的麦穗，并且只给一次机会。第一个弟子刚走几步，看见一支又大又漂亮的麦穗，就高兴地摘下了。但他继续前进时，发现前面有许多比他摘的那支更大更好，只得满腹遗憾地走完了全程。第二个弟子吸取了教训，每当他要摘时，总是提醒自己，后面还有更大更好的。当他快到终点时才发现，机会全错过了，只好在快走出麦田时才凑合着摘一支。第三个弟子吸取了前两

第一章 什么是哲学？

位的教训,当他走到三分之一时,即分出了大、中、小三类,再走三分之一时验证是否正确,等到最后三分之一时,他选择了属于大类中的一支美丽的麦穗。虽说,这一支不一定是最大最美的,但是他最满意的。

什么是理想的伴侣？理想的伴侣不一定是最漂亮的,不一定是最有才的,不一定是最富有的,也不一定是最……的,但一定是在生活中通过不断的接触、正确的比较、科学的选择才找到最合适的,因而是心里最满足的。这就是苏格拉底要学生们领悟的智慧。

还有一次,苏格拉底要求学生把手臂尽量往前甩,再尽量往后甩,每天甩臂300下。学生认为这么简单的事人人都能做到。过了一个月,苏格拉底问学生,有谁坚持了这项运动？有九成多学生举起了手。两个月后,他再问,坚持下来的只有八成。一年后,他又问及这个问题,只有一个学生举起了手。这个学生便是后来同样著名的哲学家柏拉图。我们平时讲"坚持就是胜利",不是说坚持一定能带来好的结果,而对人生而言,只有学会"坚持",才是一种有意义的人生,因为"坚持"代表着人类不满足于现有的生存状态而寻求更有意义的、更丰富的生活,代表着人类凭借理性和意志可以不断地向"可能生活"迈进。"坚持"当然不等于智慧,但能坚持却是"爱智慧"者们一个共同的品质,是最终收获智慧的最重要的前提条件。苏格拉底的伟大在于,他把脚踏实地的"坚持"看作生活智慧的一部分,而不鼓励那种投机取巧的"小聪明"。

据哲学史料记载,当年的苏格拉底被认为是希腊最有智慧的人。一次,苏格拉底的朋友到德尔斐神庙请示神谕,询问苏格拉底究竟是不是希腊最有智慧的人,神的答复是:没有比苏格拉底更聪明的人了。苏格拉底知道后十分惊诧,因为他认为自己连小智慧都没有,又何来大智慧呢？于是,他到处找"聪明人"对话,以证明神谕错了。然而,他失望地发现那些所谓的聪明人实在不怎么样,总是以为自己有了某方面的知识便是无所不知、无所不能。苏格拉底通过比较自己与这些"聪明人",终于悟出了神谕的含义:他之

生活的哲学 与哲学的生活

所以被认为是最聪明的人，不是因为他有知识，而是因为他知道自己的无知。因此，苏格拉底有句名言：我知道，我一无所知。一个自以为智慧的人不会再去追求智慧，而一个自认无知的人才会对智慧忠诚，毕生热爱和追求智慧，从而不断趋近智慧。所以苏格拉底把自己比喻成助产婆。他说：我的母亲是个助产婆，我要追随她的脚步，我是个精神上的助产士，帮助别人产生他们自己的思想。

苏格拉底是如何帮助别人生产思想的呢？原来，他在同别人谈话、辩论、讨论问题的时候，往往采取一种特殊的形式。他不像别的智者那样，称自己知识丰富，而是说自己一无所知，对任何问题都不懂，只好把问题提出来向别人请教。但当别人回答他的问题时，苏格拉底却对别人的答案进行反驳，弄得对方矛盾百出。最后通过启发、诱导，让别人把苏格拉底想要表达的观点说出来，但苏格拉底却说这个观点不是自己的，而是对方心灵中本来就有的，只是由于肉体的阻碍，才未能明确显现出来。他的作用，不过是通过提问帮助对方把观点明确而已。苏格拉底把最后这个至关重要的环节形象地称之为"精神助产术"。

苏格拉底的学生柏拉图记载了许多有关苏格拉底精神助产术的故事。

这一天，苏格拉底像往常一样，无所事事地外出逛街。突然，他一把拉住一个过路人说道："我有一个问题弄不明白，要向您请教。人人都说要做一个有道德的人，但道德究竟是什么呢？"

那人回答："忠诚老实，不欺骗人。这就是公认的道德行为。"苏格拉底问："你说道德就是不能欺骗别人，但两军对垒的时候，我军将领却千方百计地去欺骗敌人，这能说不道德吗？"

"欺骗敌人是符合道德的，但欺骗自己人就不道德了。"那人说。

"和敌人作战时，我军被包围了，处境困难，为了鼓舞士气，将领就欺骗士兵说，我们的援军到了，大家奋力突围出去。结果成功了。这种欺骗能说是不道德吗？"苏格拉底问道。

第一章 什么是哲学？

那人回答说："那是战争中无奈才这样做的,我们日常生活中就不能这样。"

"我们常常会遇到这样的问题,"苏格拉底停顿了一下说道,"儿子生病了,却又不肯吃药,父亲骗儿子说,这不是药,而是一种好吃的东西。请问这也不道德吗？"

那人只好承认："这种欺骗是符合道德的。"

苏格拉底又问："不骗人是道德的,骗人也可以说是道德的。那就是说,道德不能用骗不骗人来说明。究竟用什么来说明呢？还是请你告诉我吧！"

那人被弄得无可奈何,只好说："不知道道德就不能做到道德,知道了道德就是道德。"

苏格拉底听了十分高兴,拉住那人的手说："您真是一位伟大的哲学家,您告诉了我道德就是关于道德的知识,使我弄明白了一个长期困惑的问题,我衷心地感谢您！"

无论是从哲学(philosophia)一词的起源,还是从哲学家苏格拉底这里,我们大致知道了哲学表征着对智慧的爱好和追求。在哲学发展史上,对哲学智慧的理解和诠释主要有以下几个向度：

第一个向度是西方传统哲学的视野,亦即追问世界本原和本质的形而上学。形而上学旨在解释存在和世界的基本性质。"形"指形体、现象,能看到的、摸到的、可感觉到的呈现在这个时空中的现象、性状。"形而上"指高于可感知现象的不可感知之物,是现象事物背后的无形的支配力量。所以,形而上学是指研究超越感性经验的存在的学问。

形而上学的主流是以从巴门尼德、柏拉图到笛卡尔、莱布尼兹,再到黑格尔为主线的"概念思辨哲学"。黑格尔在《小逻辑》中指出："哲学以绝对为对象,是一种特殊的思维方式。"因此,黑格尔把世界认定为绝对观念运动、变化、发展的产物。这种哲学的基本涵蕴,就是主张我们感知到的客观世界背后还有一个先验的概念世界(或叫理念世界、观念世界),客观世界隶

生活的哲学 与哲学的生活

属于概念世界,概念世界先于并主宰客观世界。

以笛卡尔的"我思故我在"为例来分析一下"概念思辨哲学"。"我思故我在"是笛卡尔哲学的第一原理。笛卡尔认为,这个世界上的一切都是值得怀疑的。但怀疑到最后,有一点是不可怀疑的,那就是"我在怀疑"这件事本身。正因为"我在怀疑",所以一定有一个"我"存在,"因为要想象一种有思想的东西是不存在的,那是一种矛盾"。因此,笛卡尔运用理性推导的方法,从"我思"推导出"我在"。也就是说,"我"之所以存"在",是因为"我"在"思"。可见,"思"是"在"的前提,"思"主宰"在"。因此,"我"只是一个思维的东西、一种精神的存在。

思辨哲学是力图将世界的发展变化纳入某种先天的观念法则的哲学思潮。专业一点地讲,就是把存在者背后的"存在"当作独立于感性世界之外的抽象概念予以特别关注和深入考察的学问,试图解释存在者是如何"存在"的。简单一点理解,就是认为在这个客观世界的背后还有一个理念的世界,客观世界不过是理念世界的投影,我们看到的客观世界不一定是真实的,只有背后的那个理念的世界才是真实可靠的。对思辨哲学所谓的理念,我们可以打个最简单的比方。我们都知道鸡这一动物,但现实生活中的鸡有生有死,它们都是具体的存在者,不是永恒的,因此也不是真实的。在思辨哲学看来,现实生活中的鸡背后还有一个理念的鸡或者叫作鸡的理念。即便这个世界上所有的鸡都死光了,没有鸡了,但理念的鸡、观念的鸡仍然"存在",它是永恒不灭的,不会随着所有鸡的死亡而消失。因此,理念的鸡才是最真实的"存在"。就像恐龙,现在虽然已经没有现实的恐龙了,但恐龙的理念仍然存在于我们整个世界。思辨哲学认为,所有的现实事物都有生成毁灭,唯有在后面起支配作用的理念世界才是真实永恒的。

柏拉图在《理想国》中提出一个著名的"洞穴隐喻"。他说,设想有这样一个大洞,通过一个长长的通道与外部世界相连,整个通道能够挡住任何阳光进入洞内。一组囚徒背对着出口,面向远处的墙壁。他们的四肢被套上

第一章　什么是哲学？

了枷锁，并且他们的头颈也被固定住，无法转动，因此看不到他人，实际上也看不到自己身体的任何部分，而只能够看到面前的墙壁。他们在如此的环境下终其一生，不知道其他任何东西。

在他们背后的上方，远远燃烧着一个火炬。在火炬和人的中间有一堵低墙。在这堵墙的后面，向着火光的地方，又有些别的人。他们手中拿着各色各样的假人、假兽等种种雕像，把它们高举过墙，并发出种种嘈杂的声音。于是，这些囚徒只能看见投射在他们面前的洞壁上的影像，听到身后那些人发出的嘈杂的回声。由于他们不能相互观望，不知道自己的模样，也不能回过头去看这些影像是如何形成的，因此，他们的一生就像在看皮影戏，会把这些影像当作真实的东西，他们也会将回声当成影像所说的话。他们自然而然地会以为这些影子和回声就是全部的现实，他们能够谈论的，就是这种"现实"以及对这种"现实"的经验。

囚徒们已经习惯了这种生活，从没想过有一天要改变。但如果有一个囚徒某一天偶然挣脱了枷锁，只要他转过头来，他就可以看见事物本身了。但当他回过头来看到炫目的火光，他会感到痛苦不堪、眼花缭乱，甚至手足无措、晕头转向，因为他看不到原先已经习以为常的影像。他以为他现在看到的是非本质的梦幻，只有最初看见的影像才是真实的。

过了一段时间以后，他的眼睛终于逐渐适应了火光，他终于能够分清影子和雕像，明白了雕像比影子更真实。于是他不顾眼睛难受朝火光走去。到了洞口，有人把他一把从洞穴中拉出来，带到阳光下面，他将会再次因为光线的刺激而觉得眼前金星乱蹦，以至于什么也看不见。他会恨那个把他带到阳光之下的人，认为这人使他看不见真实事物，而且给他带来了痛苦。

但洞穴外的囚徒慢慢地又适应了洞外的阳光。他先看到阳光下的阴影，然后又看到人或事物在水中的倒影，再次是看到天上的星星和月亮，最后就可以在白天看到太阳本身了。此时他才明白：造成岁月交替和季节变化的主宰正是这个太阳，它主宰着世界万物。于是他回想当初穴居的情形，

生活的哲学 与哲学的生活

就会庆幸自己在认识上的变化,而对同伴表示怜悯。他既已见到了事物本身,便宁愿忍受任何痛苦也不愿意再过囚徒生活。他想解救他原先的那些囚徒同伴,然而,那些同伴不仅不信其言,还觉得他到上面走了一趟,回来眼睛就坏了,对"影像"竟不能如从前那样辨别。他的同伴们没有人相信他在洞外看到的东西,觉得那不过是天方夜谭。于是,他不得不与他们争论幻觉与真理、影像与原型的区别,却也因此而激起众怒。囚徒们不仅不想出去,甚至想把那位带他出洞的人逮住杀掉。

在这个著名的隐喻中,太阳隐喻真理,洞穴和影子隐喻黑暗和事物的假象,囚徒隐喻无知的人。人类囚禁在自己的身体之中,并且与其他的囚徒朝夕相伴,任何人都无法辨别相互之间的真实身份,甚至也无法辨别自己的身份。人类的直接经验并没有反映世界真正的本质,得到的不过是一些影像和回声罢了。柏拉图用洞穴隐喻告诉我们:世人把表象当作真实,把谬误看成真理,犹如囚禁在洞穴中的囚徒,围绕着对影子和回声的认识展开了种种关于名誉、权力等方面的争斗。哲学家就是那些挣脱束缚走到外面的囚犯,知道了洞外真实的世界,于是对洞穴内的争斗不屑一顾,并且想回到洞内说服囚徒们。

第二个向度是现代与后现代哲学的视野。西方哲学发展到现代,对传统西方哲学的形而上学世界进行了转向和超越,于是便有了现当代哲学与后现代哲学视野。现代西方哲学(我们这里包括后现代哲学)是19世纪中叶以来主要流行于西方资本主义国家的各种哲学流派的总称,一般指黑格尔之后至今的西方哲学,包括众多的哲学流派,如唯意志主义、实证主义、新康德主义、直觉主义、分析哲学、现象学、存在主义、解释学、西方马克思主义、实用主义、结构主义、解构主义等。它们带来了西方哲学两千年来最为深刻的思想方式的变革:反形而上学、反基础主义、反主体主义,宣扬向语言的转向,对境域的关注,以及所谓不可通约性、不确定性、易逝性、碎片性、零散化等等,令人耳目一新,极大地丰富了人的哲学思维。这种黑格尔之后的

第一章 什么是哲学？

现代乃至后现代哲学,把哲学从形而上学——一个像喜马拉雅山一样高耸入云的神秘的"理念"天国,拉回到了现实的人世间,哲学被当作永恒地叩问人与世界交融一体的生活世界之无限丰富性及其意义与价值的学问。这时的哲学反对主客二分,反对抽象的概念思辨,强调人世合一,物我交融,主张哲学向现实生活的回归。主张生活世界就是真实的世界,哲学关注的应当且只应当是生活的世界。

最近几十年以来,在现代哲学基础上发展而来的后现代哲学的影响迅速扩大,一度成为风靡全球的时髦话语。后现代常用的一些词汇,如"话语""文本""叙事""解构""颠覆"等等,成了好些人的口头禅。"人人皆话语,个个谈文本,解构不离手,颠覆不离口"成了西方后现代文化的一大景观。由于西方意识形态领域在苏联解体、东欧剧变之后,一度出现歌颂资本主义、美化资本主义的高潮,作为一种社会批判理论,后现代主义哲学从不同的角度对当代西方社会的种种矛盾进行了揭露和批判,折射出了当代西方社会的理想危机、信仰危机和文化危机。但后现代哲学思潮暗含的放逐理想、躲避崇高、消解责任、放弃原则、注重享乐、游戏人生等态度,将导致"颓废的一代"。

第三个向度是中国文化独特的致思方向与深沉的人文积淀所形成的哲学视野。古中国虽然没有"哲学"一词,但"天人合一"的整体精神背景下之人生诗意与自由境界的追索,对作为万物之灵的人"应当如何"的文化建构等,应是中国哲学的主流话语形式。中国古代的哲学家热衷于探讨和寻求人之所以为人的安身立命之本,热衷于探讨和回答人与禽兽之别,热衷于对君子人格、圣人理想的追寻。所以,中国哲学的反思是以人生问题为主旨的反思,是修身齐家治国平天下的反思,是"为天地立心、为生民立命、为往圣继绝学、为万世开太平"的反思。《易·贲》云:"刚柔交错,天文也;文明以止,人文也。观乎天文,以察时变;观乎人文,以化成天下。"这就是说,阴阳互生、刚柔变易交错是天象的特点;行有度、举止止于礼仪规范乃人类文明的表征。"观乎天文",意在把握和明辨天时的变化;"观乎人文",用以化育成就天下大业。"天文"与"人文"对举的事实深刻地说明,在先人的视野里,探索自然与追问自身是人类的两大基本课题。如果说"天文"标揭的是早熟的中国先哲在人类文明的童年期对"天象"与"天道"的观察体悟,那么,"人文"则表征着人类对"人"的生活的理性审视和现实关切,以及对人类之实然与应然状态的文化自觉,从而以"观(征)乎人文""化成天下"的责任伦理方式开启了中国思想界直面人心、人性、人格和人生的人文哲学传统。

第四个向度是实现了哲学史上之革命性变革的马克思主义哲学视野。其创始人认为,"任何真正的哲学都是自己时代的精神上的精华",是人类"文明的活的灵魂"。因此,马克思不但赞成对崇尚概念思辨而忽略现实世界的旧哲学的超越和扬弃,而且渴盼和追求"在现实中实现哲学";他不但要求哲学在"认识论转向"的基础上"解释世界",更重要的是务必要在"实践论转向"的基础上"改变世界"。在这里,哲学不但是一种系统化的肩负着"改变世界"使命的世界观理论,帮助我们反思、理解和把握人与世界的关系,而且,它要概括和总结自然科学、社会科学和思维科学的最新成就,以充分体现人类智慧的"哲学方式"关注、回应并解答现实社会提出的问题和挑战。

需要指出,当前哲学界一个似乎另类的声音——哲学终结的呼声正在异军突起。按照笔者的理解,下述三种哲学是确乎应该终结的:其一是将哲学政治化,视哲学为意识形态色彩极浓的政治说教,哲学蜕变为政治的附属物甚至政治运动的工具,从而丧失其作为超越之思的本真和独立品格。其二是将哲学神秘化,视哲学为晦涩艰深的玄奥之学,哲学神秘化为要么是在形而上的彼岸世界发号施令的独断教条,要么是在抽象的概念王国里左冲右突的思辨学问,从而远离了蕴含无限盎然生机的现实生活,并沦落到苍白无力、枯燥乏味的无意义境地。其三是将哲学科学化,视哲学为某种关于整个世界之普遍规律的知识体系,哲学虽然戴上了科学的面具,然而,在科学的步步进逼下,哲学不得不面临着领地越来越小、内容愈来愈贫困化的尴尬局面,从而不得不退出为真理、价值和智慧而战的沙场,"躲进幽深、狭窄的角落里,胆战心惊地回避世间的问题与责任"。

但,哲学非得这样吗?哲学难道就不能理直气壮地成为哲学而不是别的什么玩意儿?马克思说:"人民最精致、最珍贵和看不见的精髓都集中在哲学思想里。"哲学之所以可贵,在于它是给人以"大智慧"和"大聪明"的学问。这种大智慧既不是僵化的知识体系,也不是谋生的工具技能;既不是枯燥晦涩的概念游戏,也不是唾手可得的现成结论;既不是板着面孔的政治说教,也不是玩世不恭的智力游戏。哲学的真正智慧,在于激励我们不断地去探索、追问和实践,在于指引我们由"实然"(实际是什么样子)走向"应然"(应该是什么样子),在于为我们孕育一种人之所以为人的生存方式、生活态度和生命意义。

二、惊奇——哲学的起源

作为智慧之学,哲学是怎么产生的呢?

《周易·系辞》写道:"古者包牺氏之王天下也,仰则观象于天,俯则观法于地,观鸟兽之文与地之宜。近取诸身,远取诸物,于是始作八卦,以通神明之德,以类万物之情。"

传说在伏羲生活的远古年代,人们对于大自然一无所知。当下雨刮风、电闪雷鸣时,人们既害怕又困惑。天生聪慧的伏羲想把这一切都搞清楚,于是他经常站在卦台山上,仰观天上的日月星辰,俯察周围的地形方位,有时还研究飞禽走兽的脚印和身上的花纹。也许是他的精诚感动了天地,有一天,他的眼前出现了一派美妙的幻境,一声炸响之后,渭河对岸的龙马山豁然中开,但见龙马振翼飞出,悠悠然顺河而下,直落河心分心石上,通体卦分明,闪闪发光。这时分心石亦幻化成为立体太极,阴阳缠绕,光辉四射。此情此景骤然震撼了伏羲的心胸,太极神图深切映入他的意识之中,他顿时目

生活的哲学 与哲学的生活

光如炬,彻底洞穿了天人合一的密码:原来天地竟是如此的简单明了——唯阴阳而已。为了让人们世世代代享受大自然的恩泽,他便将神圣的思想化作最为简单的符号,以"-"表示阳,以"- -"表示阴,按四面八方排列而成了八卦。

上述传说,反映的是伏羲创立八卦的故事。八卦是中国先民对自然最早的哲学思考,这种思考显然是出于认识世界、理解自然的需要。当人们对其所生活于其中的这个世界产生好奇、产生惊讶、产生了解的渴望时,哲学便开始诞生了。

古希腊著名哲学家柏拉图在《泰阿泰德篇》中指出:"惊讶,这尤其是哲学家的一种情绪。除此之外,哲学没有别的开端。"可见,哲学源于人类对知识、智慧的渴求。如果你对周遭的事物、对我们所生活于其中的这个世界、对我们自身的生活熟视无睹、毫无兴趣,或者麻木不仁,你就不会对它们产生惊讶的情绪,你就不会在惊奇中探索和发现。柏拉图认为,"thauma"(惊奇)是哲学家的标志,是哲学的开端。哲学是由惊奇而发生,在其注目之下,万物脱去了种种俗世的遮蔽,而将本真展现出来。由此,它把自己展现为一种真正解放性的力量。

亚里士多德在《形而上学》中指出:求知是所有人的本性。人都是由于惊奇而开始哲学思维的,一开始是对身边不解的东西感到惊奇,继而逐步前进,对更重大的事情发生疑问,他说:"人们开始哲理探索都应起于对自然万物的惊异;他们先是惊异于种种迷惑的现象,逐渐积累一点一滴的解释,对一些较重大的问题,例如日月与星的运行以及宇宙之创生,做出说明。一个有所迷惑与惊异的人,每每惭愧自己的愚蠢无知;他们探索哲理的目的是为了想脱出愚蠢。显然,他们为求知而从事学术,并无任何实用的目的。这个可由事实为之证明:这类学术研究的开始,都在人生的必需品以及使人快乐安适的种种事物几乎全都获得了以后。"亚里士多德在这段话里深刻指明了:哲学研究并非出于某种实用主义的目的,而仅仅根源于对世界的惊奇。

第一章 什么是哲学？

事实上，正是这种对世界的"惊奇"，西方哲学从古希腊的名城米利都开始起步。米利都这座位于伊奥尼亚海岸的城市因聚集了一群醉心于哲学思考的智者而闻名遐迩。泰勒斯就是其中最杰出的一位。泰勒斯最有名的哲学观点是"万物皆由水构成"，由此而开启了西方自然哲学的大幕。泰勒斯的哲学就是从对天文地理的"惊奇"开始的，他第一个测定了冬至、夏至的节气，并把一年分为365天。热爱天文的泰勒斯曾预言公元前585年5月28日的太阳将变成黑色。许多人以为这是胡扯、妄言，但结果让这些怀疑的人大惊失色。历史记住了这一天。因为这天正碰上希腊的美迪人和吕底亚人打仗。正当战争激烈胶着的时候，突然之间，天昏地暗，伸手不见五指。战争双方都惊呆了，只得停战议和。人们想起泰勒斯的预言，于是，发生在日食这一天的战争连同泰勒斯的预言都被历史记录了下来。

近代德国最有名的哲学家黑格尔有一个有趣的比喻，他喜欢把哲学比作猫头鹰。他说："密涅瓦的猫头鹰要等到黄昏到来，才会起飞。"密涅瓦是古希腊罗马神话中的智慧女神雅典娜，栖落在她身边的猫头鹰则是思想和理性的象征。英语中有一句谚语：像猫头鹰一样聪明。黑格尔说，哲学就像密涅瓦的猫头鹰一样，它不是在旭日东升的时候在蓝天里翱翔，而是在薄暮降临时才悄然起飞。在这里，黑格尔用密涅瓦的猫头鹰在黄昏时起飞来比喻哲学，旨在说明哲学是一种产生于"惊奇"的"反思"活动。在黑格尔看来，密涅瓦的猫头鹰飞翔了，就意味着人类的智慧之门也开启了。哲学就意味着因为"惊奇"而对事实、现象背后的原因、真相等进行反复思考和刨根究底。"反思"同时还意味着"对认识的认识""对思考的思考"，是人类的思想以自身为对象来进行思考的智慧。

哲学的反思最初是从关注我们所赖以生存的"天地"开始的，"天地"作为我们的生存环境和认识与实践的客体而成为哲学追问的对象；哲学同时也追问"人"的奥秘，回答关于"人"自身的问题。由于"人"自"天"出，且人的生活始终离不开"天"，那么"天"与"人"之间应该是一种什么关系呢？故

生活的哲学 与哲学的生活

关于"天人之际"的许多问题也就成为哲学的永恒主题。人类探索这些问题,不是要寻求一种一劳永逸的标准答案,而是要给自己确立一个美好的生活目标和一种可能的生存方式。

俄裔美国女哲学家爱恩·兰德在《哲学:谁需要它》中,曾提出了人们需要哲学的三大理由,即每个人一生都需要回答这样三个基本问题:"我在哪里""我是怎样知道这一点的"和"我应当做什么"。对这三个问题的回答分别构成了哲学的三个主要组成部分,即本体论、认识论和伦理学。

因此,哲学的"惊奇"集中关注三个方面的问题:一是宇宙之谜;二是人生之谜;三是认识与思想之谜。关于宇宙之谜的哲学思考产生了宇宙论、本体论、形而上学,形成了人们的世界观;对人生之谜的哲学思考产生了人生哲学、价值哲学、伦理学,形成了人们的人生观、价值观;对认识和思想之谜的哲学思考则产生和形成了人们不同的认识论与方法论。

早期哲学的主体是本体论与形而上学。其英语原文是 metaphysics,意为"物理学之后"。英语 metaphysics 或拉丁语 metaphysica 一词源自希腊语: μετά(metá),意思是之后或之上,而 φυσικά(physiká) 在希腊语原意是"自然,自然的产物",两个字根组合起来 metaphysica 的意思就是"在自然之后"。因为亚里士多德一生著述甚丰,涉及政治、经济、哲学、伦理学、美学、历史、数学、逻辑学等当时学者们研究的几乎所有的领域,是一位真正百科全书式的学者。亚里士多德死后二百多年,他的后继者古希腊罗得岛的安德罗尼柯把他专讲事物本质、神、灵魂、意志自由等研究经验以外对象的著作编集成册,排在研究事物具体形态变化的《物理学》(physica)一书之后,并名之为《物理学之后诸卷》。于是,这部编写于《物理学》之后的著作所探讨的本质、实体、神等问题就成为后来形而上学所研究的基本问题。"物理学之后"意味着形而上学研究的对象不是物理学,不是自然科学所关注的自然界诸问题,而是集中在对物理现象、经验现象背后的神、本质、真理、灵魂和意志自由等问题的探讨。概言之,形而上学探究的乃是宇宙的根本原理。

第一章 什么是哲学？

中文译名"形而上学"是根据《易经·系辞》中"形而上者谓之道,形而下者谓之器"一语,由晚清著名学者严复翻译而来。

西方哲学史上很早就进行了形而上学的思考。如泰勒斯认为,水是万物的本原,水是基本的质料,是构成万物的"一";但水是一种具体的质料,它如何构成万物？因此,阿那克西曼德认为,世界的本原不能是某种具体的物质,他把没有任何规定性的"无定"作为世界的本原,"无定"无形无状,不生不灭,变动不居,化生万物。阿那克西美尼则认为"无定"太过抽象,既然没有任何规定性,那么万物的质料和形式其实都是"虚无"。因此他提出"气"才是世界的本原。气处于最平稳的姿态时,是无形的,不为眼光所见,但却呈现于冷、热、潮湿和运动中,导致自然的千变万化,生成万物。赫拉克利特认为世界并不是神创造的,世界是永恒地燃烧着又熄灭着的活火。赫拉克利特的本原论有两重含义:一是火的燃烧和熄灭代表世界的开端和归宿;二是火在一定的分寸上燃烧或熄灭,代表世界的秩序。此外,像毕达哥拉斯以"数"作为世界的本原,德谟克利特以"原子"作为世界的本原等等,不一而足。直到巴门尼德时代,古希腊哲学的本原论发生重大变化。巴门尼德认为,自然哲学家埋头于万物的物质形态,企图找出一种共同的本原物质那是徒劳的。因为千变万化的物质世界不过是假象,真正的世界只有一个,存在才是真理,存在才是本质。自此以后,哲学成为研究"存在"的学问。

古希腊形而上学在亚里士多德那里达到了高潮。亚里士多德认为,研究实体或本体的哲学是高于其他一切科学的第一哲学。亚里士多德的形而上学主要体现在他的"四因说"。所谓"四因",就是指万事万物的存在和发展都有四种原因:"质料因""形式因""动力因""目的因"。"质料因"解释为什么事物会在运动中继续存在,因为它们是由不变的质料组成的。以一座雕像为例,大理石就是组成它的质料。"形式因"解释事物为什么以某一特定的方式运动,因为它们各有特定的形式。雕像的"形式因"就是它的设计图与模型。"动力因"解释事物为什么停止或者开始运动,因为它们受到推

生活的哲学 与哲学的生活

动或作用。雕像的"动力因"就是将大理石雕刻为雕像的艺术家。"目的因"解释事物为什么要运动,因为它们都朝向各自的目的。可供欣赏和赞扬就是雕像的目的因。在亚里士多德眼里,几乎所有的事物都可以用"四因说"来进行解释。比如,拿房子来说:砖头石块是质料因,房子的设计图是形式因,建造者是动力因,成品房屋就是目的因。

今天,哲学形而上学对宇宙之谜的探讨是十分广泛的。譬如:

世界是怎么来的?宇宙是无限的还是有限的?世界上所有的事物都有产生灭亡的过程,世界本身有吗?

每个人似乎都清楚无误地知道这个世界的存在,可你如何确知这个世界的存在呢?换言之,存在的依据是什么?

世界万物(存在者)是如何存在的呢?世界上有没有看不见、摸不着的东西存在呢?

天是有意志的吗?若没有意志,其力量如何发挥作用?

世界的真谛是什么?有没有一个产生和构成世界万物的共同本原?

世界上有没有最高的主宰——神?如果有,它在哪里?长什么模样?它凭什么主宰我们的命运?他为什么不彻底消除世间的罪恶呢?如果没有,那为什么我们那么多人宁愿相信神而不肯相信自己呢?

哲学关注的第二个向度是人生之谜。哲学当然不能够只是关注自然世界,事实上,对自然世界的关注也是为人自身服务的。因此,对人生之谜的探索就成了哲学的永恒主题。古希腊圣城德尔斐神殿上有句著名的箴言:认识你自己。苏格拉底大概是反复强调了这句箴言,因为后世很多人都认为这句箴言是苏格拉底说的。不管是不是苏格拉底说的,古希腊哲学在苏格拉底这里完成了一个最重要的转向——由自然哲学向人生哲学的转向——则是无疑义的。这一转变使哲学不再仅仅关注自然的本原问题,而是更多地关注人本身与人类社会的问题。正如西塞罗所说:苏格拉底将哲学从天上拉回人间。

第一章 什么是哲学？

苏格拉底认为，人们应关注自己的生活，反思自己的灵魂。他指出：一种未经审视的生活还不如没有的好。哲学的任务，就是去指导如何过一种有意义的生活。因此，他把道德与知识合二为一，提出美德即知识的命题。认为人必须具有知识，才能达到善；无知是一切罪恶的首要根源。苏格拉底围绕人的精神修养提出哲学命题，比如什么是幸福、美德、真理、正义等，贯穿其中的一个主题就是说服人们不要专注于对身外之物的追求，而应去改造自己的灵魂，追求真理和智慧，成为道德完善的、真正的人。一句话，在苏格拉底这里，"善是人生的最高目的"。

难能可贵的是，苏格拉底一生都在实践自己的道德哲学，也就是在实践美德，在寻找关于美德的知识。从迄今流传下来的若干事例中，我们也可以看到苏格拉底对美德之善的不懈追求和人生之谜的深刻洞见。

传说一位著名的占卜者从苏格拉底的外表看到他的本性是淫荡的。当这个占卜者在熟悉苏格拉底的人群中说出自己的看法时，周围的人都嘲笑苏格拉底。但是苏格拉底却只是轻描淡写地说：没错，我身上的确有卑下的欲念。不过是我控制了它，而不是它控制了我。

不能不提的另一个事例是，苏格拉底对自己被民主派借口以亵渎神灵、教坏青年的罪名判处死刑也不以为意。当他的学生柏拉图等千方百计为他制造出逃跑的机会时，他毫不犹豫地放弃和拒绝了。他不愿意过一种苟且偷生的生活，毋宁有尊严而有意义地死去。当苏格拉底最终被判处死刑，准备饮鸩自尽时，站在他身旁的门生阿西罗多悲伤不已。他走到苏格拉底的身边说："苏格拉底啊，你被这样不公正地处死，真让我悲恸欲绝！"苏格拉底则平静地说："亲爱的阿西罗多，难道你希望我被公正地处死吗？"

应该说，西方哲学乃是从苏格拉底开始，才真正开启了以"认识你自己"为中心的人生哲学向度。但，尽管有德尔斐神庙上的神谕，尽管有哲学家的孜孜探索，人类要认识自己却并不容易。西方神话就把认识人自己叫作斯芬克司之谜。斯芬克斯是希腊神话中一个长着狮子躯干、女人头面的有翼

27

生活的哲学 与哲学的生活

的怪兽。坐在忒拜城附近的悬崖上,向过路人出一个谜语:"什么东西早晨用四条腿走路,中午用两条腿走路,晚上用三条腿走路?"如果路人猜错,就会被吃掉。俄狄浦斯猜中了谜底——人,因为人类在童年期手脚并用爬行,是四条腿;成年后是两条腿走路;晚年则需要拐棍支撑,又变成三条腿。斯芬克斯因羞惭跳崖而死。但实际上,俄狄浦斯对"斯芬克斯之谜"的解答是十分表层的。换言之,他并没有真正地解开"斯芬克斯之谜"。可以说,迄今为止,如何"认识你自己"依然是横亘在当代人类面前的一个重大课题。

中国古人说:人贵有自知之明。其实,人为何要自知、如何自知、何以自知,都是重大的哲学问题。

孔子认为,人的本质是"仁"。他说:"仁者,人也。"又在学生樊迟问"仁"的时候,把"仁"解释为"爱人"。从"仁"的字形来看,从人,从二。意思是两个人在一起,两个人愿意走在一起,表明相互之间都有亲近的要求,它表征着一种人与人之间的亲爱关系。所以,"夫仁者,己欲立而立人,己欲达而达人"。只有这种具有"仁"德的人才是真正的人,大写的人,圣贤之人。

孟子继承了孔子的人学(仁学)思想。他与孔子一样,直接把人的本质规定为"仁",所谓"仁也者,人也"。孟子认为,人与禽兽之间并无太大差别,关键在于人有"仁"德。"人之所以异于禽兽者几希",但人有"恻隐之心""羞恶之心""恭敬之心""是非之心"。保有这"四心",则为人之根本,失去这"四心",则与禽兽无异。所以,"无恻隐之心,非人也。无羞恶之心,非人也。无辞让之心,非人也。无是非之心,非人也"。

偏于道家的《列子·黄帝》篇记载了一个故事:晋国范氏有个名叫子华的儿子,他在一群门客的拥戴下,成为远近闻名且受晋王垂爱的人物。他虽不为官,其影响几乎比三卿大夫还大。

禾生和子伯是范家的上客。他们有一次外出在老农商丘开家借宿,半夜谈起子华在京城里名噪一时的作为。商丘开从窗外听见后,眼前顿时闪过一线光明。既然范子华能把死的说活、穷的说富,干脆找他求个吉祥。第二天,他用草袋装着借来的干粮,进城去找子华。

子华家的门客都是些富家子弟。他们衣着绸缎、举止轻浮、出门车轿、目空一切。当商丘开这个又黑又瘦、衣冠不整的穷老头走来时,他们都投以轻蔑的目光。商丘开没见过大世面,说了声来找子华就往里走。没想到被门客拽住,又推又撞,肆意侮辱。但他毫无怒容,门客只好带他去找子华。说明来意后,商丘开被暂时收留下来。可是门客们仍然使着各种花样戏弄他,直到招数用尽,兴味索然。

有一次,商丘开随众人登上一个高台。不知是谁喊道:"如果有人能安然跳下去,赏他100斤黄金。"商丘开信以为真,抢先跳了下去。他身轻如燕,翩然着地,没伤着一点身体。门客们以为这是偶然,并不惊奇。事过不久,有人指着小河深处说:"这水底有珍珠,谁拾到了归谁。"商丘开又当是真。他潜入水底果然拾到了珍珠。此后,门客们再也不敢小看他;子华也给了他同别的门客一样游乐、吃酒肉和穿绸缎的资格,只不过总是叨陪末座。

有一天,范家起了火。子华说:"谁能抢救出锦缎,我将依数重赏。"商丘开毫无难色,在火中钻出钻进,安然无恙。范家的门客看傻了眼,连声谢罪说:"您原来是个神人。就当我们是一群瞎子、聋子和蠢人,宽恕我们的过去吧!"商丘开说:"我不是神人。过去我听说你们本领大,要富贵必须按你们的要求说一不二地去做。现在才知道我是在你们的蒙骗下莽撞干成了那些冒险事。回想起来,真有点后怕。"

从此以后,范家门客再不敢侵犯他人,见了乞丐、巫医也作揖拱手,害怕真会遇到神人。

这件事被宰我汇报给孔子。孔子说:"你不知道吧!极讲信义的人,可以感应万物。可以动天地,感鬼神,横六合,又岂止履危险、入水火而已呢?"

商丘开在这个故事中被神化。不过,这种对奇异之事的叙述在道家的许多著作中比比皆是。道家对人的基本观点是:人的本性是自然纯真的,人的精神是自由逍遥的,人只要道法自然,守真抱朴,便会超脱俗世的羁绊,成为圣人、真人。

与西方哲学一开始侧重于对自然的探索不同,中国哲学本质上是人的哲学。先秦百家争鸣,争的不是对天地的认识有多大的不同,争的是为人处世、安身立命、安邦治国之道。在随后几千年的发展过程中,对人的反思和哲学观照始终是中国哲学的主题。

尽管对"人"的理解见仁见智,并无标准答案,但"认识你自己"始终是哲学的主题,其涵蕴十分宽广。哲学上,对人生之谜的思考亦可以无限延伸。譬如:

人的存在与万物的存在有什么区别?人的本性是什么?

人从哪里来,又到哪里去?父母亲为什么不经过我们同意就把我们带到这个世界上?我们不能决定自己的生,那么我们能决定自己的死吗?

人为什么要活着?该怎样活着?

男人为什么喜欢女人?可为什么有的男人又只喜欢男人?

精神病人是精神有问题还是身体有问题?究竟是身体问题引发的精神问题还是精神问题引发的身体问题?到底是他们不正常还是我们不正常呢?如果一个精神病人可以忘掉所有的烦恼和痛苦,那么你是否愿意变成精神病?

什么是自由?人天生是自由的还是不自由的?我们为什么需要自由?

什么是文明?文明要求我要做一个高尚的人,可本能又要我做一个禽兽,我到底要做一个高尚的人还是做一个禽兽?为什么?

我们总想着发财,发财了你就幸福吗?我们总想着当官,当官了你就幸福吗?我们总想着抱得美人归,抱着美人了你就幸福吗?到底什么是幸福呢?我们该如何追求自己的幸福与快乐?如果做一只猪比做一个人快乐,那么你是愿意做一只快乐的猪,还是愿意做一个痛苦的人呢?

显然,"认识你自己",不仅是德尔菲神庙上的箴言,也是哲学的使命。对人、人心、人性、人格、人生等主题的不屈追问,就形成了丰富的人生哲学、伦理学和我们的价值观。

哲学关注的第三个向度是对天人关系的反思。哲学既探寻宇宙之秘，也回答人生之谜。那么包举宇内的"天"与作为自然之子的"人"是什么关系？人作为万物之灵主宰天还是天作为自然母亲支配人？究竟是人为自然立法还是自然为人立法？人与天如何和谐共存？这些也是哲学需要回答的根本问题。

如果做一个并不十分准确的概括，在天与人的复杂关系中有两种最重要的关系：一是认识关系。哲学通过对人类认识的反思，形成了哲学上的认识论。二是实践关系。哲学通过对人类实践的反思，形成了哲学上的方法论。

哲学认识论是以人的思想和认识为反思的对象。人是思想的存在，是思想形成人的伟大。人既然会思想，那么人类就必然会思考思想本身的问题。如果说，哲学对宇宙和人生的探索与反思是通过人的认识活动与实践活动为中介来实现的，宇宙和人生是思想的对象，那么哲学对思想本身的探索和反思，则是思想以自身为中介来实现的，思想以思想本身为对象。通俗地理解，就是人类会在实践过程中追寻对世界的真理性认识（思想），然而我们还必须知道，这种认识是可靠的吗？认识是怎么来的？它的本质是什么？概言之，就是思想务必要回答：我们的思想是如何能够思想的？

从这一点出发，哲学发展出了认识论（epistemology）的维度。认识论是探讨人类认识的本质、结构，认识与客观实在的关系，认识的前提和基础，认识发生、发展的过程及其规律，认识的真理标准等问题的哲学学说。认识论要回答的问题很多，例如：

人是在世界之外还是在世界之中？若是前者，一个外在的东西如何去把握世界？若是后者，部分如何把握整体？

人与世界的关系如何？到底是人支配这个世界呢，还是世界支配我们人类呢？

31

生活的哲学 与哲学的生活

知识从何而来？知识是可靠的吗？

如果说人能够思考这个世界，那么为什么其他动物不能发展出思想呢？一头猪眼中的世界与一个人眼中的世界是一样的吗？

我们总想着把握世界的真谛，可这世界有真谛吗？我们怎么知道这所谓的真谛是不是真正的"真谛"？我们如何去把握真谛？

我们可以把世界改变成我们想要的那个样子吗？我头脑中的认识到底是上帝放在我脑海里的还是我从外部世界获得的呢？

我国古代有着丰富的认识论思想。儒家学派的创始人孔子认为，认识的来源有两种：一种是天生的，一种是后天学习得来的。他说："生而知之者，上也；学而知之者，次也；困而学之，又其次也；困而不学，民斯为下矣。"这就是说，天生就获得了知识的人是最高等的人（即圣人），通过学习而获得知识是次一等的人（即普通人），对世界、对生活产生困惑而不懂得去学习和探究的人，是最下等的人（即愚盲之人）。因此，在儒家这里，作为一般的人民大众，只有通过学习才能获得真知。此外，儒家提出了知行关系问题。知指知识、知觉、认识；行指行为、行动。在中国古代，知行关系问题主要涉及道德认识与道德践履，但也有一般认识论的意义。孔子主张知行结合、学以致用、言行一致；荀子明确提出"不闻不若闻知，闻之不若见之，见之不若知之，知之不若行之"；宋代程朱学派主张知先行后，强调知的作用；明代王夫之认为行先知后，行可兼知，主张行优于知、行高于知。从先秦到当代，一代代中国哲学家对于知与行之先后、轻重、难易，各有所辩难，但知行必须合一，却不言自明，成为思想家们共通的主题。

《列子·汤问》记载了一个孔子遭小孩戏弄的故事：

孔子到东方游历，见到两个小孩在争辩，就问他们争辩的原因。

一个小孩子说："我认为太阳刚刚升起的时候离人的距离近，而正午的时候离人的距离远。"

另一个小孩子认为太阳刚刚升起的时候距离人比较远，而正午的时候距离人比较近。

一个小孩儿说:"太阳刚出时像车的车盖一样大,到了中午时就如同盘子一般小了,这不是距离远的东西小而距离近的东西大的道理吗?"

另一个小孩儿说:"太阳刚出来时凉爽,到了中午的时候热得如同把手伸进热水中,这不是近就感觉热、而远就觉得凉的道理吗?"

孔子听了之后不能判断他们俩谁对谁错。

两个小孩子笑着对孔子说:"谁认为你见多识广呢?"

这个故事说明宇宙无限,知识无穷,再博学的人也会有所不知,学习是无止境的。认识自然、探求客观真理,是人类永恒的使命。在认识过程中,种种假象可能会遮蔽我们的双眼,因此要敢于独立思考、大胆质疑、小心求证,才能接近世界的真相。

道家创始人老子则提出了一条神秘主义的认识路线。老子认为"道"是先验的本原,不可被我们的感知器官所把握,只能被虚静的心灵所体验和感悟。所以,老子眼里的圣人"不出户,知天下;不窥牖,知天道",不行而知,不见而名,不为而成。老子主张,要获得关于"道"的真理性认识,就要摒弃感官机能所带来的世俗知识,做到"绝圣弃智",用"静观""玄览"的神秘直觉方法,去体验和开悟"无形""无象""无名"的"道"。老子认为,人的欲望、机巧、利益、成见等会扰乱人心,人受其影响不可能"得道"。因此,要把心灵的尘垢扫除干净,不让外物对心灵产生干扰,使澄明之心能本真地反映"道"的面目。

《庄子·达生》篇记载了一个丈人承蜩的故事:

孔子到楚国去,走出树林,看见一个驼背老人正用竿子粘蝉,就好像在地上拾取一样。孔子说:"先生真是巧啊!有门道吗?"驼背老人说:"我有我的办法。经过五六个月的练习,在竿头累叠起两个丸子而不会坠落,那么捕蝉失手的情况已经很少了;叠起三个丸子而不坠落,那么失手的情况十次不会超过一次了;叠起五个丸子而不坠落,捕蝉的时候就会像在地面上拾取一

生活的哲学 与哲学的生活

样容易。我立定身子,犹如临近地面的断木,我举竿的手臂,就像枯木的树枝;虽然天地很大,万物品类很多,我一心只注意蝉的翅膀,从不思前想后左顾右盼,绝不因纷繁的万物而改变对蝉翼的注意,为什么不能成功呢!"

孔子转身对弟子们说:"运用心志不分散,就是高度凝聚精神,恐怕说的就是这位驼背的老人吧!"

故事虽然借用孔子的身份,说的可是道家的道理。道家的认识论,讲究的就是凝神专一,不为外物所惑的认识论,就是反观内通、让心灵纯净透明的认识论。当然,也是一种带有神秘色彩的认识论。

墨家学派的创始人墨翟反对"生而知之"的先验论,主张感觉经验是认识的唯一来源和检验认识真理性的标准。他说:"天下之所以察知有与无之道者,必以众之耳目之实,知有与亡为仪者也。"墨翟提出了关于判断言论是非真伪的"三表法",主张以"古者圣王之事"(即历史经验)、"百姓耳目之"(即众人的直接经验)和"发以为刑政,观其中国家百姓人民之利"(即社会政治的实际效果),作为检验认识真理性的标准。

从天人关系的实践维度来看,哲学发展出了方法论。所谓方法论,就是人们认识世界、改造世界的一般方法,是人们用什么样的方式、方法来观察事物和处理问题。概括地说,世界观主要解决世界"是什么"的问题,方法论主要解决"怎么办"的问题。

中国古代同样有着丰富的方法论思想。例如,孔子说:"学而不思则罔,思而不学则殆",这是讲学习的方法论;"不愤不启,不悱不发",这是讲教育的方法论;"毋意、毋必、毋固、毋我",这是讲做人的方法论;"为政以德,譬如北辰居其所而众星共之",这是讲治国的方法论。《大学》里强调的"格物、致知、诚意、正心、修身、齐家、治国、平天下",则是综合地讲安身立命、安居乐业、安邦治国的方法论。

《说苑·杂言》有个东野毕御马的故事:

鲁定公问颜回:"你也听说过东野毕善于驾车的事吗?"颜回回答说:"他

第一章 什么是哲学？

确实善于驾车,尽管如此,他的马必定会散失。"鲁定公听了很不高兴,对身边的人说:"君子中竟然也有陷害别人的人。"

颜回退下。过了三天,养马的人来告诉说:"东野毕驾的马真的散失了,车旁的两匹马拖着中间的两匹马,一起回到马厩里了。"鲁定公听了,越过席站起来,立刻让人驾车去接颜回。颜回来了,鲁定公说:"前天我问你东野毕驾车的事,而你说:'他确实善于驾车,但他的马一定会走失。'我不明白你是怎样知道的?"

颜回说:"我是根据政治情况知道的。从前舜帝善于役使百姓,造父善于驾御马。舜帝不用尽民力,造父不用尽马力,因此舜帝时代没有流民,造父没有走失的马。现在东野毕驾车,让马驾上车拉紧缰绳,上好马嚼子;时而慢跑时而快跑,步法已经调理完成;经历险峻之地和长途奔跑,马的力气已经耗尽,然而还让马不停地奔跑。我因此知道马必会走失。"

鲁定公说:"说得好!的确如你说的那样。你的这些话,意义很大啊!希望能进一步地讲一讲。"颜回说:"我听说,鸟急了会啄人,兽急了会抓人,人走投无路则会诈骗,马筋疲力尽则会逃走。从古至今,没有使手下人陷入困穷而他自己没有危险的。"

"鲁定公问"章,颜回以御马比喻治理国家,御马"不穷其马力",同样,治民"不穷其民力",否则就会出现危险。颜回观东野毕驾马,断定有佚马之后果;与鲁定公论政事,强调"未有穷其下而能无危者也"。东野毕虽然很有一套御马的技术,但对马却无体谅之心,一味穷马力而奔波,马自然不堪忍受而奔逃。舜王统治天下,不穷其民力,人民安居乐业,因此没有佚民。故事通过颜回评述东野毕御马的哲理,阐述的是治国安邦"不穷其民力"的方法论原则。

近代西方哲学方法论的奠基人是英国哲学家培根。有一天,培根做了一次名为《蚂蚁、蜘蛛和蜜蜂》的演讲。在讲演开始,他风趣地问大家:"你们都见过蚂蚁、蜘蛛和蜜蜂吗?"

生活的哲学 与哲学的生活

大厅里立刻发出了一阵哄笑。

"蚂蚁、蜘蛛和蜜蜂,这些大家都知道,可是你们谁能够说出它们在方法论上各有什么特点和意义呢?"

全场立刻安静了下来。

培根环顾了一下周围的人,慢条斯理地说:"蚂蚁是非常勤劳的小东西,你们不是看到它们整天都是忙忙碌碌的吗?他们整天忙于把食物从外面搬回自己的窝里,贮存起来准备冬天用。而蜘蛛则整天忙于吐丝织网,从自己肚子里面往外面吐东西。蜜蜂则忙于采花粉,吃进肚子里以后又把它们吐出来,酿造成蜂蜜。

"从方法论的角度来说,蚂蚁的方法是知识搬家,蜘蛛的方法是搜肠刮肚,而蜜蜂的方法则是吸收、消化和创造。"培根用这样概括的语言,就把深奥的方法论问题说得很清楚。

"我们有一些人做学问,实际上就像蚂蚁一样,自己没有什么新见解,只是把过去的人说的那一套东西,照样搬过来用。可见蚂蚁的这种做法,对于新知识的积累,一点也没有好处。

"我们还有一些学者做学问,就像蜘蛛一样。蜘蛛的情况和蚂蚁很不相同,蜘蛛型学者只知道闭门造车,自己在书斋里面冥思苦想,搜肠刮肚地'创造知识',可惜他们这种知识是非常肤浅的,因为他们没有充分利用前人的知识成果。

"而蜜蜂型的学者知道,知识的积累对于创造新的知识具有非常重要的作用,因此他们对前人的经验非常重视,但是他们又不是对前人的知识完全照抄照搬,而是经过自己的一番去粗取精、去伪存真的分析、鉴别、整理的过程,然后才形成自己的独特见解。

"因此,我提倡所有的学者都向小蜜蜂学习,不但要在前人积累起来的知识花园里辛勤劳动,最大限度地收集前人对某些问题的见解,而且要把花粉酿造成蜂蜜。"

第二章　作为"玄学"的哲学

关于哲学的学科性质,英国哲学家罗素有个观点很值得注意。罗素在《西方哲学史》绪论中指出:"哲学,就我对这个词的理解来说,乃是某种介乎神学与科学之间的东西。它和神学一样,包含着人类对于那些迄今仍为确切的知识所不能肯定的事物的思考;但是它又像科学一样是诉之于人类的理性而不是诉之于权威的,不管是传统的权威还是启示的权威。一切确切的知识——我是这样主张的——都属于科学;一切属于超乎确切知识之外的教条都属于神学。但是介乎于神学与科学之间还有一片受到双方攻击的无人之域;这片无人之域就是哲学。思辨的心灵所最感兴趣的一切问题,几乎都是科学所不能回答的问题;而神学家们信心百倍的答案,也已不再像它们在过去的世纪里那么令人信服了。"罗素在提出了一系列哲学的问题之后,又说:"对于这些问题,在实验室里是找不到答案的。各派神学都曾宣称能够做出极其确切的答案,但正是他们的这种确切性才使近代人满腹狐疑地去观察他们。对于这些问题的研究——如果不是对于它们的解答的话——就是哲学的业务了。"

一、哲学是科学吗——关于哲学与科学的思考

哲学与科学是一对孪生姐妹!

泰勒斯是古希腊最早的哲学家,他掌握了丰富的科学知识,并在此基础

生活的哲学 与哲学的生活

上形成了自己的哲学观。据说泰勒斯整天忙于各种研究，生活过得相当窘迫，而他生活的米利都是一个商业城市，许多人过着优越的生活，以至于有些没有眼光的势利小人时常嘲笑他，说他尽做些没用的事情，怀疑他的能力。泰勒斯对这些人说："你们可以认为我没用，但要说知识没用，那就大错特错了。"于是，泰勒斯决心找机会展示一下知识的用处。没过多久，机会就来了。有一年，由于天气不好，橄榄（希腊的主要油料作物）歉收，许多做橄榄油生意的商人都有些心灰意冷。但泰勒斯利用他所具备的气象学知识，经过仔细的观察和分析天象，认定来年会风调雨顺，橄榄将大获丰收。第二年开春后，泰勒斯不动声色地租下了米利都的全部榨油机。等到橄榄收获季节到来时，他靠高价出租榨油机狠狠地赚了一笔钱。就这样，他用事实告诉人们：哲学家也能赚到钱，假如他们愿意的话。但他们志不在此，他们最重要的抱负和理想在于自己追寻并启示人们如何过一种有意义的生活。

不过，哲学发展到了今天，我们似乎依然为两个最基本的问题所困惑：哲学是不是科学？哲学与科学有什么区别和联系？

在古希腊罗马时代，哲学与科学是不分家的，哲学乃是包罗万象的科学，或被称为"科学之科学"。几乎所有的哲学家都是科学家。泰勒斯是第一个哲学家也是第一个科学家，是西方科学——哲学的开创者。兼任科学家的哲学家在有限的科学知识条件下探索更多未知的世界，进而形成了他们对这个世界的哲学思考。从这个意义上说，哲学是以科学认知为基础和前提的。例如泰勒斯，他的哲学的核心思想是：世界的本原是水。现在我们很难猜测他的这个结论是怎么得出的，也许很可能是因为他看到了水乃生命之源。但有一点无可置疑，那就是他的哲学与他对天文、几何等自然科学的研究是密不可分的。

有一个泰勒斯利用几何学知识丈量金字塔高度的故事。泰勒斯有一年来到埃及，许多慕名而接待他的人想测试一下他的智力，便问他能否测出金字塔的高度。泰勒斯略作思考后说：如果能让法老亲临现场，金字塔的高度

第二章 作为"玄学"的哲学

就不难测出。第二天,法老在众官员的簇拥下来到金字塔下,泰勒斯神态悠然地走到金字塔前,这时阳光把他的身影投在地上,等到身影与他身长恰好相等时,他立刻在大金字塔尖顶投影处做一记号,然后再丈量投影尖顶到金字塔底部的距离,他告诉对方这就是金字塔的高度。泰勒斯的机智由此在埃及广为人知,他的哲学思想因而得到了更广泛的传播。

亚里士多德更是哲学家兼科学家的杰出代表。公元前335年,他在雅典办了一所叫吕克昂的学校,被称为逍遥学派。马克思曾称亚里士多德是古希腊哲学家中最博学的人物,恩格斯称他是古代的黑格尔。作为一位最伟大的、百科全书式的科学家,亚里士多德对哲学的几乎每个学科都做出了贡献,内容涉及伦理学、形而上学、心理学、经济学、神学、政治学、修辞学、自然科学、教育学、诗歌、风俗乃至雅典宪法等等。亚里士多德著名的一句名言是:求知是人的本能。

到了中世纪,哲学与科学的关系被哲学与宗教的关系取而代之,哲学披上了宗教神学的外衣。哲学开始研究"天堂里的玫瑰长不长刺""针尖上能站多少个天使"之类无聊的问题。但近代以降,哲学与科学重新回到人们的视野,不但哲学家研究科学问题,而且科学家也思考哲学问题。最突出的表征就是很多哲学家同时也是科学家,笛卡尔、莱布尼兹、培根、牛顿、伽利略等皆为代表。让我们以笛卡尔为例,看看哲学与科学是如何和谐地统一在他一个人身上的。

笛卡尔是法国著名的哲学家、数学家、物理学家。他因将几何坐标体系公式化而被认为是解析几何之父,又因其理性主义哲学思想深深影响了之后的几代欧洲人而被黑格尔称为"现代哲学之父"。因此,笛卡尔堪称17世纪的欧洲哲学界和科学界最有影响的巨匠之一。笛卡尔1596年3月31日生于法国一个贵族家庭,1岁多时母亲患肺结核去世,而他也受到传染,造成体弱多病。但他学习成绩优异,老师便允许他不用早起运动。笛卡尔因而养成了利用这段时间冥想的习惯,外加一个一辈子都难以改变的坏毛

生活的哲学 与哲学的生活

病——喜欢待在床上沉思。笛卡尔的数学天才很早就体现出来。他十几岁在巴黎游玩期间,曾一度参与赌博,但几乎逢赌必赢。据说这得益于他那精密的计算和高深的数学知识。但笛卡尔对数学与物理学的真正兴趣,是在荷兰当兵期间产生的。1618年11月10日,他偶然在路旁公告栏上,看到用佛莱芒语提出的数学问题征答。这引起了他的兴趣。他请身旁的人将他不懂的佛莱芒语翻译成拉丁语。这位身旁的人就是大他八岁的以撒·贝克曼(Isaac Beeckman)。贝克曼在数学和物理学方面有很高造诣,很快成为了他的心灵导师。1628年,笛卡尔移居荷兰,在那里住了二十多年。在此期间,笛卡尔专心致力于哲学研究,并逐渐形成自己的哲学思想,发表了多部重要的文集,包括了《方法论》《形而上学的沉思》和《哲学原理》等。

曾流传一个数学家笛卡尔的爱情故事。说笛卡尔在欧洲大陆爆发黑死病时流浪到瑞典,认识了瑞典一个小公国18岁的公主克里斯蒂娜,后成为她的数学老师。日日相处使他们彼此产生爱慕之心,公主的父亲国王知道后勃然大怒,下令将笛卡尔处死,后因女儿求情将其流放回法国,公主也被父亲软禁起来。笛卡尔回法国后不久便染上重病,他日日给公主写信,因被国王拦截,克里斯蒂娜一直没收到笛卡尔的信。笛卡尔在给克里斯蒂娜寄出第十三封信后就气绝身亡了,这第十三封信内容只有短短的一个公式:$r = a(1 - \sin\theta)$。国王看不懂,觉得他们俩之间并不总是说情话的,大发慈悲就把这封信交给一直闷闷不乐的克里斯蒂娜,公主看到后,立即明了恋人的意图,她马上着手把方程的图形画出来,看到图形,她开心极了,她知道恋人仍然爱着她,原来方程的图形是一颗心的形状。这也就是著名的"心形线"。

不知道这个传说是怎么来的。但我要告诉读者诸君的是,这个传说是基本不可信的。在历史上,笛卡尔和克里斯蒂娜的确有过交情。但笛卡尔是1649年10月4日应克里斯蒂娜邀请才来到瑞典,而当时克里斯蒂娜已成为了瑞典女王。笛卡尔与克里斯蒂娜谈论的主要是哲学问题而不是数学。有资料记载,由于克里斯蒂娜女王时间安排很紧,笛卡尔只能在早晨五点与

第二章 作为"玄学"的哲学

她探讨哲学。笛卡尔真正的死因是身体虚弱,因天气寒冷加上过度操劳患上的肺炎。这位曾自称从来没有"蒙受过值得称为患病的不幸"的哲学家终于在1650年悄悄地离开了这个世界。

作为西方近代哲学的奠基人,笛卡尔第一个创立了一套完整的哲学体系,认为人类应该可以使用数学的方法——也就是理性——来进行哲学思考。他从逻辑学、几何学和代数学中发现了四条规则:

第一,除了清楚明白的观念外,绝不接受其他任何东西;

第二,必须将每个问题分成若干个简单的部分来处理;

第三,思想必须从简单到复杂;

第四,我们应该时常进行彻底的检查,确保没有遗漏任何东西。

笛卡尔将这种方法不仅运用在哲学思考上,还运用于几何学,并创立了解析几何。由此,笛卡尔第一步就主张对每一件事情都进行怀疑,而不能信任我们的感官。从这里他悟出一个道理:他必须承认的一件事就是他自己在怀疑。而当人在怀疑时,他必定在思考,由此他推出了他最著名的哲学命题——"我思故我在"(Cogito ergo sum)。在笛卡尔这里,代数学、几何学等科学知识对他的哲学理论的形成显然产生了重要影响,而他的哲学理论又比他的任何一门科学知识都更进一步,更整体地、普遍地反映了这个世界,形成了关于世界的更抽象的原理。在笛卡尔身上,我们似乎很容易理解哲学与科学为什么具有如此的亲缘关系。上述关于笛卡尔那虚构的爱情故事的传说,之所以能够流行,我想大概是很好地满足了人们心目中对哲学家兼数学家的心理预期吧。

20世纪德国哲学家卡尔·雅斯贝尔斯从事过多年的科学研究,并在40岁的时候从精神病理学研究转向哲学。他对科学与哲学的关系作了认真的梳理。他认为科学的明晰性是哲学思维的必要条件。他说:"科学使我感受到了美妙的知识能力、认知进步以及绝无仅有的确定性。直到今天对我不言而喻的是:谁从事哲学,谁就得从事科学。"雅斯贝尔斯强调,纯科学是真

生活的哲学 与哲学的生活

正哲学的基础。哲学就其以各种科学为前提条件而言,可以称为"科学"。一种哲学的世界观,总是通过科学得到证明的,因此,科学原理也可应用于人文科学。哲学与科学一方面不能混淆不清,另一方面又彼此不可缺少。如果没有科学,哲学家的追求将一事无成;如果没有哲学,科学就不了解它自身。哲学是实际科学中固有的,它是科学的内在意义,所以科学家如果拒绝哲学只会导致一种恶的哲学。

雅斯贝尔斯明确指出,哲学与科学的区别在于:第一,科学指向特定的存在者,以经验事实为研究对象,却不能回答关于存在本身的问题;哲学则不研究具体的存在物,它以整个世界为对象,研究世界、整体、存在者之存在等。第二,科学思维是对象性思维,即把具体的存在者当作研究对象,在一种"主客二分"的模式中实现主体对客体的认识和实践。因此,虽然科学真理在结论上具有一定的普遍性,但在方法和前提上则是相对的;哲学思维的方法则是超越对象的方法,即在对象性思维中超越对象,达到对存在的关照,因而具有超越对象性的普遍性和绝对性。哲学真理是现实的、具体的、历史的真理,即时间中的真理,它只显现于从事哲学思维的"理性"面前。

从哲学思想发展史和科学思想发展史中,我们知道,科学有着哲学的血统,哲学也受着科学的关照,二者有着相当紧密的亲缘关系。人类的知识从起源来说,它首先是哲学的,然后才是"科学的",此后才又被分为高度专门化的分支,分别处理世界的某一个方面。就科学与哲学把握世界的方式而言,二者采用不同的进路,形成不同的领地:

科学思考的对象是世界中特定的、具体的事物与领域,进而形成特定的、专门的确定性的知识,哲学是对世界和事物进行普遍的、抽象的思考,以达到对世界与事物内在的本质性的认识。

科学思考所依赖的是单纯的智力因素,而哲学思考所依赖的,是包括智力因素在内的全部精神因素,包括聪明的智慧、宽容与爱心、超越的视野、从容的心态等等。

第二章 作为"玄学"的哲学

科学思考与研究离不开严谨的逻辑与实证,一般在规定的逻辑轨道上运行,而哲学思考与研究往往是在系统知识之上的一种灵动与顿悟,一般是随心所欲的自由飞翔。

科学知识的确定性使人"坚信不疑",形成对人的无形"强制力",哲学的多元方法则导致了哲学结论的不确定性和多样性,给人多种"可能"的生活;

科学作为一种实证性的知识,是一种事实判断,有正误之分,无好坏之别,哲学作为一种价值追求,是价值判断,一般无正误之分,而有好坏之别。

科学追求的目标是确定的和切近的,哲学追求的目标是不确定的、终极的。

科学家通常是在一种对象性思维中、在一种主体与客体相分离的模式中进行思考和研究的,哲学家则常常进入一种在认识上主观与客观、实践上主体与客体相互融合的天人合一的神奇境界。

概言之,在人类把握世界的各种基本方式当中,科学与哲学的关系既是最密切的,又是最复杂的。科学与哲学是人类认识和把握世界的两种不同的方式,表征着人类两种不同的在世方式:

科学以观察试验为基本手段,以具体的事物为对象,以从相互联系的经验事实中总结出来的一般规律为根据,遵循逻辑思维的基本方法和规则,以"求真""求实"为己任,回答"世界是什么",建构的是一个严谨的知识体系,带给人们事实的真相,其背后矗立着科学精神的丰碑。

哲学在科学认知的基础上,以整个世界为反思的对象,以刨根究底的方式,探究表象背后的"本质"、现象背后的"本体"、行为背后的依据等,故哲学乃是以"求善""求美"为己任,回答"世界应该是什么",建构的是一个能给人启迪、引人思考的价值体系,带给人们心灵的慰藉,其背后闪耀着人文精神的光芒。

生活的哲学 与哲学的生活

二、转识成智——关于哲学与常识的思考

没有什么比常识更普遍地影响到人们的生活,但人们有时候又不满足于常识。

没有什么比哲学更深刻地阐释生活的方式与意义,但很多人偏偏选择远离哲学。

"拈花一笑"是禅宗的一个故事。宋代释普济《五灯会元·七佛·释迦牟尼佛》记载:"世尊在灵山会上,拈花示众,是时众皆默然,唯迦叶尊者破颜微笑。"说的是有一天,教主释迦牟尼上大课,众多弟子眼巴巴地望着他,他却一句话也不说。伸手从讲台上的花盆中,拿起一朵花,在手中转来转去,好像在暗示着什么。弟子们谁也不懂老师这个动作是什么意思。这就是"释迦拈花"。释迦有个大弟子,叫迦叶。佛经记载,看见释迦拈花,迦叶"破颜微笑"。宗教堂会,戒律极严。可就在这鸦雀无声中,迦叶尊者竟然"扑哧"一笑,尽管不是开怀大笑,只是微笑,也是大大出乎常规的。这就是"迦叶微笑"。

这师徒两人的"演出",被佛教经典记载为"拈花一笑"。

紧接着,释迦牟尼讲话了:"吾有正法眼藏,涅槃妙心,实相无相,微妙法门,不立文字,教外别传,付嘱摩诃迦叶。"意思是说:徒儿们听好了,我有普照宇宙、包含万有的精深佛法,熄灭生死、超脱轮回的奥妙心法,能够摆脱一切虚假表象,修成正果,其中妙处难以言说。我不立文字,以心传心,于教外别传一宗,现在传给摩诃迦叶!

据说,这也就是禅宗的起始。禅宗的特色就是:传道授学,讲求心领神会,无须文字言语表达。按照常识,我们大多数人可能会一头雾水:这佛祖大庭广众之下拈花一笑、一言不发到底是什么意思?他为什么要把"正法眼藏、涅槃妙心"传给迦叶?然而,如果我们懂得一点佛教的大乘智慧,就能明白:佛祖所传的其实是一种至为祥和、宁静、安闲、美妙的心境,这种心境纯

第二章 作为"玄学"的哲学

净无染、淡然豁达、无欲无贪、无拘无束、坦然自得、不着形迹、超脱一切、不可动摇、与世长存,是一种"无相""涅槃"的最高的境界,只能感悟和领会,不能用言语表达。而迦叶的微微一笑,正是因为他领悟到了这种境界,所以佛祖把衣钵传给了他。

可见,生活离不开常识,但却也绝对不能满足于常识。所谓常识,就是在人们日常生活中最经常、最普遍、最持久发挥作用的知识,其最主要的来源是生活经验,其最基本的表现是人们的日常行为习惯。常识是人类世世代代经验的产物,是人类在最实际的水平上和最广泛的基础上对人类生存的自然环境、社会环境和一般文化环境的适应。人类的常识犹如动物的保护色,是人类生存的一种重要手段,对人类的生存具有重要价值。作为人类把握世界最基本和最普遍的方式,常识给哲学提供了最丰富的反思材料;作为人类把握世界最深刻、最批判的方式,哲学则给常识提供了最有意义的生活图景。

让我们来看看生活中的常识与哲学:

我们时常做梦,有时甚至梦中有梦。在梦中自己醒来了,告诉自己,原来我刚才在做梦。其实这时你仍然在一个更大的梦中。把这个问题延伸一下,当我们每个人都认为自己很清醒的时候,你又怎么知道你不是在做一个更大的关于人生的梦呢?

芙蓉姐姐,有的人认为很美,也有很多人认为不怎么样。那么芙蓉姐姐到底是美还是不美呢?我们有没有一个判断美与不美的标准?

我们都知道苹果是甜的。但当我们先吃点糖再去吃苹果,苹果就变成了酸的。那么到底哪种味道是苹果真正的味道?

我们平时看地面上所有的建筑物都固定不动,但当我们快速地转上几十圈之后,眼冒金星的你就会坚信那些建筑物摇摇欲坠。那么,你的哪一种感觉才是真实的呢?

我们都相信身边的事物客观存在,因为它们看得见、摸得着。但如果某

45

生活的哲学 与哲学的生活

一天我们所有人都丧失了感官机能之后,你是否能知道身边的这些事物是不是客观存在呢?

我们依赖常识生活,但常识不能构成生活的全部。常识来源于经验,是那种习以为常的知识的积累,是人类认识和把握世界的最基本的方式。哲学则在常识的基础上,把思维活动引向深入,试图探求被我们的日常经验遮蔽了的常识背后的东西,或是探求环境条件不那么习以为常的时候可能发生什么,从而探求人类生活的可能状态、可能方式与可能空间。

再打几个简单的比方:常识告诉我们"一加一等于二",哲学则透过"一加一等于二"的常识告诉我们事物可以一分为二;常识告诉我们水有浮力,正确利用能够载舟,哲学则警示我们水有脾气,不当利用亦能覆舟;常识告诉我们水能解渴、水是生命之源,哲学则是孔子站在泗水边上的那一声叹息——"逝者如斯夫";常识告诉我们,大气中一滴水很快就会蒸发殆尽,哲学则启迪我们只要置身大海,这滴水永远不会干涸;常识告诉我们刀可以杀人、药可以救人,哲学则告诉我们什么人该杀、什么人该救,为什么该杀、为什么该救;常识告诉我们"行百里者半五十",不能多一分,也不能少一毫,哲学则告诉我们"行百里者半九十",虽然只差一点,终究功亏一篑。

孙正聿教授在《哲学导论》中概括了哲学与常识的四点区别:常识的经验性与哲学的超验性;常识的表象性与哲学的概念性;常识的有限性与哲学的无限性;沉思的非批判性与哲学的批判性。

中国哲学史上有一个著名的论断叫"白马非马"。这是中国古代伟大的逻辑学家公孙龙提出的一个著名的逻辑问题,出自《公孙龙子·白马论》。公孙龙是赵国平原君的门客,属于诸子百家中的名家,一向以诡辩著称。"白马非马"是公孙龙最著名的命题。

有人问公孙龙:"白马为什么不是马?"

公孙龙反问他:"可以说马是白马吗?"

那人迟疑了一会儿,摇了摇头,说:"好像不能这样说。"

第二章 作为"玄学"的哲学

公孙龙说:"既然不能说马是白马,又怎么能够说白马是马呢?"

"可是,白马明明是马呀?"

"那可不一样。"公孙龙说,"白马是由白色和马两部分组成,它不仅包含马,还包含白,所以既不能说白马是白,也不能说白马是马。"

那个人只好满腹狐疑地走了。

孔子的六世孙,大名鼎鼎并自认为够聪明的孔穿,为了驳倒公孙龙"白马非马"的主张,找上门去与公孙龙辩论,结果公孙龙对孔穿讲了一个故事:"龙闻楚王张繁弱之弓,载忘归之矢,以射蛟兕于云梦之圃。而丧其弓,左右请求之,王曰:'止!楚王遗弓,楚人得之,又何求焉?'仲尼闻之曰:'楚王仁义而未遂也。亦曰人亡弓,人得之而已,何必楚!'若此,仲尼异楚人于所谓人。"故事的意思是:楚王打猎时丢失一张弓,但他阻止下属去寻找弓,他说:"失弓的是楚国人,得弓的也是楚国人,何必去寻找弓呢?"但孔子却认为楚王的心胸尚不够宽广,他说:"失弓的是人,得弓的也是人,何必计较是不是楚国人得弓呢?"在孔子的心目中,每个人与天下的任何人一样,都是平等的"人"。

公孙龙评论道:照这样说,仲尼是把楚人和人区别开来的。人们肯定仲尼把楚人和人区别开来的说法,却否定我把白马与马区别开来的说法,这是错误的。孔穿哑口无言。

当然,公孙龙的观点并非无可辩驳。事实上,如果我当时在场,大可拿刀去砍杀公孙龙。公孙龙必问:"你怎么杀人?"我则会回答:"我没有杀人,我杀的是男人。但男人不是人(男人非人)啊。"估计公孙龙当即可能晕倒。

的确,对于一般人而言,说"白马是马"就如同说"张三是人"一样,清楚明白,准确无误。怎么可能"白马非马"呢?因此,白马是马乃是常识。但公孙龙从逻辑的角度,区分白马之白与白马之马两个属性,得出了"白马非马"的结论,姑且不论其是否完整准确,单是这种超越常识的表象而标新立异的探究,就是一种哲学的思考。

生活的哲学 与哲学的生活

显然,要真正弄清楚常识与哲学的关系,需要我们有转识成智的功夫。转识成智来自佛教,是唯识学成佛理论的核心。"识"分为八,"智"有四种,核心是将凡夫识转成圣人智,大抵就是要把常人的执着心、分别心、烦恼心、对立心、颠倒心、无明心等烦恼之源转换成清净心、平等心、解脱心、大般若心、无所求心、无所住心等般若智慧。但我们这里讲的转识成智不是佛教的专门用语,只是借用来表达我们应该学会把常识转化为智慧。就像常识告诉我们,金钱几乎可以万能,想要买啥都可以。不过一个转识成智的人则会警醒:

金钱可以买到化妆用品,但是买不到高贵气质;

金钱可以买到酒肉朋友,但是买不到纯朴友谊;

金钱可以买到书报杂志,但是买不到知识智慧;

金钱可以买到药物医疗,但是买不到身心健康;

金钱可以买到高楼大厦,但是买不到高风亮节;

金钱可以买到肉体享受,但是买不到美满爱情;

金钱可以买到多数选票,但是买不到公道人心。

所以,金钱可以购买商品,这是常识;能透过商品社会的重重帷幕看到众多不能被商品化的东西,则是哲学智慧;经验带来的习惯性认知及其表象,这是常识,能透过表象、超越经验把握事物的深层次本质,则是智慧;追求功名利禄等实用性的好处,这是常识,能超越对世俗功利的沉迷而探索和追寻人类生活的意义空间,则是智慧。

那么,在"白马非马"的案例当中,如果你只是觉得,无论怎样白马都是马,但你却不能反驳公孙龙的言辞,这说明你被常识遮蔽了双眼。如果你透过公孙龙的言辞看到他违背逻辑规则的诡辩,则是一种哲学的智慧。

有一个发生在英国的真实故事。有位孤独的老人,无儿无女,又体弱多病。他决定搬到养老院去。老人宣布出售他漂亮的住宅。购买者闻讯蜂拥而至。住宅底价 8 万英镑,但人们很快就将它炒到了 10 万英镑。价钱还在

第二章 作为"玄学"的哲学

不断攀升。老人深陷在沙发里,满目忧郁,是的,要不是健康情形不行,他是不会卖掉这栋陪他度过大半生的住宅的。

一个衣着朴素的青年来到老人眼前,弯下腰,低声说:"先生,我也好想买这栋住宅,可我只有1万英镑。可是,如果您把住宅卖给我,我保证会让您依旧生活在这里,和我一起喝茶、读报、散步,天天都快快乐乐的——相信我,我会用整颗心来照顾您!"

老人颔首微笑,把住宅以1万英镑的价钱卖给了他。

如果说那些准备出高价的买房者凭借的是高价可以赢得竞标的商业常识,那最后胜出的青年则凭借的是对人性的深刻洞彻而满足老人内在需要的人生智慧。

当然,常识与哲学并非总是泾渭分明。中国的儒家思想有相当一部分内容都是常识化的道德规范与伦理准则。诸如"满招损,谦受益;不积跬步无以至千里,不积小流无以成江海;穷则独善其身,达则兼善天下;先天下之忧而忧,后天下之乐而乐;己欲立而立人,己欲达而达人;己所不欲,勿施于人;志士仁人,无求生以害仁,有杀身以成仁;君子喻于义,小人喻于利"等等。但当我们深入研读儒家经典,我们就会发现,儒家思想的一个基本特质就是化哲学为常识,化高深为通俗,化理想为伦常;每一条道德规范与伦理准则的背后,其实都闪耀着儒家以"仁"为核心的人生哲学的光辉。换言之,儒家许多规范、准则虽然都是经验化的、常识化的,但这正是儒家人生哲学的生命力所在,是儒家圣人人格的世俗化,价值理性的大众化和道德理想的生活化。这也正是"人皆可以为尧舜"的根源所在。所以,儒家哲学是常识化的哲学,儒家常识是哲学化的常识。

需要指出,我们今天讲转识成智,不仅是指常识需要转化成智慧,还包括知识也需要转化为智慧。数百年前,英国哲学家培根曾发出"知识就是力量"的呐喊。这句名言在埋葬了中世纪的黑暗的同时,也彰显了人类理性的无限光辉,为人类成为自然的征服者并挺立在宇宙的中心奠定了哲学的根基。然而，令人费解的是，人类社会发展到今天，诸如人口爆炸、物欲膨胀、环境污染、生态失衡、精神空虚、生活迷惘等一个个困扰我们的"问题"并没有随着知识的增多而减少，相反，人类的烦恼似乎越来越多。为什么？知识本身并不能回答这个问题。当知识和理性把世界摆在我们的对立面，并以之作为我们的对象物而供我支配和驱驰的时候，我们似乎忘记了生活很多时候并不需要征服、支配和驱驰，生活除了理性、除了计算，还有更多生动活泼的东西。我们的快乐、我们的幸福、我们的未来，都需要我们用一种更智慧、更卓越的眼光来对待知识。

因此，我们必须转识成智！

三、请别用理性来诠释信仰——关于哲学与宗教的思考

有一个关于天堂与地狱的故事：

有人问上帝：天堂和地狱究竟有什么区别？上帝便带他来到一个房间。这个房间里一大群人正围着一口大锅，锅里有肉汤，房间里的人却个个饿得面黄肌瘦，痛苦不堪。他们每个人手里都有汤勺，只是汤勺的柄比他们的手臂还要长，他们都尽力往自己的嘴里送，却怎么也吃不到嘴里。上帝说："这里就是地狱。"

紧接着，上帝又把这个人领到另一个房间，对他说："来吧，让你看看什么是天堂。"这人发现：这里和刚才的一切没有什么不同，一锅肉汤、一群人围着锅、一样长的汤勺，但大家都脸色红润，身宽体胖，正幸福地唱着歌。

"为什么会这样？"这个人不解地问，"为什么同样的待遇与条件，天堂里的人是如此的快乐，地狱里的人却那么的悲惨？"

上帝微笑着说："其实很简单，天堂的人会用自己的汤匙喂给别人，但地狱的人不会这样做。"

这是一个典型的借上帝来传播"爱"的故事。问题是，我们每个人都会在内心深处问自己：这世界上到底有没有上帝或全能的神呢？

第二章 作为"玄学"的哲学

对所有的宗教教徒来说,这不是个问题,因为这是基本的信仰;对哲学家来说,则痛苦于如何证实或证伪上帝存在这个命题。哲学注重建立在理性基础上的思辨,而宗教强调建立在体验或幻想上的信仰;哲学的本质在于"思",宗教的本质在于"信"。

对所有信教的教众来说,宗教教义是他们必须遵循的准则,也是他们发自内心的信仰。在他们眼里,没有什么比自己宗教的教义更智慧的东西了。在这个意义上,宗教与哲学一样,都要指引或启示人类过一种智慧的生活。问题是,宗教的智慧与哲学的智慧是一回事吗?

宗教是一种极为重要的社会文化现象,它在人类文明形成和发展的历史进程中产生,并随着人类文明的变迁而作出相应的调整和发展。其主要特点为:相信我们所生活的这个现实世界之外还存在着某种超越的、神秘的力量或实体,该神秘力量或实体统摄现实世界的万事万物并因而拥有绝对权威、主宰自然进化、决定人世命运,从而使人对该神秘力量产生敬畏及崇拜,从而引申出信仰认知及仪式活动。

在哲学产生之前,希腊人与其他古代民族一样,都生活在神话世界或原始宗教里。随着古希腊哲人对世界本原问题的不断追问,人类的理性像一道霹雳般的光芒划开了原始宗教黑沉沉的天幕,开启了除了神谕之外的另一智慧通道——理性追问,照亮了人与万物的界限,从而促进了人类主体意识、生命意识、身份意识的觉醒。但哲人们对世界本原问题的执着,一方面反映了人类对纷繁变幻的现象事物持不信任、不满足的态度;另一方面表明,人类相信通过对这些现象事物背后本体的追寻,可以找到使自身安身立命的确定性、找到使生命永恒的意义所在、找到对现实生活的超越之途径。

古希腊最有宗教色彩的哲学家应该是毕达哥拉斯。最早悟出万事万物背后都有数的法则在起作用的是毕达哥拉斯;最早发现直角三角形两直角边长度的平方之和等于斜边长度的平方的是毕达哥拉斯;最早发现数的美好、发现事物之间数量的和谐关系的也是毕达哥拉斯。"数"充满了毕达哥

51

生活的哲学 与哲学的生活

拉斯的大脑。有一天,毕达哥拉斯经过一个铁匠铺,铁匠打铁发出的和谐之声启发了他,他通过比较不同重量铁锤发出的不同声音测定各种音调的数学关系。之后,毕达哥拉斯又继续在琴弦上进行试验,找出了八度、五度、四度音程的关系。这样,毕达哥拉斯得出结论:和谐的音乐关系乃是一种数的关系。

因此,这位古希腊的数学家、哲学家把数当作世界的本原,无论是解说外在物质世界,还是描写内在精神世界,都不能离开他的数学!在他看来,万物并不仅仅是水、火、气等实际存在的事物,正义、理性、灵魂等也应归属其列,并且万物的本原当然也应能对之作出说明。但如果按照以泰勒斯为代表的米利都学派的观点,用某种实物作为万物的本原,那就没办法解释正义、理性、灵魂等抽象的事物。毕达哥拉斯指出,数不仅能既解释诸如水、火等具体事物,也能解释诸如正义、理性等抽象的东西。他进一步推论说,一切抽象的东西或社会现象都是由数构成的。如"1"表示理性,因为它是万物不变的本原;"2"表示意见,因为它包含了对立与否定;"4"和"9"是正义与公平,因为它是相等的数对相等的数,即 $2 \times 2 = 4$ 或 $3 \times 3 = 9$;"7"是死亡,因为它既无因数,又非倍数;"8"是爱情,因为八度音最和谐;"10"则是一个极为玄妙、神圣、完满的数,因为它是点、线、形、体的总和,即 $1 + 2 + 3 + 4 = 10$。从事物之间的"数"量关系出发,毕达哥拉斯发现世界上的事物都会表现为一定的比例,呈现出秩序与规律。而不同的数量与一定的比例就形成了事物间的和谐关系。因此,世界是和谐的,和谐是美的,"美德乃是一种和谐"。

但毕达哥拉斯还是一个"教主",他利用它的哲学知识和智慧,在意大利南部的希腊属地克劳东成立了一个秘密社团。这个社团里有男有女,地位一律平等,一切财产都归公有。社团的组织纪律很严密,甚至带有浓厚的宗教色彩。每个学员都要在学术上达到一定的水平,加入组织还要经历一系列神秘的仪式,以求达到"心灵的净化"。所以,毕达哥拉斯不但是数学家兼哲学家,他还被他的团队当作神,当作教主。在他死后,关于他的种种神迹

第二章 作为"玄学"的哲学

比比皆是。他的社团教义十分严格,谁要是违反,那可能要付出生命的代价。传说有一个毕达哥拉斯的学生,违反了"不能把数学发现告诉外人"的教规,不久就被淹死了。在他的团体中,有一些今天在我们看来最奇怪的教义。譬如:

不能吃豆子。

东西掉到地上,不准用手捡起来。

不要碰白公鸡。

不要掰开面包。

不准用铁去拨火。

不准坐在量斗上。

不准吃动物的心脏。

不准戴戒指。

房间里不准有燕子。

不要在光亮的旁边照镜子。

如果把锅从火上拿下来,不要把锅的印迹留在灰上,要把它仔细抹掉。

……

总之,毕达哥拉斯的哲学与他的宗教、数学是合而为一的。他以数学为武器,建立了他的哲学思想体系,又把这种数的哲学神秘化,建立了一种把灵魂的轮回和吃豆子的罪恶性当作主要教义的宗教。在毕达哥拉斯这里,可以算是把科学、哲学和宗教和谐统一的最早尝试。

但哲学与宗教毕竟有着显著的不同。与哲学理论体系建构的基础是理性的追问不同,宗教依赖的是对神明的信仰与崇敬。宗教通常包括教主、教义(宗教的思想观念及感情体验)、教仪(宗教的崇拜行为及礼仪规范)和教团(宗教的教职制度及社会组织)等要素。德国哲学家费尔巴哈在《宗教的本质》著作中,概述了宗教,尤其是自然宗教(即多神教)的本质:"至于那不同于人的本质、不同于人的本质的实体,也就是那不具有人的本质、人的特征、人的个性的实体,如实地说出来,不是别的东西,就是自然而已。"费尔巴哈指出,人的依赖感是宗教的基础。由于人类是从自然母体中分娩而来,自然是人生存的基础和依赖的最初对象,只要人类还没有完全把握自然的本质和规律,未来的不可预知性与对自身命运的担忧便会促使人类在精神上、心理上产生对某种超自然力量的崇拜和信仰。所以,"宗教的基础,是人的信赖,而这个信赖的对象,就是人们所依靠并能感受到的那个东西——不是别的,就是自然"。在人类所生活于其中的自然世界,万事万物皆可以成为宗教的原初崇拜,只要它是人类生存和生活所依赖的对象。譬如山、水、风、雨、日、月、星辰、土地、树木等,皆可以被崇拜为神。人类为了实现摆脱依赖、追求幸福的愿望,便逐渐在内心建构起一个个以自然物为对象的人格神,即从人的立场把所依赖的对象想象成为具有人性的但又能支配人类的神秘力量,并进而崇拜它、信仰它。

马克思在《黑格尔法哲学批判导言》中也指出:宗教是支配人们日常生活的外部力量在人们头脑中的幻想的反映,是由对神灵的信仰和崇拜来支配人们命运的一种意识形式。马克思继承了费尔巴哈关于人创造了宗教的人本主义理论,认为自然神宗教的确是人的本质的异化。但是他进一步追问:人为什么要创造宗教呢?人为什么要信仰一个神呢?马克思在费尔巴哈关于人对自然的依赖感的基础上,更深刻地洞察到了社会不平等也是宗教产生的重要根源。由于社会环境的不合理、不平等、不公正,因此马克思把它叫作颠倒的世界,由之而产生的宗教本质上是一种"颠倒的世界观"。所以,从宗教产生的根源来看,一方面是自然压迫的产物,另一方面是社会压迫的产物。对自然现象的无知和恐惧,产生了各种形式的自然宗教观念;对社会不公的控诉和对美好社会的诉求是宗教产生的又一重要根源——社会性根源。马克思特别强调,宗教最初表达了被压迫者在现实苦难面前的精神抗议和心灵诉求,而后被统治阶级所利用,成为维护统治、实施压迫的思想工具。因此他断言:"宗教是精神鸦片。"

第二章 作为"玄学"的哲学

宗教如果被某些人利用发展成邪教,则会为人类带来可怕的后果。1978年11月18日,南美小国圭亚那的热带丛林深处传出了一条令世人震惊的惨讯:美国"人民圣殿教"九百多名信徒在教主吉姆·琼斯的带领下集体"自杀"!

原来,20世纪50、60年代的美国社会问题十分严重:先是麦卡锡主义和朝鲜战争,随后是种族主义和种族隔离,因种族隔离而引起的黑人民权运动,接下来还有越南战争。这种社会环境为吉姆·琼斯的崛起提供了机会,也给他的早期活动赋予了不少"进步"色彩。

原本是基督教牧师出身的琼斯1965年就开始到处布道,发展他的信徒。1978年,吉姆·琼斯带领近千名信徒从美国来到圭亚那的热带丛林,梦想着在那片蛮荒之地——琼斯敦建立起一个乌托邦式的"世外桃源":每个人都要在入教时准备一份"自杀遗书",要绝对服从教主的命令。教主经常向教众宣扬末日来临,鼓吹自杀才是"圣洁之死"。

随着时间的推移,"人民圣殿教"的丑行接连曝光:体罚虐待(甚至连四个月大的婴儿也不放过)、身心摧残,以及教主琼斯贪污、勒索、乱搞男女关系等。"人民圣殿教"的丑行终于引起了美国国会部分议员的重视。1978年11月14日,众议院民主党议员瑞安出发访问琼斯敦,同行的有不少知名记者和六名亲属代表。他们终于了解到了这一教派的黑幕,但却被琼斯下令枪杀。

琼斯后来命令所有教徒紧急集合。约两公斤氰化物被倒进一个装满自制果汁的大铁桶。琼斯以不容置疑的口吻说:"大家都必须死,一个也不能少。如果你们像我爱你们那样爱我的话,大家就一起殉道……"

教徒们排起长队,总共227名孩子竟然成了第一批"殉道者"!更令人发指的是,为了帮助那些尚在襁褓中的婴儿"殉道",琼斯还特意下令用注射器向他们的口中喷毒。

"送走"不谙世事的孩子,接下来便轮到了大人。部分虔诚的信徒心甘

生活的哲学 与哲学的生活

情愿地将毒饮料一饮而尽,而大多数人则愤怒地提出抗议,结果被营地里的卫兵当场击毙。琼斯最后也用手枪结果了自己的性命。

显然,邪教往往是利用了正常宗教的形式,利用了人们盲目的信仰,并通过美化这种信仰而使信众误入歧途。因此,邪教大多是以拯救人类为幌子,散布迷信邪说,教主则会利用信徒的崇拜,吹嘘自己具有某种开悟的神秘的超自然的力量,然后以秘密结社的组织形式控制信众,鼓吹歪理邪说,实施精神控制,脱离社会生活,侵犯个人身体,盘剥信众财富,具有反社会的性质。

由于邪教不是正常的宗教,它只是披着宗教外衣的歪理邪说,因此,他往往带给信众苦难的甚至罪恶的生活。哲学与邪教不具有任何共同点。哲学与宗教则不一样,它们都在追寻现实世界背后的本原或本体,以之作为现实生活的根源和依据,并进而追寻一种智慧的生活方式;哲学与宗教都关注生与死的意义,都进行善与恶的区别,都试图解决身心的安顿等。对于这些共同的方面,尽管哲学与宗教对它们的解释有"思"与"信"的差别,有具体内容的差异,但它们对人类所提供的安身立命、安居乐业、安心凝神等方面的功用却是大同小异的。

不能不指出,哲学是以不同于宗教的方式去解释世界并追求智慧的。如果说宗教对绝对本原的崇拜是人类出于对未来命运的不测感,是出于人性中对自然事物的依赖感,或是出于对万物有灵论、原始巫术等的自然信仰,从而借助本原的神秘力量来获得心灵的慰藉、幸福的护佑和对现实生活的启示;那么哲学则是出于对人类生活有限性、对现实世界表象性、对日常行为经验性等方面的不满足、不信任而去追问这个现实世界背后的本原,从而实现对人类现实生活与未来命运的终极关怀。同时,虽然哲学与宗教两者都追求永恒,但哲学的永恒表现为经验背后的超验存在、此岸世界另一边的彼岸世界、现象事物背后的事物自体或绝对观念等,而宗教的永恒则依托于全知全能的上帝、人格化的神以及对应于此生的永生等。

第二章 作为"玄学"的哲学

因此,哲学与宗教在思想方法上亦表现出明显的不同:哲学注重建立在理性基础上的思辨,而宗教强调建立在体验或幻想上的信仰。也就是说,哲学活动的本质在"思",宗教活动本质在"信"。宗教要求其信徒对最高的神圣存在者,无论是人格性的上帝还是绝对灵性存在,都须呈献绝对的虔诚,不能有任何怀疑,体现出宗教信仰的独断论性质。而哲学对宗教所谓最高存在者一定要诉诸理性之思考:究竟有没有上帝之类的主宰神?如果有,那么上帝存在的证据何在?如何证明此证据的可信性?如果没有,那么世界从何而来,世界的本原是什么?现实世界与人类生活的最终根源和依据何在?这些出自理性的问题都是哲学反思的对象,哲学家们视其为哲学的应有之义与哲学生活的乐趣所在。

第三章　作为价值关怀的哲学

哲学是一种价值关怀。哲学的最初自觉就是立足于对现实的感性世界的解释和描绘,立足于对世界和人之"是什么"的回答,再以对人所特有的意义世界的探寻和建构的无比热情,在最终极的意义上不断地回应世界和人之"应当如何"的问题。"是什么"是一种事实判断,而"应当如何"是一种价值判断。哲学通过赋予日常生活以意义和价值,指导人类不断由"实然"走向"应然",由"本来是什么"走向"应该是什么"。简单地说,哲学就是在最终极的意义上不断地回应世界和人之"应当如何"的问题。这种智慧,源自它穷根究底的根本特性。它以"为什么"的话语形式,强调对现实生活的反思,对深层意义的发掘,对长远价值的思考,对理想生活的诉求。

一、电车该怎么开——道德困境及其反思

1960年代,法国作家 Jean Lartéguy 在其小说 Les Centurions 中提出一个叫作"定时炸弹"的思想实验。其大致内容是:

假设有一个大规模杀伤性的定时炸弹隐藏在你的居住地并即将爆炸,可能造成大规模的伤害。知情者已被羁押,但他很可能不愿意向你吐露分毫信息。你是否会使用酷刑来获取情报以避免这种伤害的发生?换言之,你会怎么做?

"定时炸弹"实验显然是设计了一种道德上的困境,让我们反思:人类在

第三章 作为价值关怀的哲学

这种困境下究竟该如何行事。在大多数情况下,"我该怎么做"都不算是一个难以解决的问题。不过现实生活中,我们的确会经常性地遇到一些道德困境,这些困境令我们左右为难。但现实情况又迫使我们不得不做出选择。德国哲学家、新闻工作者和作家理查德·大卫·普雷希特曾在他的著作中列举了一系列我们难以抉择的问题。譬如:

男人专情或者不忠,只是因为体内的荷尔蒙含量不同。你还会对背叛的爱人抱以老拳吗?

高智商的生命有没有权力随意掳杀低智商的生命?我能不能干掉一个人见人厌的有钱姑妈,拿她的钱来帮助别人?

暴力犯罪是由于大脑损伤。那么应该对犯罪者判以重刑,还是给他做修复手术,帮他恢复成一个正常人?

保护动物是因为它们稀有或美丽,还是因为它们也有不容忽视的生存权利?珍稀动物比常见的更值得保护吗?克隆动植物可以毫无顾忌,为什么克隆人类就不行?

……

诸如此类的困境既然在生活中并不少见,那么面对生活中的道德困境时,我们该如何抉择呢?这是以反思为己任的哲学必须回答的问题。

让我们先来看三个案例:

案例一:假设你是一辆有轨电车的司机,电车以每小时60英里的速度沿着轨道疾驰而来。在前方,你看见五个工人手持工具站在轨道上。你试着停下来,可是你不能,因为刹车失灵了。你感到无比绝望,因为你知道,如果你冲向这五个工人的话,他们将全部被撞死。突然,你注意到右边有一条岔道,那条轨道上也有一个工人,不过只有一个。你意识到,你可以将有轨电车拐向那条岔道,撞死这个工人,而挽救那五个工人。

假如你是那个电车司机,你认为牺牲这一个工人而挽救那五个工人的性命是"道德"的或有"价值"的吗?换言之,你认为司机"应该"怎么做?为

生活的哲学与哲学的生活

什么？

在我的哲学课堂上，绝大部分学生都选择了开上岔道。原因非常简单，那就是牺牲一条人命而救了五条人命是值得的，也是"应当"的。

案例二：现在让我们来考虑另外一个与有轨电车有关的假设。这一次，你不是司机，而是一个旁观者，站在桥上俯视着轨道。（这次旁边没有岔道）轨道的那一头开来一辆电车，而在轨道的这一头则有五个工人。刹车又一次失灵了，电车即将冲向那五个工人。你感到自己没有能力去避免这场灾难——可是你突然发现，你身旁站着一个身材魁梧的人。你可以将他推下桥，落入轨道，从而挡住疾驰而来的电车。他可能会被撞死，但是那五个工人却将获救。（你考虑过自己跳下轨道，可你意识到自己太小了，无法挡住电车。）

让我们假设，如果你的确是那个旁观者，你是否会将那个壮汉推下桥呢？如果有那么一个人的确在那种情况下将那个魁梧大汉推落到轨道上，同样是牺牲了一个人，救了五个人，那么你是否还认为这种行为是一种正当的举动呢？

在我的哲学课堂上，大多数学生的回答是："不。"这个"不"有两重含义：如果他们是那个旁观者，他们"不"会推；如果他们只是来评价这种行为是不是"应当"，他们大多也选择"不"。基本原因是：在第一个案例中，将车开上岔道是被动的无奈选择；而在这个案例中，要主动推一个人致其死亡，是谋杀。

案例三：现在再让我们假设另一种情况：如果你是一名医生，在医院的急救病房里有五个生命垂危的病人，他们急需进行器官移植，但医院里并没有相应的器官，也来不及去收集器官。就在这时，一名健康的人来医院就诊，他只是有点小感冒。那么为了拯救那五名垂危病人，可以把那名健康的人杀掉以获取所需要的器官。你会这么做吗？

在我的哲学课堂上，这一次，没有一个学生选择杀人。我问他们为什么,他们比较一致的回答是:即便是为了救人,也不能杀人。

"电车难题"是一个在伦理学领域十分知名的思想实验,最早由牛津大学哲学教授菲利帕·福特(Philippa Foot)于1967年发表的《堕胎问题和教条双重影响》论文中提出来的。其原来的版本与我们的版本略有不同。其内容大致是:一个疯子把五个无辜的人绑在电车轨道上。一辆失控的电车朝他们驶来,并且片刻后就要碾压到他们。幸运的是,你可以拉一个拉杆,让电车开到另一条轨道上。但是还有一个问题,那个疯子在那另一条轨道上也绑了一个人。考虑以上状况,你应该拉拉杆吗?福特用一系列例子分析了道德导致的有意和无意的结果,去做和允许去做,支持还是拒绝之间的区别。直到2010年,90岁的美德伦理学者菲利帕·福特在英国去世,她留给世人的"电车难题"依然在困扰着我们。

后来美国哈佛大学心理学家和生物人类学家马克·豪瑟尔针对我们一开始的三个道德困境案例开展匿名调查,除了网上调查,他还在美国、中国做了问卷调查。参与者十分广泛,涵盖了不同性别、地区、年龄、受教育程度、职业、宗教信仰等。同时,美国密歇根州立大学的心理学系研究者以模拟现实的方式重新检验,威斯康星大学欧克莱尔分校的研究者为了能取得更详尽的数据,也做了两个实验。他们的实验结果与我在课堂上的随机问答结果基本相似:在第一个案例中,90%的人都会选择舍下一人救下五人,人们普遍认为以一条命换回五条命是值得的,也是正当的;在第二个案例中,只有六分之一左右的人愿意将壮汉推下去;在第三个案例中,则几乎没有人愿意杀人来救人。

好,现在让我们来讨论一下:为什么同样是一条命与五条命,在不同的情境中会导致人们做出不同的选择。

在第一个案例中,之所以绝大多数人愿意把电车开上岔道,是基于这么一种功利主义的道德判断:五条人命要重于一条人命,救下五个人要好于救一个人。这种选择的实质符合边沁的功利主义原则。这个原则可以用一句

生活的哲学 与哲学的生活

话来概括:"为了最大多数人的最大利益。"然而,作为价值关怀与道德探究,哲学伦理学必然要追问一个更深入的问题:五个人的生命与一个人的生命相比,就真的更为重要吗?这个更重要的标准是如何确立的呢?生命的数量可以成为"更应当做"的理由吗?事实上,对功利主义持批判态度的学者就认为,一旦使电车开上岔道,你就成了一个不道德行为的主谋,因为你的行为直接导致了另一个人的死亡,所以你必须为之承担责任。然而,如果你真的选择不改变电车轨道而付出五条人命的代价,可能又会有更多的人认为,你身处这种状况下就"应当"有所作为,你的不作为将会是同等的不道德甚至是更大的不道德。

尽管现实生活中,我们也许很少有机会真正面临电车司机那样的困境,但我们可以通过思考和讨论这样的困境,来说明道德在实际生活中的应用,彰显哲学的价值关怀。

在第二、第三个案例中,牺牲者与幸存者同样是一比五,为什么在这种情况下只有六分之一左右的人选择推人下桥?为什么没有人选择杀人来救人呢?换言之,为什么在我们大多数人的眼里,同样的选择,在第一种情况下看起来是正确的,而在第二、第三种情况下看起来又变成错误了呢?

《该不该把桥上的男人推下去》的作者,前面提到的德国哲学家理查德·大卫·普雷希特认为,虽然从生和死的数字上对照,第一个案例和第二个案例没有区别,但是二者有一个明显的不同,就是你的行为是直接还是间接杀死一个人。从心理学的角度来看,就是你对他人死亡的责任感是积极的还是消极的。

哈佛大学教授迈克尔·桑德尔(Michael Sandel)三十多年来一直在哈佛大学讲授一门名为"公正"的课程,他在《公正:该如何做是好?》中对这类道德困境进行了有针对性的分析。他说:"某些道德困境源于相互冲突的道德原则。例如,一种在脱轨电车故事中起作用的原则认为,我们应当尽可能多地挽救生命;而另一种原则则认为,即使有一个很好的理由,杀害一个无辜

第三章　作为价值关怀的哲学

的人也是不对的。当我们面对一种情形——其中我们要挽救一些人的生命就必须杀害一个无辜的人——的时候，我们便遇到了一种道德困境。我们必须弄明白哪一种原则更有说服力，或者更适用于这种情形。"

按照绝大多数学者的观点，影响人们在道德困境中进行道德抉择的根本因素是道德理性。也就是说，是道德理性让我们做出正确的道德判断。然而，新华网2004年3月31日转载了《国际先驱导报》的一篇文章——《科学家认为：道德取决于情绪而不是理智》。文章指出，道德判断源自人类的理性思维还是个体本能？这是个长久以来争论不休的问题。现在，普林斯顿大学的博士后乔舒亚·格林通过脑扫描揭示了人们作出道德判断的大脑机制：情绪决定了我们的道德判断。文章说：多数人相信，我们判断是非仅仅依赖于理智。而格林根据其研究论证说，在作出道德判断时，我们的情绪也发挥了重要影响。而情绪激发的本能反应是数百万年进化史的产物。他说："许多基本道德信念可能不过是人类进化的结果。"

这样一来，面对"我该怎么做"的道德抉择时，我们有时要依靠道德理性，有时似乎又要靠情绪；有时似乎可以这样做，有时又觉得应该那样做。哲学反思似乎并不能给我们提供一个标准的答案。同时，当我们去认真地梳理哲学史，就会发现对这些道德困境的哲学反思是没有止境的，试图对这些道德困境提出一种一劳永逸的解决办法也是徒劳的。因此，无论我们怎么努力，丹麦哲学家克尔凯郭尔在《日记》里说的那句话也许将永不过时——"我们依然不明白我要做什么"。

但，这丝毫不影响我们追逐哲学的智慧。作为一种价值关怀，哲学正是在对人类行为的价值判断与理性反思中为自己开辟道路的。如果像科学一样，能给每一个问题带来精确的答案，那么哲学就将真正退出历史舞台了。但这个世界不是一个什么都可以精确计算的世界，人类的行为更不可能像电脑程序一样精准。唯其如此，哲学才能以它特有的价值关怀把人从工具理性的支配下解放出来，把人从急功近利的当下沉沦中解救出来，为我们探

生活的哲学 与哲学的生活

索和提供一种"可能的生活"与"应该的生活"。因此,正像威尔·杜兰特在《哲学的故事》引言部分所指出的:科学"不问事物的价值和理想的可能性,也不问它们的终极意义,只满足于说明它们的现状和作用,只把心思专注于事物本身的性质和运动过程……哲学家却并不满足于对事实的描述,他希望弄清楚它与经验的普遍关系,从而把握住它的意义与价值……科学教会我们如何救人、如何杀人……只有智慧才能告诉我们何时需要救、何时需要杀"。

二、谁更有价值——动机与效果的争论

一个小孩不慎落水,旁观者中有人很急,想去救人,可却不会游泳,贸然去救,反而有可能害了小孩;有人会游泳,却向小孩的家属提出,如果家属愿意付酬金1000元,他就下水救人,并且保证救上来。请问,这两种人谁更"道德"?对我们的社会来说,这两种人谁更有"价值"?换言之,我们的社会是需要一个动机良好但可能好心办坏事的人,还是需要一个动机不纯却能给我们带来实际效益的人呢?

假如你喜欢隔壁独自居住的一个姑娘。某天晚上,你孤枕难眠,于是偷偷摸摸翻进隔壁邻居家,本来想去猥亵甚至强奸那个姑娘。没想到另有一个强奸犯竟然先你而至,正在对姑娘实施强奸。你怒火中烧,奋不顾身把那个强奸犯打跑了,你也因此受了伤,放弃了对姑娘的强奸。那么,你在准备强奸前打跑了另一个强奸犯并因此而救了那个姑娘的这种行为是否是道德的呢?

在哲学史上,如何判断一个人的行为的善恶,长期存在着所谓动机论与效果论的争论。动机论认为人的行为善恶取决于动机是否善良,而与行为所产生的效果无关。因此,动机论是根据人的主观愿望来确定行为的道德意义的理论。与动机论相反,效果论认为人的行为善恶取决于效果,判断和评价行为的善恶,不必考察动机,只要看它的效果即可。

第三章　作为价值关怀的哲学

中世纪的法国经院哲学家彼得·阿贝拉尔是一个典型的动机论者。他在《自我认识》一书中明确指出：动机决定行为的善恶。上帝所考虑的是人的意图，行为本身无所谓好坏。他鲜明地反对效果决定论，坚持认为意图也只有意图才能决定行为的善恶性质，而与这种意图是否实现无关。因此，意图是否成功不能加减行为的善恶价值，效果大小也不能改变意图本身。同一个行为，完全有可能是出自善或恶的不同意图，所以好心办坏事，也是善；坏心做好事，也不改其恶。他以犯罪为例，认为对犯罪的司法判决依据的是行为的结果，这属于公众意见，不是真正的道德评判。对犯罪的道德意图的评判，无疑是上帝的工作。上帝将根据人的意图的善恶进行公正的赏罚。

动机论最著名的代表人物要算德国哲学家康德。在康德的《实践理性批判》中，有一句话广为人知并始终为世人所颂扬："有两样东西，愈是经常和持久地思考它们，对它们历久弥新和不断增长之魅力以及崇敬之情就愈加充实着心灵：我头顶的星空和我心中的道德律。"康德认为，人具有先天性的"善良意志"，这种"善良意志"是自由的、出于自我意愿而向善的意志，它是绝对纯粹的、没有掺杂任何私心私欲和功利目的的道德动机，既没有利益关系的考量，也没有情感好恶的影响。他心中的"道德律"就出自他所谓的"善良意志"。康德认为，"善良意志"之所以是善的，"并不因它所促成的事物而善，并不因它期望的事物而善，也不因它善于达到预定的目的而善，而仅是由于意愿而善，它是自在的善。并且，就它自身来看，它自为地就是无比高贵。任何为了满足一切爱好而产生的东西，甚至所有爱好的总和，都不能望其项背。如果由于生不逢时，或者由于无情自然的苛待，这样的意志完全丧失了实现其意图的能力；如果他竭尽自己最大的力量，仍然还是一无所得，所剩下的只是善良意志（当然不是个单纯的愿望，而是用尽了一切力所能及的办法），它仍然如一颗宝石一样，自身就放射着耀目的光芒，自身之内就具有价值。"

他以一个人失足落水为例：如果我们出于心中的"善良意志"而去尽力

生活的哲学 与哲学的生活

营救落水之人,但因为水流太急或水性不好等客观原因而未能如愿,这丝毫不影响我们行为的善;反之,如果我们不是出于一种"善良意志"而去救人,就像开篇事例所说的,要 1000 元钱才去救人,那么不论你多么会救人,也不论你救了多少人,都不能认为是善的。康德特别憎恶那些从利己的动机出发、从个人私欲、私利和好恶出发,把个人幸福作为善恶判断之标准的伦理学说,认为这种伦理学无助于培养人们崇高的道德情感,并把人引向邪恶,亵渎了道德的尊严。

然而动机论者遇到一个普遍的道德难题是:动机乃是一个人内心深处的东西,是一个人的内心意愿,我们怎么能知道一个人的动机是好是坏、是善是恶呢?

康德认为,道德判断的标准不可能在经验中找到,只能在人的理性中寻求。人的理性为何如此神奇呢?李泽厚在《批判哲学的批判——康德述评》一书中对康德的理性进行了很好的概述。他指出:康德的《纯粹理性批判》解答的是"我能够知道什么"这个问题,以求得真,人类理性表现为理论理性,这是人为自然立法;《实践理性批判》解答的是"我应当做什么"这个问题,以求得善,人类理性表现为实践理性,这是人为自己立法(道德自律);《判断力批判》解答的是"我能希望什么"这个问题,以求得美,人类理性表现为批判力。由于人具有实践理性,因此,辨别是非善恶的能力是人天生就具备的,实践理性能引导人类走向道德真理。康德说,我们每个人不需要诉诸外在的权威,由于我们每个人的内心都有固有的道德观念和明辨是非的能力,所以我们只需要运用自己的理性能力,就能够判断什么是对的、什么是错的。

康德认为,理性在我们每个人头脑中颁布了一个"普遍必然的律令与义务",这就是康德著名的"绝对命令"(Kategorischer Imperative)。

"绝对命令"具有两个最基本的特征:

第一个特征叫"普遍性公式"。所谓"普遍性公式",就是放之四海而皆准,也就是说,不管什么情况下,无论何时何地,任何人只要按照这个原则去行动就是善的。打个比方,你向朋友借钱,但短期内无法归还,于是你虚假承诺说很快就会还钱,以使朋友同意借钱给你。那么你的这种做法是否道德呢?我们只要设想一下,如果别人也向你来借钱,也采用相同的办法,你是否乐意呢?显然,你不乐意。如果每个人都像你一样借钱,搞虚假承诺,那么,在全社会是否行得通呢?显然也行不通。这就说明,你的行为违背了"普遍性公式"。"普遍性公式"强调的是:如果一种行为在道德上是可行的,那么任何时候、任何人、任何条件下它都是可行的。

所以,我们日常生活中常遇到的"善意的谎言""为了尽孝而偷盗""为了爱情而抢劫"乃至"为了救人而杀人",在康德这里都是违背道德律的。谎言就是谎言,偷盗就是偷盗,谎言与偷盗要成为善的,必须在任何情况下都是善的。即便为了某种善意而选择撒谎,为了孝顺父母而去偷盗,在康德看来也是不可以的。按照"绝对命令",人应该选择任何情况下都说真话,在任何情况下都不偷盗、抢劫、杀人。

第二个特征叫"人是目的"。"你的行动,要把你自己人格中的人性和其他人格中的人性在任何时候都同样看作是目的,永远不能仅仅看作是手段。"任何人都不应仅仅被视作或用作达到别人目的的手段,每个人本身都必须被看作是目的。我们再讨论一下刚才那个借钱的例子,当你搞虚假承诺意图诱使朋友借钱给你的时候,你并非把朋友当作与你一样值得尊重的目的,而不过是把他当作实现你目的的手段而已。

康德举了一个店主的例子来说明这个问题。有一个毫无经验的顾客,譬如说一个小孩,走进一家杂货店,要买一袋面包,店主可以欺骗这个没经验的顾客,用比卖给别人更高的价钱卖给这个小孩。但店主又考虑到,如果这件事情传开了,大家都知道他欺骗小孩,将影响他未来的生意。于是,店主还是按照一般的价格卖给小孩,没有卖高价。那么在这一个案例中,店主的行为是否是道德的呢?康德的回答是否定的。因为店主虽然没有卖高

生活的哲学 与哲学的生活

价欺骗小孩,但他的动机是为了他自己以后的生意,是为了他自己的利益,而不是把小孩当作一个真正的目的,一个应该平等相待的人来对待,所以他的行为欠缺道德价值。

这样,人类通过理性就可以无可辩驳地确立起自己的道德原则。这个道德原则是绝对的,毫无例外的。康德自己说,它不允许有任何权宜之计。一个人要有道德,就应当出于义务而服从这些规则。因此,康德的道德理论也可以叫作义务论。在实践中,康德告诫我们:在任何时候,我们都要问自己两个问题:你愿意每个人都这么做吗?你把别人当作手段了吗?

19世纪英国的功利主义者边沁、约翰·密尔等是效果论的代表。功利主义者认为,一个人的动机如何,与行为是否道德无关,只要具有功利的效果就是道德的。因此,"为最多的人提供最大的利益"成为功利主义的著名宣言。功利主义的伦理学不考虑一个人行为的动机与手段,仅考虑一个人行为的结果对最大快乐值的影响。对功利主义者来说,所有的道德争论,实际上都是讨论如何使快乐最大化、痛苦最小化。如何才能达到"快乐最大化"呢?边沁的回答是计算———把所有的收益(快乐)相加,减去所有的损耗(痛苦)。因此,边沁的道德原则简洁明了:能增加最大利益值的即是善,反之即为恶,"能否促进幸福"就成为判断人的一切行为的标准。

对这种道德功利主义的观点,哈佛大学迈克尔·桑德尔教授在《公正——该如何做是好》一书中介绍并分析过一个经典的案例:

1884年夏,四名英国海员被困在南大西洋的一只小救生艇上,远离陆地一千多英里。他们的船——"米尼奈特"号(Mignonette)在一场暴风雨中沉没了,他们几个人逃到救生艇上,只带有两罐腌制的芜菁甘蓝,也没有淡水。托马斯·达德利(Thomas Dudley)是船长,埃德温·斯蒂芬斯(Edwin Stephens)是大副,埃德蒙·布鲁克斯(Edmund Brooks)是船员——据报纸报道,"这些人全都具有高尚的品德"。

这组船员中的第四个成员是船舱男仆理查德·帕克(Richard Parker),

第三章 作为价值关怀的哲学

年仅17岁。他是个孤儿,这是他的第一次海上长途航行。他没有听取朋友们的建议,而是"怀揣年轻人的梦想",认为这次旅途会使他成为一个男人。可悲的是,结果并没有这样。

四名被困的船员在救生艇上凝望着地平线,希望能有一艘船经过并解救他们。在最初的三天里,他们按定量分食了部分甘蓝。第四天,他们抓住一只海龟,并以这只海龟和剩下来的甘蓝维持了一些日子。然后,连续八天,他们什么都没吃。

当时,男仆帕克蜷缩在救生艇的小角落里。他不顾别人的劝告喝了海水,并因此生了病,看起来快要死了。在他们经受严峻考验的第19天,船长达德利建议用抓阄来决定让谁死,这样其他人也许能够活下去。但是布鲁克斯拒绝了,因此他们没有抓阄。

接下来的这一天,仍然不见别的船只。达德利让布鲁克斯把目光移开,并向斯蒂芬斯示意,他们不得不杀掉帕克。达德利作了个祷告,告诉男孩他的大限到了,然后用一把袖珍小刀刺进他的喉部静脉杀死了他。布鲁克斯摆脱了那来自良心的谴责,分享了这可怕的施舍。三人以男仆的尸体和血为食,又支撑了四天。

救援终于来了!达德利用犹豫而委婉的口吻在日记里描述了他们的获救过程:第24天,"正当我们吃早饭的时候",一艘船只终于出现了,这三个人被救了上来。在回到英格兰之后,他们被捕并接受了审判。布鲁克斯成为污点证人,达德利和斯蒂芬斯则被送上了法庭。他们毫不隐瞒地承认,他们杀害并吃掉了帕克,他们声称自己这么做完全是出于必要。

假如你是法官,你会如何裁决呢?为了使事情简化,我们不考虑法律问题而只作如下假设:假如人们让你来决定,杀死船舱男仆在道德上是否可允许。

对此最强有力的辩护是:考虑到当时那种可怕的情境,他们有必要杀死一个人以挽救其他三个人的生命。如果不杀死一个人并吃掉他的话,四个

生活的哲学 与哲学的生活

人可能都已经死了。帕克又弱又病,是当时符合逻辑的候选人,因为他反正很快就会死掉。此外,他跟达德利和斯蒂芬斯不一样,他没有家属,他的死不会剥夺任何人的依靠,也不会留下悲痛的遗孀和子女。

这种论证至少会受到两种反驳:

第一,人们会质疑,杀死男仆所获得的利益,从总体上来说,是否真的大于它所带来的损失。即使我们考虑到所挽救的生命的数量、幸存者及其家人的幸福,允许这种杀害可能会对社会整体产生不良的后果——例如,这会削弱反对谋杀的这一规范,或增加人们将法律掌握在自己手中的趋势,抑或会使船长们更难招募船舱男仆。

第二,即使将所有的事情都考虑在内,杀死男仆确实利大于弊,难道我们就不会痛苦地感觉到,杀害并吃掉一个毫无反抗能力的男仆是不对的吗?而这之所以不对的原因要超越于社会的得失算计。难道以这种方式利用一个人——利用他的脆弱,未经本人同意就剥夺了他的生命——是对的吗?即使这样做使他人受益。

对于任何一个对达德利和斯蒂芬斯的行为感到震惊的人而言,第一种反驳似乎只是一种温和的抱怨。它接受了功利主义的这一假设——道德就在于权衡得失,道德仅仅期望一种更完备的、对社会结果的估算。

如果杀害这个船舱男仆值得引起人们道德上的愤怒,那么第二种反驳则更接近要点。它反驳这样一种观念:正当的行为仅仅是对结果——代价和受益——的一种算计。它暗示道德意味着更多的东西——某种与人类恰当地对待他人的方式相关的东西。

其实,在上述案件中,我们可以进行哲学反思的问题绝不仅仅限于桑德尔教授讨论的范围。譬如说:当船长达德利建议采用抽签的方式来选择牺牲者,这样一个看似公正公平的方式或程序能保证真正公平的结果吗?又如果男仆自己愿意牺牲自己来拯救其他人的性命,其他人在这种情况下又能否杀害男仆,或者帮助男仆自杀?人类有没有这样的权利,即无论在什么情况下生命都不能被剥夺？又或者船上的所有人员都不用杀人，船员们只是吃掉最早自然死亡者，那么吃掉死亡者尸体的行为又是否合乎道德？也许，我们的探讨在这些方面难以达成共识，但这种思考本身就已经表达了哲学的价值关怀。

在如何评判一种行为的善恶属性的问题上，无论是动机论还是效果论，都存在着明显的缺陷。动机论者忽视行为效果在道德评判中的作用，而效果论者对道德责任和道德义务的漠视将有可能导致真正的道德堕落。在动机和效果的关系上，我们无疑应该坚持动机与效果统一的马克思主义伦理学。

三、亲亲相隐还是大义灭亲——情与理的挣扎

在中国哲学传统中，有一个问题也是在今天还经常引起争论的。

《韩诗外传·卷二》记录了这样一个感人的故事，楚昭王的大夫石奢为人公正而好直。一天，楚昭王听说有命案发生，令石奢追捕杀人者。但石奢追后，无功而返。对楚昭王说："杀人者，是为臣之父。我若是追捕父亲，那是不孝；但若是不听君法，则是不忠。"于是自杀于廷。面对父亲杀人，石奢作为楚国有正义感的官员却放弃了对父亲的追捕，宁可引颈自刎以成全对父亲的孝和对法律的忠，这是一种无奈的选择。

《论语·子路篇》中，叶公语孔子曰："吾党有直躬者，其父攘羊，而子证之。"这是说，叶公告诉孔子："我的家乡有个正直的人，他的父亲偷了人家的羊，他告发了父亲。"孔子听闻之后表示，那"正直的人"做得并不可取，并感叹说："子为父隐，父为子隐，直在其中矣。"孔子倡导的"直"德是：父亲替儿子隐瞒，儿子替父亲隐瞒，意即"亲亲相隐"才是更为正直的。

现代以来，为了维护社会公义，我们习惯倡导大义灭亲，但传统儒家的"亲亲相隐"却更合乎人伦人情。那么，在人情与理法的矛盾中，我们究竟该作何抉择呢？

生活的哲学 与哲学的生活

亲亲相隐本是先秦儒家提出的主张。汉代、三国、两晋、南北朝时期,亲亲相隐原则进一步得到确认。例如,汉宣帝于地节四年下诏:"父子之亲,夫妇之道,天性也。虽有患祸,犹蒙死而存之。诚爱结于心,仁厚之至也,岂能违之哉!自今,子首匿父母、妻匿夫、孙匿大父母,皆勿坐。其父母匿子、夫匿妻、大父母匿孙,罪殊死,皆上请廷尉以闻。"这就体现了儒家对天性伦理的尊重。唐律以汉律为蓝本,经过三国、两晋、南北朝时期的引礼入法的法则,对亲亲相隐原则作了更具体的规定。《名例律》以"同居相为隐"为原则:"诸同居,若大功以上亲及外祖父母、外孙,若孙之妇,夫之兄弟及兄弟妻,有罪相为隐;部曲奴婢为主隐,皆勿论。即漏露其事及摘语消息,亦不坐。其小功以下相隐,减凡人三等。若犯谋叛以上者,不用此律。"以后各朝的规定大体上与唐相同。唐律的相隐原则主要有三个要点:亲属有罪相隐,不论罪或减刑;控告应相隐的亲属,要处刑;有两类罪不适用亲亲相隐原则:一类是谋反、谋大逆、谋叛及其他某些重罪,另一类是某些亲属互相侵害罪。

大义灭亲与亲亲相隐是两种相互矛盾的价值观,前者指的是对犯罪的亲属不徇私情,忍痛检举揭发,使其受到应有的惩罚,从而达到维护正义、实现社会公平、公正的目的。其语源自于《左传·隐公四年》:"大义灭亲,其是之谓乎。"这种不徇私情的行为凸显的是社会公义要重于个人私情的价值观,究其实质,是一种整体本位的价值观。后者指的是亲属之间有人犯罪应当顺应人情天伦,相互隐瞒,不检举、不告发、不作证,一般情况下法律对此也不论罪。亲亲相隐的文化心理基础也是中国传统文化和传统社会的根基——人伦血缘亲情,凸显的是法律、社会和某种文化对人性的基本尊重。

在当代社会,我们以集体主义价值观为导向,当个人与集体、人情与理法等发生冲突的时候,个人的、人情的方面要让步于集体的、理法的方面。所以,在"大义灭亲"与"亲亲相隐"两种价值观纠结不清的时候,主流舆论无疑是鼓吹和提倡"大义灭亲"的。"大义灭亲"之所以能够压倒"亲亲相隐",主要是因为社会主流文化认为"亲亲相隐"的原则属于封建性质的落后文

第三章 作为价值关怀的哲学

化,是封建制背景下统治阶级维护封建伦常和与社会稳定的需要,本质上是为了巩固君主专制统治。现代社会是法治社会,法律具有神圣不可侵犯的地位,全社会都应该树立对法律的信仰。所以,为了维护社会正义,决不允许出现情大于法的情况。因此,新中国成立后,"亲亲相隐"被视为封建糟粕未被立法者借鉴和吸收,主流舆论与司法实践共同营造了"大义灭亲"的社会氛围。"文革"期间,"灵魂深处闹革命""狠斗私字一闪念",亲人间的揭发、检举竟然被视为"最革命的行为"加以推崇和鼓励,在"革命"的外衣下,人性扭曲到了极致,直接导致一幕幕人伦悲剧的上演。"文革"结束后,1979年刑法和刑诉法制定时,依然沿袭了"大义灭亲"的法治理念,规定每个人都有出庭作证的义务,并没有将被告人亲属排除在外。结果导致在部分司法实践的案例中,人们不得不在亲情与国法的二难选择中痛苦挣扎。

有一个流传很广的真实案例。1999年9月12日,河南少年张鸿雁带着兴奋的心情去上海找哥哥。在他肩上的挎包里,装着给哥哥交学费用的1万块钱。下了火车,张鸿雁直奔哥哥刚刚入学的华东理工大学。等待他的却是一张警察布下的恢恢法网。张鸿雁为给哥哥筹集学费,偷了室友4万元钱。警方动员哥哥协助破案。在警方安排下,哥哥将弟弟骗到自己住处被抓。1999年10月19日的《大河报》上,赫然出现了这样一篇文章:"弟打工,挣钱供哥度寒窗;哥及第,挥泪送弟入牢房。"看了这个纠葛着人情、法理的悲剧故事,很多人泪流满面,同时也使"大义灭亲"的哥哥承受了巨大的心理压力。因为很多人都选择站在了弟弟一边,弟弟偷钱的动机及其所彰显出来的孝悌情义,让人们感动的同时也几乎忽略了他的罪行。

的确,在这一案件中,"情与法"产生了最经典的冲突——弟弟犯罪偷钱,竟是出于"为了哥哥读书"这样一个很美好的动机;哥哥诱骗抓弟弟,也是为了协助警方彰显社会大义的"无私"行为。无论我们如何反思,都不能简单地去谴责某一方。但就我们内心最真实的情感和体验而言,不管哥哥的行为有多么的"正当",为了多大的"大义",哥哥诱骗为自己上学而偷学费

73

的弟弟并使之被捕,总让人觉得"心里很不是滋味"!因为这种"大义"的实现是以违背人情、罔顾人伦、扭曲人性得以实现的。

那么有没有一个办法能避免这种"大义"与人伦之间的直接冲突呢?经过学术界、司法界多年的讨论研究和实践检验,《刑事诉讼法修正案(草案)》中终于出现了这么一个条款:"证人没有理由不出庭作证的,法院可强制其出庭。但是,被告人的配偶、父母、子女除外。"(需要指出,刑诉法修改不再强求"大义灭亲"的范围仅限于严重危害国家安全及社会公共利益以外的一般案件,亲属范围则限于配偶、父母子女等至亲。)

为什么《刑事诉讼法修正案(草案)》中要对原来的作证规定进行这种补充和修正呢?因为越来越多的人意识到:其实,"亲亲相隐"并非是封建时代的特有产物,也不仅仅是为了维护封建伦常和家族制度。无论是过去还是现代版的"亲亲相隐",从本质上来讲都是出于对人性的尊重和对天伦的敬畏,凸显的是具有人道主义色彩的人文关怀。

澳大利亚曾发生过这样一个案例:父亲贩毒,女儿知情但拒不交代,检方以包庇罪起诉女儿,法院最终判女儿无罪。法官的理由是:法律不能伤害人伦和亲情,否则对社会的危害将大于刑事犯罪。

实际上,我国古代的儒家思想,之所以强调"亲亲相隐",正在于看到了人伦乃社会之本。与其说"亲亲相隐"原则是我国封建社会制度的产物,不如说是我国以情感为核心的儒家文化对情理矛盾的智慧型解决模式。因为家庭是社会的细胞,家庭稳则社会稳,家庭和则社会和。亲人是每个人身边最值得信赖和依赖的对象,是每个人情感的寄托者,如果亲人间的这种信任、这种情感都可以被所谓"大义"扼杀殆尽,无疑将把人类社会赖以存在的根基连根拔除,酿成人间最惨烈的悲剧。

即便是在欧美法治国家,"亲亲相隐"也早已成为通行的原则。范忠信在《中西法传统的暗合》中指出:"环顾当今世界各国包括西方现代法律体系时我们不难发现,许多法制程度很高的现代西方国家在他们的法律中还均保留有隐匿亲属的一般犯罪不罚或减罚之规定。"启蒙思想家孟德斯鸠在《论法的精神》中强调:"法律是从人的本性中产生的必然联系。"美国当代学者博登·海默则在《法理学——法哲学与法律方法》中直言不讳地指出:"我们需要的不只是一个具有确定的一般性规则的制度,我们还需要该制度是以对人性的某些要求和能力的考虑为基础的。"毫无疑问,法律不是也不应该是一种冷冰冰的控制和无情的禁令,法律条文的背后必须考虑人性的问题,因为法律的规制对象是人,法律的实施者还是人;法律以规制人的行为为内容,法律也以承载和倡导某种价值为使命。因此法律的制定和实施其最低标准是不得违背人性,其更高的追求则是彰显人性的光辉。

事实上,无论是英美法系的英国和美国,还是大陆法系的德国和日本,司法制度中都有关于罪犯亲属享有容隐权的规定。例如英美法中,夫妻享有拒绝透露和制止他人透露只有夫妻之间知道的情报和信息。不能强迫夫妻对其配偶做不利的陈述。18世纪法国启蒙思想家、现代法治理论的奠基人孟德斯鸠在其不朽巨著《论法的精神》中质问:"妻子怎能告发她的丈夫呢?儿子怎能告发他的父亲呢?为了要对一种罪恶的行为进行报复,法律竟规定出一种更为罪恶的法律……"可以说,重新认可"亲亲相隐"是人性的回归。

当然,"亲亲相隐"以及容隐权必须有一定的限度。唐律规定的两个例外即便是在今天也依然是适用的。像不孝子弑父弑母、像禽兽父亲强奸亲生女儿、像恐怖袭击等严重危害国家安全与社会公共利益的案件,我们必须支持亲属出于"大义"而举报。也就是说,在确立"亲亲相隐"作为社会个体处理情与理、情与法之间矛盾的一般原则的同时,凡是涉及损害国家重大利益的,严重危及社会安定的,或是违法行为本身就破坏了人伦亲情的,以及举报是避免亲人走向毁灭的最好方式的等等,都应该继续倡导和鼓励"大义灭亲"。

其实,从哲学上讲,"大义灭亲"与"亲亲相隐"是一种辩证关系。哲学反

生活的哲学 与哲学的生活

思这种关系,并在反思中提供多种可能方案,从价值观上给人的现实生活以必要的指引,或者至少是引导人们去深入思考这当中的正当性与合理性,正体现出哲学作为价值关怀的意义所在。

第四章　作为批判精神的哲学

哲学智慧是一种批判精神,它通过对一切既成事实与现象的反思和批判,开启人类理性的智慧之门,解放人民的头脑,为社会的发展和人类的进步提供理论指南和思想先导。哲学是"解放的头脑",这种"解放"是以破除思想僵化、解脱精神束缚、冲决专制藩篱、高扬创新意识为突出表征的。因此,歌功颂德、粉饰太平不是哲学的使命,教条主义、墨守成规更是哲学的天敌,唯有理性的批判是哲学的生命线,是哲学的内在本质,是哲学革命性的集中体现。这种批判,是与怀疑、反思、变革、超越和创新融为一体的,是六者的统一。换言之,哲学的批判精神,是以怀疑、反思、批判作为出发点、手段和动力,以变革、超越和创造为指归,通过对一切既成形式之不合理性的理性批判,达到对既成形式与可能形式之合理性的理性建构,从而使哲学始终站在时代思想文化战线的最前沿,在一种类似于笛卡尔的怀疑论境域中担当起以"解放思想"为核心的深沉的社会关怀的责任。

每个时代的哲学的永恒魅力,并不在于他为人类的知识宝库增添了多少财富,而在于它适应历史的发展和时代的要求,以敏锐的洞察力发现人类存在和人类理性面对的巨大困难,以深刻的哲学批判去寻求新的思维方式和价值观念,为人类提供自己时代的"安身立命之本"。

马克思曾经说过:"新思潮的优点就恰恰在于我们不想教条式地预料未来,而只是希望在批判旧世界中发现新世界。……如果我们的任务不是推

生活的哲学 与哲学的生活

断未来和宣布一些适合将来任何时候的一劳永逸的决定,那么我们便会更明确地知道,我们现在应该做些什么。我指的就是要对现存的一切进行无情的批判。所谓无情,意义有二,即这种批判不怕自己所做的结论,临到触犯当权者时也不退缩。"这段话用来诠释哲学的批判本性我想应该是最合适不过了。

一、上帝存在吗——一切都值得怀疑

有一个关于上帝的笑话:

一个神父在打高尔夫球,一个修女在旁边观看,第一杆打偏了,神父骂道:"TMD,打偏了!"又打,神父又骂:"TMD,又打偏了!"修女说:"你作为神父说脏话上帝要惩罚的。"话音刚落,只听一个霹雳把修女给劈死了。神父纳闷了:为什么骂人的是我,上帝却要劈死修女呢?这时只听天空传来上帝的声音:"TMD,我也打偏了!"

自古以来,关于上帝的信仰与怀疑一直是"孪生姐妹"。对信徒来说,信仰是不容怀疑的。然而对哲学家来说,什么都是值得怀疑的。著名哲学家笛卡尔曾经写道:

　　至高的形而上
　　在时间的拐弯处
　　你的影子 无处不在

　　穿越过世纪的尘埃
　　因为一种思想　你的光芒一路照耀
　　在人类精神的花园
　　你是一片常青的叶子

第四章 作为批判精神的哲学

"I think therefore I am"
来自哲学的呓语 谁的声音如梭
在每一个交叉的路口
智者如此说

前面已经说过,"我思故我在",这是笛卡尔哲学的第一原理。这一原理的核心其实就是怀疑一切。笛卡尔的怀疑是一种最根本、最彻底的怀疑。笛卡尔曾这样描述自己的思维历程的开端:"一切迄今我以为最接近于'真实'的东西都来自感觉和对感觉的传达。但是,我发现,这些东西常常欺骗我们。因此,唯一明智的是:再也不完全信眼睛所看到的东西。"

是的,眼见不一定为实,耳听也不一定为虚。关于世界,关于存在的一切,我们有足够的理由怀疑。在哲学史上,有一个最多人论证但也最多人怀疑的问题,这个问题几乎是任何哲学家都逃不掉的,那就是"上帝存在吗"?相信上帝存在的哲学家们想尽千方百计,借助人类理性的建构来巩固上帝的权威;而怀疑上帝的学者,则借助人类理性的批判让上帝无处藏身。

按照《圣经》的记载,整个世界都是上帝创造的,没有上帝,就没有我们这个世界。《创世纪》记载上帝创世的过程说:第一天神创造了光。第二天神创造了空气。第三天神创造了陆地、花草树木、蔬菜水果。第四天神创造了太阳、月亮、星星。第五天神创造了鱼、鸟。第六天神造了地上的牲畜、昆虫、野兽和人。在基督教的理论体系中,上帝创世是至关重要的一章。因为这是上帝的终极权威的来源,以后的原罪说等等都来源于此。如果我们否认上帝是万物和人类的创造者,甚至根本上否认上帝的存在,那么上帝给人类戴上原罪的镣铐并主宰世间的一切就失去了合法性基础。因此,在以基督教文明为主的西方文明中,无论是神学家还是哲学家,都不乏对上帝存在的论证。以至于上千年的西方历史中,每一个和神创论相悖的科学学说的诞生都会遭到宗教界的围剿。

生活的哲学 与哲学的生活

但上帝真的存在吗?

在宗教里,上帝的存在本来是一种信仰。但到了基督教经院哲学时期,神学家和哲学家都不满足于对上帝的信仰,认为应该用理性的方式来证明上帝的存在。他们冀图用理性来为信仰作论证和辩护,使得上帝进入了理性考察的视野,尽管他们这样做的动机是出于更好地维护信仰。他们用理性来证明上帝的动机,用安瑟伦的话说,就是:"主啊,我并不求达到你的崇高顶点,因为我的理解力根本不能与你的崇高相比拟,我完全没有这样做的能力。但我渴望能够理解你的那个为我所信所爱的真理,因为我决不是理解了才信仰,而是信仰了才理解;因为我相信:'除非我相信了,我绝不会理解。'"

事实上,对于上帝存在的证明,不仅是神学,也一直是哲学史上的中心关切之一。历史上有许多哲学家在为自己的理论找依据时会把"上帝"搬出来作为最后的屏障,如康德、笛卡尔等。那么上帝的存在是否是可证明的呢?哲学家们又是如何证明的呢?历史上有两个最有名的证明方式:安瑟伦(Anselm,1033—1109)的本体论证明与托马斯·阿奎那的宇宙论证明。

本体论论证(The Ontological Argument)是西方哲学史上最早出现的关于上帝存在的证明。他最先由安瑟伦明确提出。由于这一论证形式的先验性,即不借助于其他条件,直接从上帝的概念来证明上帝的存在,康德称之为本体论论证。本体论证明的实质就是指从上帝的概念出发来证明上帝存在。安瑟伦认为,存在于现实中的事物比仅仅存在于理智或概念中的要大,要完满。我们关于上帝的观念是一种关于完满之物(最高存在)的观念。我们无法想象一种比上帝更高的完满之物。但如果这个最完满之物仅仅存在于人们的思想中而不在现实中存在则并不完美,因为我们还可以设想一个更伟大者,这与我们"不可设想有更大的最伟大者"是相矛盾的。因此这个"不可设想有更大的最伟大者"不仅存在于人们的思想中,也必须存在于现实中。

第四章 作为批判精神的哲学

宇宙论的证明尝试着将上帝解释为宇宙中的第一因或者第一推动力。这一类证明首先论述的是万物有果必有因,或者一切运动的物体都有一个推动它的力量,然而这样的因果链或者动力链是不能无限延续的,一个只有结果没有原因或者只提供推力本身不被推动的存在便是上帝。法国哲学家伏尔泰甚至把牛顿力学引入证明。他说:万物是一座钟,引力是发条,上帝第一次扭动发条,万物才能运动。

除此之外,还有所谓目的论的证明、伦理学的证明等。目的论的证明就是认为万物存在都有某个目的,看上去井然有序,万物都冀求获得最好的结果。因此,万物谋求自己的目标并不是偶然的,而是有计划的。但是一个无知者如果不受某一个有知识和智慧的存在者指挥,像箭受射箭者指挥一样,那就不能实现目的。所以,一定有一个智慧的存在者。那么,为宇宙万物提供这个目的或者说引领宇宙万物走向目的的智慧存在者,便是上帝。

伦理学的证明则认为上帝是善或美的事物的最终原因,或者认为上帝乃是至善、至美。由于现实生活中不能没有善或美,那么这些善与美的"幕后老板"便只能是上帝了。同时,我们都追求完美,但现实世界又找不到完美。那么完美在哪呢?完美的只有上帝。所以,上帝一定存在。

如果要搜罗一下,大概还可以找到本能论证与奇迹论证等各种论证方式。不过这些论证大概要归之于不太讲道理的论证之类了。本能论证的意思是:相信上帝是人类一种本能的需求,由于人类本能需求的对象,比如衣、食、住、行、色等,都真实地存在,所以人类这种信仰本能的对象——上帝——也应该存在。而奇迹论证就更加简单了。其大致思路是:因为文献(比如圣经)记载着许多神的奇迹,这些奇迹无法用常识或科学原理解释,只能把这一切归于存在着一个超自然的力量,也就是上帝。

但要说到最不讲道理的论证,则非帕斯卡的赌徒证明莫属。在上帝与我们的信仰之间,存在着四种情况:上帝存在,我信上帝;上帝不存在,我信上帝;上帝存在,我不信上帝;上帝不存在,我不信上帝。让我们分析一下:

生活的哲学 与哲学的生活

如果你相信上帝的存在而上帝真的存在,那么你死后就会上天堂;即使上帝不存在,你也不会有什么损失。如果你不相信上帝的存在而上帝真的存在,你死后肯定会下地狱;即使上帝不存在,你也没有什么坏处。所以权衡利弊得失,我们最好还是相信上帝的存在。这其实已经不算是论证,不过是一种赤裸裸的诱导而已。

回顾哲学史,我们认为以托马斯·阿奎那对上帝的论证贡献最大。因此,让我们以托马斯·阿奎那为例,再简单陈述一下他关于上帝存在的五个证明:

第一个证明:第一推动。事物都在运动,每个事物的运动是来自他物的推动,这一切运动背后必有一个不动的第一推动者,只能是上帝。

第二个证明:第一原因。事物互为因果,每一事物都是另一事物的原因和结果,因果链条最终指向一个自因的第一因,就是上帝。

第三个证明:唯一的必然。现实事物都是偶然的、可能的存在,那么就能设想某个时刻一切都不存在,这是荒谬的;所以,在可有可无的万物之上,一定有一个必然存在的东西,这个必然存在者是一切其他事物存在的根据,这个必然就是上帝。

第四个证明:最高级的存在。事物都有不同程度的善,人们之所以能说他们善的程度不同是因为都是相对比于一个至善者而言的,至善者就是最高的存在,是万物存在和一切善的原因。这个至善就是上帝。

第五个证明:万物之目的。事物都有自身的目的,宇宙万物都凭着自身的目的精密运行,这一切的总设计师是上帝。

然而,这些关于上帝的证明都遭到了来自哲学理性的质疑和批判。

例如,与安瑟伦同时代的法国僧侣高尼罗,他对安瑟伦的所谓本体论证明就进行了驳斥。高尼罗著《为愚人辩》,指出存在于心中的未必存在于现实中,认为安瑟伦所证明的最伟大的存在不过是"海上仙岛"。

高尼罗直截了当地质问安瑟伦:"上帝能不能创造一块他自己也无法举

第四章 作为批判精神的哲学

起的石头？"

这是一个看上去很简单，实则是隐藏着逻辑陷阱的问题。因为无论你怎么回答，都会陷入困境。如果上帝是万能的，就应该能够创造出这样一块石头；但是如果真的创造出了这样一块上帝也举不起来的石头，那么上帝就不是万能的了。所以，要么上帝创造不了这样的石头，要么上帝举不起这样的石头，总之，上帝都不是万能的。这显然与我们对上帝的定义或者说预期不符。

后来的大哲学家康德对各种上帝证明展开了批判。康德指出，从上帝的概念出发来证明上帝之存在的所有企图都是行不通的。这种批评的大致思路是：我们不能从上帝的概念引出上帝的存在。比方说，完满之物的概念不必是完满的，就好像棕色这个概念本身不必是棕色的、圆这个概念也不一定是圆的一样。

关于宇宙论的证明，康德也批判道：因果观念只是我们的先天范畴而已，并不是外在世界的秩序法则，且这因果原则只适用于"现象"，而不能适用于"物自体"，所以我们不能用因果原理来证明天主的存在。

对目的论的论证，康德指出，我们的宇宙中的确有可能有这么一位设计者的存在，设计和安排万物实现它们的目的。但这只能证明有一个"设计神"存在，而不能证明有一个"创造神"存在。再者，即便是设计神存在与否也是相当可疑的。所以，秩序只是一种关系。我们只看关系，最多可证明有一位安排者，而不是创造者。

除了哲学家们对上帝存在的怀疑和反驳之外，我们还有一些有趣的反驳也值得关注。譬如有人运用逻辑学的知识，就可以很轻易地质疑上帝的存在。诸如"上帝如果至善，他应该消灭世界的罪恶；上帝如果万能，他能够消灭世界的罪恶。但世界上仍然有罪恶。所以，上帝要么不是至善，要么不是万能！因此，上帝并不存在"等等。

我曾经在网上看到过这么一段找不到初始来源的文字。现实录如下：

83

生活的哲学与哲学的生活

"信耶稣不合科学。"一个哲学教授上课时说。

他顿了一顿,叫了一个新生站起来,说:"某某同学,你是基督徒吗?"

"老师,我是。"

"那么你一定信上帝了?"

"当然。"

"那上帝是不是善的?"

"当然。上帝是善的。"

"上帝是不是全能的?他无所不能,对吗?"

"对。"

"你呢?你是善是恶?"

"圣经说我有罪。"

教授撇撇嘴笑:"哈,圣经。"顿了一顿,说,"如果班上有同学病了,你有能力医治他,你会医治他吗?起码试一试?"

"会。"

"那么你便是善的了……"

"我不敢这么说。"

"怎么不敢?你见别人有难,便去帮助……我们大部分人都会这样,只有上帝不帮忙。"

一片沉默。

"上帝不帮忙。对吗?我的弟弟是基督徒,他患了癌症,恳求耶稣医治,可是他死了。上帝是善的吗?你怎么解释?"

没有回答。

老教授同情他了,说:"你无法解释。对吧?"

教授拿起桌子上的杯,喝一口水,让学生有机会喘一口气。这是欲

第四章　作为批判精神的哲学

擒先纵之计策。

"我们再重新来讨论。上帝是善的吗?"

"呃……是。"

"魔鬼是善是恶?"

"是恶。"

"那怎么有魔鬼呢?"学生不知道怎么回答。

"是……是……上帝造的。"

"对,魔鬼是上帝造的。对吗?"

老教授用瘦骨嶙峋的手梳梳稀薄的头发,对傻笑着的全体同学说:"各位同学,相信这学期的哲学课很有兴趣。"回过头来,又对站着的那同学说:

"世界可有恶的存在?"

"有。"

"世界充满了恶。对吧?是不是世上所有一切,都是上帝造的?"

"是。"

"那么恶是谁造的?"

没有回答。

"世界有不道德的事吗?有仇恨、丑陋等等一切的恶吗?"

该学生显得坐立不安,勉强回答:"有。"

"这些恶是怎么来的?"

没有答案。

忽然老教授提高声调说:"你说,是谁造的?你说啊!谁造的?"

他把脸凑到该学生面前,用轻而稳定的声音说:"上帝造了这一切的恶。对吧?"

没有回答。

该学生尝试着直视教授,但终于垂下了眼皮。

生活的哲学 与哲学的生活

老教授忽然转过身来,在班前踱来踱去,活像一只老黑豹。同学们都进入被催眠状态。

这时老教授又开腔了:"上帝造这一切的恶,而这些恶又不止息地存在,请问:上帝怎可能是善的?"教授不断挥舞着他张开的双手,说:"世界上充满了仇恨、暴力、痛苦、死亡、困难、丑恶,这一切都是这位良善的上帝造的,对吧?"

没有回答。

"世上岂不是充满了灾难?"

停了一下,他又把脸凑到该新生面前,低声说:"上帝是不是善的?"

没有答话。

"你信耶稣基督吗?"他再问。

该学生用颤抖的声音说:"老师,我信。"

老教授失望地摇了摇头,说:"根据科学,我们对周围事物的观察和了解,是用五官。请问这位同学,你见过耶稣没有?"

"没有。老师,我没见过。"

"那么,你听过他的声音吗?"

"我没有听过他的声音。"

"你摸过耶稣没有?可有尝过他?嗅过他?你有没有用五官来感觉过上帝?"

没有回答。

"请回答我的问题。"

"老师,我想没有。"

"你想没有吗?还是实在没有?"

"我没有用五官来接触过上帝。"

"可是你仍信上帝?"

"呃……是……"

第四章　作为批判精神的哲学

老教授阴阴地笑了:"那真需要信心啊! 科学上强调的,是求证、实验和示范等方法,根据这些方法,你的上帝是不存在的。对不对? 你以为怎样? 你的上帝在哪里?"

学生答不上来。

"请坐下。"

该同学坐下,心中有说不出的沮丧。

这段文字,显然是虚构,但文字中对上帝存在的质疑,却运用了不少哲学的手段,体现了哲学的批判本性,尽管也可谓漏洞百出。现代科学似乎提出了更加有力的证据证明上帝并不存在。宇宙大爆炸学说认为,宇宙是在过去有限的时间之前,由一个密度极大且温度极高的太初状态演变而来的(根据 2010 年所得到的最佳的观测结果,这些初始状态大约存在发生于 300 亿年至 230 亿年前),并经过不断的膨胀与繁衍到达今天的状态。这一学说正得到越来越多科学证据的证明,如谱线红移、宇宙背景辐射一类的证据。1952 年天主教教宗宣布接受宇宙大爆炸理论,作为哲学上宇宙起源的一种描述,但是他并没有说明宇宙大爆炸论与圣经的上帝创世论之间的关系。当然,我们估计,教宗可能永远也无法说明这种关系。

当然,对于那些对上帝存在的批评,我们也可以进行反批评。譬如,对那些说"我们不能从某物的观念引出该物的存在"的批评者,我们就可以建议安瑟伦用区分物质现象与非物质现象的方法来进行反驳。举例说,如果我们头脑中具有一个关于毕达哥拉斯定理的清晰观念,根据概念实在论,我们就知道毕达哥拉斯定理一定是存在着的。因此,如果我们头脑中有一个非物质的概念,则该概念之所指就一定存在。而上帝当然是不同于我们这些物质性存在者的非物质性存在。

还有一种观点认为,上帝是否存在,根本是我们人类无法企及的问题,人类的理性根本不可能做出回答。也就是说,理性既不能证明上帝存在,也

生活的哲学 与哲学的生活

不能证伪上帝存在,人根本无法进入上帝的领地去一窥堂奥。不是因为上帝不存在而无法证明他存在,也不是因为上帝存在而无法证明他不存在,而是因为人类理性的局限(在能力与智慧上,与上帝相比,两者之间存在着无法衡量的差距),所以我们无法证明上帝存在,当然也就不可能证明上帝不存在。如果你一定要证明,那么这种证明也只是理论上的,而无法实质性地触及真正我们想证明的对象。哲学家康德就曾经提出所谓的"二律背反"(antinomies)来描述这种矛盾无解的议题。在康德的哲学概念中,二律背反指对同一个对象或问题所形成的两种理论或学说虽然各自成立但却相互矛盾的现象。关于上帝,他说:证明上帝存在或是不存在的两种理论虽然互相矛盾,但是都合理,并且没有哪一方有足够理由去证明自己的论点是最正确的。

所以,无论是关于上帝存在的证明,还是关于上帝不存在的证明,在哲学史上或许没有统一的答案。但只要人类的理性还在,只要我们站在哲学的立场,就可以对任何一种证明提出充分的怀疑理由。这种以理性为依据,对现象事物乃至真理进行不断的怀疑和批判,以此推动人类思想的永恒进步,乃是哲学的基本使命所在。

二、王侯将相宁有种乎——破了还需要立

生活中,当我们看到一个熟悉的人当了大官,有时候会在想:他为什么做了那么大的官?他是不是个好官?我们该怎么监督他?

两千多年前,陈胜、吴广振臂一呼:王侯将相宁有种乎?掀起了中国历史上第一次大规模农民起义。陈胜于公元前209年在大泽乡号召起义时说:"且壮士不死则已,死即举大名耳,王侯将相宁有种乎?"意思是有权有势的王侯将相,难道生来就比别人高贵吗?其实他们的富贵都是靠自己打拼出来的,我们应该为改变自己的命运而敢于起义呀。

"王侯将相宁有种乎"喊出了那个时代的最强音。在中国传统文化中,

第四章 作为批判精神的哲学

王侯将相之类大抵是有天命在身的。那时候的人民朴素地认为,统治者都是老天爷派来的,这个叫作"君权神授"。《尚书·召诰》说"有夏服(受)天命",这大概是关于君权神授最早的记载。而我们的统治者也会自认为是天命的担当者,所以皇帝颁布诏书都以"奉天承运,皇帝诏曰"开头。老百姓一般也不敢造反,万一活不下去了,没活路了,只能孤注一掷造反的时候,也要打一个"替天行道"的口号,代表天命在我,原来的皇帝已经被老天爷抛弃了。总之,统治也好,造反也罢,都是老天爷的旨意。没有上天的旨意,是断断不可能奠定自己的合法性基础的。

于是,一个中国传统社会中最具特色的文化景观——统治者假托天命,神化自己——就经久不衰了。谁上台,都必须代表天意。据说炎帝的老妈叫女登,有一天晚上梦见天上的太阳落在自己的怀里,感到又温暖又舒服。过了一年零八个月,女登生下一个红球,红球在地上滚了几滚之后裂开,中间坐着一个胖乎乎的男孩。女登见了,非常高兴,连忙把他抱在怀里,用兽皮包好,取名叫石年。女登和大家一起去采果实,把孩子放在一块大石头上,让他晒太阳,谁知时间一长,孩子睡醒了,感到又热又饿,便哇哇大哭起来,哭声惊动了山中的生灵。这时,岩鹰首先飞过来,为孩子遮阴扇凉。接着,山鹿也跑过来,为孩子喂奶。孩子歇着阴凉,吃着鹿奶,甜甜地睡着了。此后,每当女登离开孩子时,鹰和鹿都会很快过来照护。人们认为鹰和鹿也是炎帝的母亲。由于孩子得到三个"母亲"的精心养育,他三天就学着说话,五天就学着走路,九天就长齐了牙齿。如此神奇的出生经历,倒也无怪乎被塑造成中华民族的先祖了。

陈胜、吴广起义前,为了增强起义的合法性,派人在一条鱼的肚子里塞进去一块白绸条,用朱砂写上"陈胜王"三个大字。不仅如此,到了半夜,吴广又偷偷地跑到营房附近的一座破庙里,点起篝火,先装作狐狸叫,接着喊道:"大楚兴,陈胜王。"全营的兵士听了,更是将信将疑,又惊又怕。就这样,起义的舆论氛围有了,造反的正当性也有了。

生活的哲学 与哲学的生活

汉朝的刘邦也算是个中高手。为了增强自己的君权合法性,他编造了一个"刘邦斩蛇"的传奇故事。司马迁《史记·高祖本纪》记载:秦朝末年,刘邦被县令指派押送一批民夫到骊山为秦始皇修造陵墓,民夫在半路上逃走多半。高祖自己暗自思索,这样下去,要不了多久可能民夫会逃光,于是行至丰县西的涧泽地带时,他停下喝酒吃饭,干脆趁夜色放走了剩下的囚徒。囚徒中有十几个人自愿跟随刘邦。喝完酒后,刘邦让一个人前面探路,打前哨的人回来报告称前面有条白色大蛇拦路而卧,众人惊恐不安。刘邦拔剑上前,将蛇斩作两段。白蛇被斩后,血流满地。又走了几里路,由于酒劲上来醉倒,刘邦就躺下休息。后面行人路过斩蛇的地方,遇到一个老太太夜里哭泣,称赤帝之子杀了他的儿子,他儿子是白帝之子。行人以为老太太说谎,但老太太转瞬间就不见了。后面的人赶上队伍,将事情告诉后来的汉高祖刘邦,高祖心中暗喜,跟随高祖的人也逐渐敬畏刘邦。这件事慢慢传开以后,刘邦身上便渐渐地增添了一层神秘的色彩。沛中子弟立即踊跃追随他,因为他们相信刘邦是赤帝之子,跟随他可以坐天下。所以,刘邦斩蛇之后随即扯旗造反,经数年征战,终于在公元前 202 年建立西汉王朝。

令人没想到的是,西汉王朝的垮台同样演出了一场装神弄鬼的游戏。王莽想篡夺大汉皇位,扫清朝中各种障碍后,各路马屁精便编造了一个又一个的祥瑞符命,有个叫哀章的人,更献上两个金匮策书,大意是说王莽为真命天子,应继大汉而立云云。王莽得此祥瑞,如获至宝,终于逼迫小皇帝"禅位",自己迫不及待地登上皇帝的宝座。可笑的是,王莽坐上皇位后,为了论证自己称帝的合法性,他表演了一场因受天命不得已而为之的闹剧。他拉着年仅 5 岁的小皇帝痛哭流涕地说,当初周公也辅佐成帝,待成帝长大后,便还政给成帝了。我原本也想效仿周公,无奈上天命我登帝位。所以,小皇上啊,其实我真的不想做这个皇帝,但是我没办法,老天爷的命令我不敢违抗啊。

西方社会同样有着君权神授的观念。中世纪时期,查士丁尼皇帝竭力

第四章 作为批判精神的哲学

歌颂君主的权力,第一个提出君权神授思想,竭力将世俗君权和宗教神权结合起来,从而使东罗马帝国(拜占庭)逐渐发展成为一个神权君主国,实行专制主义的政治体制。在哲学思想领域,托马斯·阿奎那是君权神授的鼓吹者。他把"自然法则"引进神学,用理性来论证君权神授。其逻辑过程大致可概括为一个不太规范的三段论:

大前提:自然界最终只有一个权力;

小前提:上帝是宇宙主宰,君主是世俗统治者;

结论:君权是神圣的(君权与神权是一个权力)。

1603年,英国女王伊丽莎白一世指定詹姆士为其继承人。詹姆士一世在苏格兰统治时,以压制新教和奉行"君权神授"而闻名。詹姆斯一世论证道:王权是上帝通过教皇授予的,肩负着使世俗之人灵魂得救的使命,故王权是神圣的。同时,由于王权是上帝授予的,故王权(国王意志)不受任何干涉。因此,他鼓吹:"除上帝外,国王不对任何人负责。"

这套君权神授的把戏在进入近代以后就慢慢不灵了。西方经过文艺复兴运动把人性从神性下解放出来以后,启蒙运动的思想家进一步根据人性来设计一整套政治制度,天赋人权的观念逐渐被世人所接受。天赋人权说也叫自然权利(Natural right)说,源自于古希腊哲学的自然法理论。随着理性主义哲学的兴起,人们逐步认识到,人是一个客观的独立的存在,有自身的价值和自己的权利,这些权利并非上帝赋予,也不是国王赐予,乃是与生俱来的。卢梭在《社会契约论》的开篇就写道:"人是生而自由的,但却无所不在枷锁之中。"于是天赋人权论逐渐兴盛起来。

天赋人权理论最早是由格劳秀斯与斯宾诺莎提出,后经霍布斯与洛克将其发扬光大,最后由卢梭等人完成理论系统化工作。天赋人权论的基本观点是:人类进入文明社会以前,受自然法则支配,人人都平等享有自然权利:生命权、财产权、自由权、平等权、信仰权、健康权以及追求幸福的权利等等。洛克在《政府论》中就说得很明确:"人们……生来就享有自然的一切同

生活的哲学 与哲学的生活

样的有利条件,能够运用相同的身心能力,就应该人人平等,不存在从属或受制的关系。"他又说:"人们既然都是平等和独立的,任何人就不得侵害他人的生命、健康、自由或财产。"这种天赋人权的观念后来经过美国《独立宣言》的广泛传播,更加深入人心。《独立宣言》说:"人人生而平等,他们都有从他们'造物主'那边赋予了某些不可转让的权利,其中包括生命权、自由权和追求幸福的权利。"

但是,每一个人的天赋人权如何实现呢?如果人与人之间为了实现自己的天赋人权而发生争执甚至战争怎么办?同时,我们每个人的力量都如此弱小,根本不可能仅靠自己一个人的力量来征服这个残酷的世界,那么人类实现天赋人权的途径何在?可能何在?

对此,启蒙思想家的回答是:人与人之间需要平等的联合,需要相互尊重、相互帮助与合作,以维护人类共同利益,并确保自己的天赋人权。伏尔泰认为,人一生下来就应当是自由的,在法律面前人人平等,他有一句名言:"我不能同意你说的每一个字,但是我誓死捍卫你说话的权利。"孟德斯鸠也说:"一个公民的政治自由是一种心境的平安状态,这种心境的平安状态是从人人认为它本身是安全的这个角度出发的,要想享有这种自由就必须建立这样一种政府——在它的统治下一个公民不惧怕另一个公民。"17、18世纪的学者们经过一代代的思考和研究,终于设计出了一套从天赋人权到社会契约的精巧制度:即每个人都要放弃人性中的某些天生的权利,换得一个公共权力来保障自己的基本权利不受侵犯。卢梭说得好:"社会秩序乃是为其他一切权利提供了基础的一项神圣权利,然而这项权利绝不是出诸自然的,而是建立在约定上的。"于是,政府在民众的约定与授权中产生了。政府的阐释意味着个人对某些天赋权利的放弃,对天赋权利的这种放弃,是无奈的选择,是两害相权取其轻。拿洛克的比喻来说,那就是:在受狸猫和狐狸骚扰与被狮子吞噬之间,我们宁愿选择前者。

然而,天赋人权论也有着天生的缺陷。从19世纪开始,天赋人权说就一

第四章 作为批判精神的哲学

直饱受各种各样的抨击,因为这种理论在某种程度上乃凭空而生,并没有历史的和哲学的根源。边沁称之为"修辞上的胡闹",黑格尔视为"政治生活和宗教生活的积极狂热",梅因称之为"纯粹理论的信条",马克思则用历史唯物史观取代了资产阶级的人性论,称权利并非人生而有之,特定的社会生活条件决定了权利的范围和内容。

但天赋人权思想的出现是人类思想史上具有划时代意义的启蒙,它把统治者装神弄鬼的"君权神授"观彻底击碎,实际上就是把统治者从神坛上拉下来,从"自然状态"确立了人与人之间的天生的平等地位。于是,当年陈胜、吴广提出的质问"王侯将相宁有种乎"就演变为一个当代政治哲学的基本前提——人人生而平等,不分高低贵贱。但当我们否定了世袭的权贵,那么应该设计一个什么样的制度才能够真正确保每个人的自由平等呢?

人民主权论便是在这样的背景下应运而生。卢梭是主权在民思想的先驱。卢梭认为,人们经过协议,订立契约,成立公民的社会;这样个人的"自然(天赋)"自由虽然受到了限制,但获得了"政治"自由,个人的生命财产也就有了保障。他强调,一切权利属于人民,政府和官吏是人民委任的,人民有权委任他们,也有权撤换他们,直至消灭奴役压迫人民的统治者。这就是人民主权思想。

英国历史上有一场亘古未有的审判,深刻地反映了西方社会由君权神授观点向人民主权观点变迁的历史过程。当时的英国议会把他们在位的国王查理一世告上了法庭,并最终将他送上了断头台。一个合法的国王接受其人民的审判,源于当时的英格兰国王查理一世穷奢极欲、横征暴敛,并因之而与下议院产生了尖锐的矛盾。在查理一世调动军队发动对议会的战争,但最终被克伦威尔指挥的议会军击败成了阶下囚之后,查理一世作为一名"暴君、叛国者、杀人犯"而成为了"本国善良人民之公敌"。1649 年 1 月,查理一世被处死刑。在法庭上,检控官约翰·库克和大法官布拉德肖有力地驳斥了"君王高于法律、国王永远是正确的"这一当时人们普遍持有的观点，指出国王和人民就像一条纽带的两端，"一旦这条纽带被切断，那就只能说，别了，君主统治"。库克强调"国王的有限权力来自人民的托付，人民可以同意设立君主，也有权收回让渡给君主的权利"，这种契约论观点被后世西方国家普遍接受。

由于"君权神授"的观点在当时的英国依然深入人心，当时的英国人民并没有准备好接受这场审判。的确，在很多当时的英国人看来，国王作为英国国教的最高领袖，是上帝在人间的代表，对国王的质疑就是对上帝的质疑，对国王的审判就是对上帝的审判。因此，上议院议员们在得知国王要受到审判的消息之后，便歇斯底里地发作并否决了下议院的审判决议，他们叫嚷着："没有国王就没有国会，因此，国王不可能是自己的背叛者，不可能犯下叛国大罪。"但下议院用人民主权思想为武器，反击了上议院的进攻，他们再次作出决议宣告："人民是一切公正权力的源泉……集合在国会里，为人民选出并代表人民的英国下院在这个国家里拥有最高权力。"尽管国王在刑场上表现出的殉道者形象，激发了更多英国百姓对他的同情，这也成为检控官约翰·库克后来不得不面对"叛国罪""弑君者"的指控和行刑的重要原因，但作为一场对"君权神授"观念狠狠一击的历史性审判，作为主权在民思想在英国乃至整个西方世界的一次正式演出，对查理一世的审判标志着人类历史开始由君权神授跨入了人民主权的年代。

现代民主制的日益完善正不断巩固我们头脑中的人民主权观念。事实上，有关现代选举的制度设计就充分凸显了主权在民的理念。如果我们把"王侯将相宁有种乎"的传统质疑转换成"政府官员该怎么产生"的现代话语，那么，民主选举显然具有比神授论、世袭制、任命制等更大的合理性与正当性。

笔者在很多不同场合曾对"选举"与"选拔"进行过简要的政治哲学分析。真正的选举，是选民把他们心目中的候选人选出来，用双手投出的选票把心仪的候选人"举"上去。如果选民觉得这个官员的确是优秀的官员，是

第四章　作为批判精神的哲学

一心为民的官员,则下一次选举依然会用选票来把他"举"上去。可见,"选举"的关键在于选民。只有选民把你"举"着,你才有可能成功当选。因此,选举产生的政府官员必须对下负责,对选民负责。"选拔"则不一样。"选拔"虽然同样要选,但成功的关键不在于参与选举的选民,而在于上面有人"拔"。因为如果上面没人"拔",你甚至连被选举的机会都没有。因此,"选拔"产生的政府官员往往倾向于只对上负责,容易忽略下面的呼声。这就是为什么现代民主制必须以"选举"为核心的制度安排的原因所在。

然而,就哲学的批判本性而言,没有什么是不值得怀疑的,现代民主也不例外。我们只要对现代民主及其制度设计进行理性的反思,就能发现现代民主正遭遇越来越多的困境。事实上,"民主"在人类历史上绝大部分时期都是个贬义词,大致等同于"暴民政治",著名的哲学家苏格拉底就是在这种"民主制"中被处死的。因此,越来越多的政治哲学家已经关注到现代民主所遭遇的这种理论限度与困境。以选举民主为例,基本常识告诉我们,"少数服从多数"是现代民主的铁律。可是,在"少数服从多数"的民主环境下,我们该如何防止"多数人的暴力"而保障少数人的正当权益?打个最简单的比方:如果有一个三人小组,统一行动。在某次就餐前,有两人主张用喝酒取代吃饭,但另一人根本不能喝酒。投票的结果是二比一,那么,这个不能喝酒的人的权益该如何保障?

此外,以最成熟的美国式西方民主为例,现代西方民主也越来越演变成"游戏民主"或"游戏政治"。其特点是民主已被简化为竞选,竞选又被简化为政治营销,政治营销又等同于拼金钱、拼作秀、拼资源、拼谋略、拼才艺表演、拼如何取媚选民。尤其是西方不少国家的"民主"制度日益演变成了"钱主"制度,譬如美国的总统选举动则是数十亿美元的花销。总统候选人不得不动用各种力量筹款。问题是,金主向你提供款项,必然要求相应的回报。所以在这种"烧钱游戏"的民主模式中,权力最终将被资本的力量所驾驭、所绑架。民主"资本化"的问题不解决,"钱主"就一定会左右"民主",民主将

95

蜕变为金钱的奴隶。

再者,现代民主一个假设的前提是:选民是理性的,会把选票投给自己心仪的候选人。可事实上,在许多国家的选举实践中,不少候选人可以很轻易地用金钱或是许诺收买选民,而选民也很容易因为眼前的一点蝇头小利做出非理性的判断,导致真正合适的人选不上,不合适的人反而当选。

第四,现代民主如何防止被低智商的民粹主义所绑架?

第五,如何设计一种选举的"程序",这种"程序"能确保把老百姓心中民望最高的领导人选出来吗?

……

当然,对民主的理性批判并不是否认主权在民思想的历史意义。可以肯定的是,哲学史上主权在民思想的出现,直接解决了权力的来源,亦即关于权力的授受关系问题,相较于君权神授、世袭制等无疑是一个巨大的历史进步。马克思主义也认为,政府和各级领导干部的权力直接来自人民的授权。当年,有个美国记者曾问毛泽东:"你们办事,是谁给的权力?"毛泽东回答:"人民给的。""人民要解放,就把权力委托给能够代表他们的、能够忠实地为他们办事的人,这就是我们共产党人。"中华人民共和国宪法第二条明确规定:中华人民共和国的一切权力属于人民。人民行使国家权力的机关是全国人民代表大会和地方各级人民代表大会。人民依照法律规定,通过各种途径和形式,管理国家事务,管理经济和文化事业,管理社会事务。中国共产党把这种宪法精神概括为两句话:权为民所赋,权为民所用。领导干部不论在什么岗位,手中的权力都来自于人民,人民既有权力决定谁来为自己服务,也有权力罢免那些背叛人民的人。因此,权力只能用来为人民服务。

三、理发师与说谎者——关于哲学悖论

生活中,我们有时候会说:别把我说的话当真。请读者诸君思考:我们

第四章　作为批判精神的哲学

该不该把这句话"当真"?

让我们简单分析一下:如果我们把这句话"当真"(当成真话),按照这句话的内容,那么我们就应该"别把我说的话(这句话)当真";如果我们不把这句话"当真"(当成假话),那么我们反而应该把这句话"当真"。

这是怎么回事呢?这就是哲学上所讲的悖论。

历史上有个著名的说谎者悖论。公元前6世纪,哲学家克利特人艾皮米尼地斯(Epimenides)说:"所有克利特人都说谎,他们中间的一个诗人这么说。"这就是说谎者这个著名悖论的来源。

人们会问:艾皮米尼地斯这句话有没有说谎?

我们把这个悖论简单化,最基本的形式是:"我在说谎。"那么"我在说谎"这句话到底是真话还是假话?

如果我在说谎,那么"我在说谎"就是一个谎,据此推断,我说的是实话;但是如果"我在说谎"这句话是实话,那么我就在说谎。矛盾不可避免。

另一个著名的悖论是:在萨维尔村有一位理发师,他的广告词是这样写的:"本人的理发技艺十分高超,誉满全村。我将为本村所有不给自己刮脸的人刮脸,我也只给这些人刮脸。我对各位表示热诚欢迎!"来找他刮脸的人络绎不绝,自然都是那些不给自己刮脸的人。可是,有一天,这位理发师从镜子里看见自己的胡子长了,他本能地抓起了剃刀,你们看他能不能给他自己刮脸呢?

哲学悖论的一个标准形式是:如果事件 A 发生,则推导出非 A,非 A 发生则推导出 A,这是一个自相矛盾的无限逻辑循环。因此,悖论是指在逻辑上可以推导出互相矛盾之结论,但表面上又能自圆其说的命题或理论体系。悖论的英文 paradox 一词,意思是"未预料到的""奇怪的"。如果承认它是真的,经过一系列正确的推理,却又得出它是假的;如果承认它是假的,经过一系列正确的推理,却又得出它是真的。古今中外有不少著名的悖论,它们震撼了逻辑和数学的基础,激发了人们对悖论的深入探索和精密思考。

生活的哲学 与哲学的生活

那么悖论隐含着什么样的哲学秘密呢?

笔者以为,悖论是人类思维矛盾的一种特殊表现形式,这种思维矛盾表征着人类理性的局限性。

许多人以为,人类有了思维与理性,世界上的一切都可以得到合理的解释。殊不知,矛盾才是这个世界的本来面目。让我们思考几个生活中的事例并试图做出回答:

吃煮了性凉或性寒的青菜火锅是上火还是降火?

用掉在地上的肥皂是脏还是不脏?

纵欲是排遣了欲望还是助长了欲望?

用暴力来消灭暴力是消灭了暴力还是纵容了暴力?

吃亏是福。那么在吃亏这件事上,到底是吃亏了还是有福了?

……

稍懂一点哲学常识的人都知道,自然界充满矛盾。其实,不仅自然界充满矛盾,人类的理性本身即是一个矛盾体。当我们冀求用理性来解决一切问题的时候,理性本身的局限性有时候会使我们不得不陷入一种进退两难或是缘木求鱼的艰难境地。

事实上,悖论在哲学史上出现的时间很早。古希腊时期,一个叫芝诺的哲学家就用了几个著名的悖论来否定运动的存在。这些悖论中最著名的是"阿基里斯跑不过乌龟"。这些悖论由于被记录在亚里士多德的《物理学》一书中而为后人所知。百度百科的"芝诺悖论"词条里详细解说了"阿基里斯追龟"这个悖论:

阿基里斯是古希腊神话中善跑的英雄。在他和乌龟的竞赛中,他速度为乌龟十倍,乌龟在前面100米跑,他在后面追,但他不可能追上乌龟。因为在竞赛中,追者首先必须到达被追者的出发点,当阿基里斯追到100米时,乌龟已经又向前爬了10米,于是,一个新的起点产生了;阿基里斯必须继续追,而当他追到乌龟爬的这10米时,乌龟又已经向前爬了1米,阿基里斯只能再

第四章 作为批判精神的哲学

追向那个1米。就这样,乌龟会制造出无穷个起点,它总能在起点与自己之间制造出一个距离,不管这个距离有多小,但只要乌龟不停地奋力向前爬,阿基里斯就永远也追不上乌龟!

有人解释道:若慢跑者在快跑者前一段,则快跑者永远赶不上慢跑者,因为追赶者必须首先跑到被追者的出发点,而当他到达被追者的出发点,慢跑者又向前了一段,又有新的出发点在等着他,有无限个这样的出发点。

但常识告诉我们,阿基里斯追上乌龟是个很快的过程,他不可能追不上乌龟,芝诺本人也不是不知道这一点。那么芝诺为什么还要制造这么一个悖论呢?他想证明什么?

其实,悖论本身的逻辑并没有错,它之所以与实际相差甚远,在于芝诺与我们采取了不同的时间系统。人们习惯于将运动看作时间的连续函数,而芝诺的解释则采取了离散的时间系统。即无论将时间间隔取得再小,整个时间轴仍是由有限的时间点组成的。换句话说,连续时间是离散时间将时间间隔取为无穷小的极限。

譬如说,阿基里斯速度是 10m/s,乌龟速度是 1m/s,乌龟在前面 100m。实际情况是阿基里斯必然会在 100/9 秒之后追上乌龟。按照悖论的逻辑,这 100/9 秒可以无限细分,给我们一种好像永远也过不完的印象。但其实根本不是如此。这就类似于有 1 秒时间,我们先要过一半即 1/2 秒,再过一半即 1/4 秒,再过一半即 1/8 秒,这样下去我们永远都过不完这 1 秒,因为无论时间再短也可无限细分。但其实我们真的就永远也过不完这 1 秒了吗?显然不是。尽管看上去我们要过 1/2、1/4、1/8 秒等等,好像永远无穷无尽。但其实时间的流动是匀速的,1/2、1/4、1/8 秒,时间越来越短,看上去无穷无尽,其实加起来只是个常数而已。

《庄子·天下》篇当中有一个与阿基里斯追龟类似的说法:"一尺之棰,日取其半,万世不竭。"每天取棰子的一半,永远也分不完。

此外,像我们大家都熟悉的"鸡生蛋还是蛋生鸡"的问题,"自相矛盾"的

生活的哲学 与哲学的生活

寓言故事等都包含有悖论的影子。

悖论有三种主要的形式：一种叫佯谬，就是论断看起来好像肯定错了，但实际上却是对的。第二种叫似是而非，指一种论断看起来好像肯定是对的，但实际上却错了。第三种叫自相矛盾，指一系列推理看起来好像无懈可击，可是却导致逻辑上自相矛盾。

佯谬就是指看上去是一个错误，但实际上并非错误。双生子佯谬是狭义相对论中的一个最著名的佯谬。因为按照狭义相对论，在运动的物体中的时间会变慢，当运动达到光速时，时间就停止了。双生子佯谬是这样的：假设有一对孪生兄弟，其中一个以接近光速运动一段时间后返回，他将会比他那个没有运动的兄弟看起来年轻一些。但实际上，从完全相对的角度上说，这个人在运动的时候，他的兄弟也相对他做同样的运动，那么究竟是哪一个更老些？或是一样老呢？

这个佯谬的产生是基于对狭义相对论中的尺缩钟慢效应。所谓尺缩钟慢效应，就是指当一个物体运动速度接近光速时，物体周围的时间会迅速减慢、空间会迅速缩小。当物体运动速度等于光速时，时间就会停止，空间就会微缩为点，也就是说出现零时空。所以，在同一个惯性系中，高速运动的物体时间要比静止物体的时间走得更慢一些。但在双生子效应中，因为在各自的参考系中，兄弟俩都认为对方在运动。而根据运动的时钟变慢的原理，似乎双方都认为对方变年轻了。

佯谬产生的原因是狭义相对论的时间变慢原理仅仅对于惯性参考系成立。高速旅行的人为达到接近于光的速度必须经历加速过程，然后经历减速过程，而为了转向回家的旅程又必须再经历加速过程。正是他经历的加速过程，时间对他说来是迟延了。所以留在地球上的人实际过得比高速运动的人要快一些，因此也将是看上去年纪老一些的人。

1949年，著名哲学家K.哥德尔根据爱因斯坦广义相对论论述返回到历史中去旅行是容许的。但他同时指出，这中间也存在一些荒谬，比如：如果

第四章 作为批判精神的哲学

某个人回到他出生之前的年代,杀了他的祖父,然后再回到他原来的年代,这可能吗?由于在他出生之前他的祖父已经死了,他怎么又会存在呢?这个悖论也叫外祖母悖论。其假设是:如果一个人真的"返回过去",并且在其外祖母怀他母亲之前就杀死了自己的外祖母,那么这个跨时间旅行者本人还会不会存在呢?这个问题很明显,如果没有你的外祖母就没有你的母亲,如果没有你的母亲也就没有你,如果没有你,你怎么"返回过去"?

所以,由于这个佯谬的存在,科学家提出一种"平行时空"的观点,且这个观点被科学界所基本认同,即:时空不是唯一存在的,而是有无数个时空平行存在,它们彼此之间一般情况是无法产生联系的。每个时空都依照它本身的规律和顺序演变。当然这些都还有待科学的进一步证明。

还有一个有趣的悖论是德国数学家戴维·希尔伯特在谈到"无限大数"的奇怪而美妙的性质时说到的这么一个"无限旅馆"假设:

我们设想有一家旅馆,内设有限个房间,而所有的房间都已客满。这时来了一位新客,想订个房间,"对不起",旅馆主人说,"所有的房间都住满了。"

现在再设想另一家旅馆,内设无限个房间,所有的房间也都客满了。这时也有一位新客,想订个房间。"不成问题!"旅馆主人说。接着他就把 1 号房间的旅客移到 2 号房间,2 号房间的旅客移到 3 号房间,3 号房间的旅客移到 4 号房间等等,这样继续移下去。这样一来,新客就被安排住进了已被腾空的 1 号房间。

我们再设想一个有无限个房间的旅馆,各个房间也都住满了客人。这时又来了无穷多位要求订房间的客人。"好的,先生们,请等一会儿。"旅馆主人说。

于是他把 1 号房间的旅客移到 2 号房间,2 号房间的旅客移到 4 号房间,3 号房间的旅客移到 6 号房间,如此等等,这样继续下去。现在,所有的单号房间都腾出来了,新来的无穷多位客人可以住进去,问题解决了!

生活的哲学 与哲学的生活

此时,又来了无穷多个旅行团,每个旅行团有无穷多个旅客,只见这个老板不慌不忙,让原来的 1 号房间客人搬到 2 号,2 号房间客人搬到 4 号……k 号房间客人搬到 2k 号。这样,1 号、3 号、5 号……所有奇数房间就都空出来了。

在这个故事中,旅馆主人的做法在数学上毫无问题,之所以成为疑似佯谬,是因为它同我们对无限的日常直觉相悖。我们从日常接触的有限世界得知,偶数或者奇数的个数肯定比自然数的个数少,因为是偶数和奇数共同构成自然数。然而在无限世界,全部偶数或者全部奇数却能够与全部自然数一一对应,这两个集合的大小是相同的,因为它们都是无限。这个性质,真是不可思议,就像德国数学家康托尔证明"1 厘米线段内的点与太平洋面上的点一样多"一样。

至于似是而非的悖论,我们可以通过西方哲学史上一个著名的公案来理解。传说古希腊有一个名叫欧提勒士的人,他向著名的智者普罗泰哥拉学讼(学习法庭辩论之术)。两人事先签订了一个合同,约定欧提勒士预先付一半学费给老师普罗泰哥拉,另一半学费则等欧提勒士毕业后头一次打赢官司时付清。

但欧提勒士毕业以后并不出庭打官司,当然也就没有交剩下的一半学费。普罗泰哥拉等得不耐烦了,就向法院起诉,要求学生支付剩下的一半学费。普罗泰哥拉对法官说:

"尊敬的法官大人,如果你判决我赢了这个官司,那么根据法庭的判决,欧提勒士应该付给我另一半学费。如果你判决我输掉了这个官司,那么,欧提勒士就打赢了他的第一个官司;按照我们师徒之间的合同,他也应该付给我另一半学费。这个官司无论他是打赢还是打输,总之,他都得付给我另一半学费。"

但是,欧提勒士针锋相对地进行了反驳。他对法官说:"如果我打赢了这场官司,那么按照法庭的判决,我不必付给老师另一半学费;如果我打输

第四章　作为批判精神的哲学

了,那么按照合同的规定,我也不必付给老师另一半学费。这场官司我或者打赢,或者打输,但不管是赢还是输,我都不必付给老师另一半学费。"

这就是哲学史上著名的"半费之讼"。按照常识,我们会觉得师徒两个说得都有道理,但似乎又都有问题。这正是似是而非。

赌徒谬误(gambler's fallacy)大抵也可归于似是而非的悖论之类。赌徒谬误亦称为蒙地卡罗谬误,是对出现在赌博中的赌徒最常见的错误心理、错误信念的一种指称。

假设有这么一个赌徒,他连赌连输之后,有些人可能会认为,他的手气太差了,今天不太可能赢,于是继续赌他会输掉;另一些人则可能会想:他已经输了这么多,不可能老是输下去,下一局很有可能会翻身,因而赌他赢。而另一个连赌连赢的赌徒,同样会有人认为他运气很好,于是打赌他将继续赢;也同样会有人认为他要输了,因为他不可能老是赢。

赌徒谬误就是以为随机序列中一个事件发生的几率与之前发生的事件有关,即其发生的几率会随着之前没有发生该事件的次数而上升。打个比方:如多次重复抛一个硬币,我们都知道正面朝上的概率是50%,反面朝上的概率也是50%。如果我们连续多次抛出反面朝上,大多数人可能错误地认为,下一次抛出正面的机会会比较大。然而事实是:抛出反面的概率永远是50%,不会增加或减少,抛出正面的概率同样永远是50%。

《庄子·天下》篇中记载中国战国时期名家中一些不知其名的辩士所提出的21个命题。包括卵有毛、鸡三足、郢有天下、犬可以为羊、马有卵等等。

传说惠施曾经与一个辩者辩论过卵有毛这个题目。辩者说鸡蛋里面有毛,惠施却反对。

辩者说:"如果鸡蛋里没毛,那么孵出来的小鸡怎么身上有毛?"惠施说:"鸡蛋里只有蛋清和蛋黄,没有毛。你什么时候看见过鸡蛋里面有毛了?小鸡身上的毛是小鸡身上的毛,不是鸡蛋里的毛。"但是辩者又不能接受。

那么,读者诸君有没有发现辩者似是而非的悖论呢?

生活的哲学 与哲学的生活

似是而非的悖论突出地表现在诡辩上。

《吕氏春秋》记载了这样一个故事：洧水发了大水，淹死了郑国富户家的一员。尸体被别人打捞起来，富户的家人要求赎回。然而捞到尸体的人要价太高，富户的家人不愿接受，他们找邓析出主意。邓析说："不用着急，除你之外，他还会卖给谁？"捞到尸体的人等得急了，也去找邓析要主意。邓析却回答："不要着急，他不从你这里买，还能从谁那里买？"

同一个事实，邓析却推出了两个相反的结论，每一个听起来都合乎逻辑，但合在一起就荒谬了。

《韩非子·势难》介绍了这个寓言：有一个同时卖矛和盾的人。他先夸他的盾最坚固，无论什么东西都戳不破；接着又夸他的矛最锐利，无论什么东西都能刺透。旁人问他：如果用他的矛来刺他的盾会有什么结果，他回答不上来，因为两者相互抵触。这是一个既不可以同时为真，也不可以同时为假的命题。前提出现矛盾，也就无法推出结论。

世界文学名著《唐·吉诃德》中记载这样一个故事：唐·吉诃德的仆人桑乔·潘萨跑到一个小岛上，成了这个岛的国王。他颁布了一条奇怪的法律：每一个到达这个岛的人都必须回答一个问题："你到这里来做什么？"如果回答对了，就允许他在岛上游玩，而如果答错了，就要把他绞死。对于每一个到岛上来的人，或者是尽兴地玩，或者是被吊上绞架。有多少人敢冒死到这岛上去玩呢？一天，有一个胆大包天的人来了，他照例被问了这个问题，而这个人的回答是："我到这里来是要被绞死的。"请问桑乔·潘萨是让他在岛上玩，还是把他绞死呢？如果应该让他在岛上游玩，那就与他说"要被绞死"的话不相符合，这就是说，他说"要被绞死"是错话。既然他说错了，就应该被处绞刑。但如果桑乔·潘萨要把他绞死呢，这时他说的"要被绞死"就与事实相符，从而就是对的，既然他答对了，就不该被绞死，而应该让他在岛上玩。小岛的国王发现，他的法律无法执行，因为不管怎么执行，都使法律受到破坏。他思索再三，最后让卫兵把他放了，并且宣布这条法律作

第四章 作为批判精神的哲学

废。这是一个最经典的悖论。

悖论是一种十分有趣而又伤神的哲学现象。从哲学的高度看,悖论根源于认识对象所固有的矛盾和主客观之间的矛盾。由于认识对象本来就是对立面的统一,而人类思维在认识世界时又具有必不可少的割离性。因此当人们把这些割离开来的东西又重新结合在一起时,就可能产生悖论。

德国古典哲学家康德(Immanuel Kant,1724—1804)在18世纪提出了一个哲学的基本概念——二律背反(antinomies)来进一步说明悖论。所谓二律背反是指双方各自依据普遍承认的原则建立起来的、公认为正确的两个命题之间的矛盾冲突。康德认为,由于人类理性认识的辩证性力图超越自己的经验界限去认识物体,误把宇宙理念当作认识对象,用说明现象的东西去说明它,这就必然产生二律背反。

康德在《纯粹理性批判》中提出了理性在宇宙论问题上的四组二律背反:

第一组:正题:世界在时间上有开端,在空间上有限;反题:世界在时间上和空间上无限。

第二组:正题:世界上的一切都是由单一的东西构成的;反题:没有单一的东西,一切都是复合的。

第三组:正题:世界上有出于自由的原因;反题:没有自由,一切都是依自然法则。

第四组:正题:在世界原因的系列里有某种必然的存在体;反题:里边没有必然的东西,在这个系列里,一切都是偶然的。

由于悖论根源于主客观之间的矛盾和认识对象本身所固有的矛盾,因此要想彻底消除悖论是不可能的;换言之,悖论的产生具有某种必然性。

第五章　作为思维方式的哲学

哲学是一种思维方式。它通过由一系列概念、范畴及其逻辑展开而构成的思维之网,给人们提供理论思维范式与思维方法,锻炼理论思维能力,凸显哲学理论的逻辑力量和征服力量。哲学理论的力量,在于它以理论的方式去把握现实,使人们超越感觉的杂多性、表象的流变性、情感的狭隘性和意愿的主观性,达到对现实一针见血的全面反映、深层透视、理性解释、批判性反思和理想性引导。因此,哲学既不能远离生动活泼的现实生活而将自己禁锢在一个自说自话的小圈子里,也不能丧失作为人类精神之形而上运作的独立品格而沦落为只具有某种当前化指导意义的快餐文化。哲学这种以现实的感性生活为对象的思维运作,不再是一种抽象的概念思辨,而是以哲学概念、范畴作为思维之网的"纽结",作为"认识世界过程中的梯级",通过反思、整合、提炼和升华人类文化诸多基本形态及其最新成果,以严谨的逻辑化概念展开反映和把握世界的本质与规律。爱因斯坦、玻恩、劳厄等人多次公开宣称康德的《纯粹理性批判》对他们研究的指导意义和巨大推动作用,或可作为哲学理论力量最好的个案阐释。

一、在理性的天平上打量——一个严谨求实的世界

英国哲学家培根取得了律师资格证。一次,一名惯匪请求培根救他一命,理由很可笑:"我叫 Hog(猪),你叫 Bacon(熏肉),我们是亲戚。"培根理

第五章 作为思维方式的哲学

性而机智地回答:"朋友,如果你不被绞死,我们就不是亲戚,因为猪要死了之后才能变成熏肉。"

培根在这里运用了理性思维中的归谬法,将对方的荒唐言论逼到了墙角。

莎士比亚在《威尼斯商人》中写富家少女鲍西亚品貌双全,贵族王孙纷纷向她求婚,鲍西亚按其父遗嘱,由求婚者猜匣子订婚。鲍西亚有金银铅三个匣子,分别刻有一句话,其中只有一句是真话。已知其中的一个匣子里放有鲍西亚的肖像,求婚者通过这三句话,猜中鲍西亚的肖像在哪个匣子里,鲍西亚就嫁给谁。

这三个匣子上的话是:金匣:肖像不在此匣中;银匣:肖像在金匣中;铅匣:肖像不在此匣中。那么肖像究竟在哪个匣子中?

解决这个问题要依靠逻辑学的基本规律,也就是要运用我们的理性思维或逻辑思维。逻辑思维体现了人类理性的力量。哲学作为一种思维方式,首先体现为理性思维。理性思维是人类思维的高级形式,是人们把握客观事物本质和规律的能动活动。理性思维是一种有明确的思维方向,有充分的思维依据,能对事物或问题进行观察、比较、分析、综合、抽象与概括的一种思维。说得简单些,理性思维就是一种摆事实、讲道理的思维,是建立在证据和逻辑推理基础上的思维。它必须具备三个要素:独立思考、重视证据和符合规则。独立思考,表征着理性能排除干扰,直击要害;重视证据,表征着理性能避免独断,实事求是;符合规则,表征着理性能严谨周密,以理服人。

在我们的生活中,有很多东西我们还不了解、不清楚、不知所以然,但很多人却自以为是地以为自己什么都知道,只有理性思维会告诉你到底有多知道。有些时候我们明明眼见为实,事实真相却背道而驰,只有理性思维会分析出感知器官为什么有时候会用假象害死我们自己;有些事情可能这样也可能那样,本来应该这样,却可能突然变成那样,只有理性思维可以告诉

生活的哲学 与哲学的生活

我们事件发生的概率究竟有多大;有些情绪使我们喜乐开心,但又免不了得意忘形,有些情绪使我们悲哀痛苦,但又很可能使我们不能自拔,只有理性思维可以使我们沉着冷静,明智抉择……

人不可没有理性思维。因为理性思维代表一种冷静睿智的修养,代表一种科学客观的精神,代表一种探索进取的态度,代表一种求真务实的原则。理性思维不会将世界与生活当成单凭想象与激情就可以改变的东西,从而错失了我们对世界、对生活真正的理解和深刻的把握。

理性思维首先表现为逻辑性,即逻辑思维。逻辑思维是人脑的一种理性活动,是思维主体以感性认识阶段获得的对于事物认识的丰富、具体而又庞杂的信息材料为基础,以概念、判断、推理为基本形式,遵循一定的逻辑规则而能动地反映客观现实的理性认识过程,从而产生新的认识。逻辑思维具有规范、严密、确定和可重复的特点。人类只有经过逻辑思维,才能达到对具体对象本质规定的把握,进而认识客观世界。因此,逻辑思维是人的认识的高级阶段,即理性认识阶段。

逻辑思维最简单而又最经典的形式是三段论。所谓三段论,是传统逻辑中的一类主要推理,又称直言三段论。古希腊哲学家亚里士多德首先提出了关于三段论的系统理论,他在《论辩篇》中将三段论的定义表述为:"一个推理是一个论证,在这个论证中,有些东西被规定下来,由此必然地得出一些与此不同的东西。"后来,科菲在《逻辑学》中重新定义,将其表述为:"三段论是一个推理过程的表述,在这个推理过程中,从两个含有一个共同概念的判断,并且其中至少一个是全称的,必须得出一个与这两个判断均不相同的第三个判断。"我们从中可以看出,亚里士多德之后的三段论的定义比亚里士多德三段论的定义表述得更加具体、更加严格、更加全面和更加科学。现在,三段论一般指由两个直言判断作为前提和一个直言判断作为结论而构成的推理,其中包含有(而且只有)三个不同的项(大前提、小前提、结论)。例如:

第五章 作为思维方式的哲学

教师应该为人师表(大前提);

我是教师(小前提);

我应该为人师表(结论)。

我相信没有人会认为上述推论错误,因为它从形式到内容都没有什么疑义。但并非所有的三段论都是如此简单明了。让我们看另一个三段论:

你爸是老师(大前提);

我是老师(小前提);

我是你爸(结论)。

从形式上分析,这个三段论与上一个三段论没什么区别,但结论是显而易见的荒谬。问题出在哪儿呢?

在分析具体原因之前,让我们再看一个三段论:

中国的高校遍布全国(大前提);

广东石油化工学院是中国的高校(小前提);

广东石油化工学院遍布全国(结论)。

显然,这个三段论与上个三段论一样,也是荒诞的。但其两个前提都是真的。为什么会由两个真的前提推出一个虚假的结论来了呢?原因就在中项("中国的大学")未保持同一,出现了四个概念。也就是说,大前提中"中国的大学"这个概念与小前提中"中国的大学"所表示的概念是不同的。在大前提中它是表示中国的大学总体,是一个集合概念。而在小前提中,它可以分别指中国大学中的某一所大学,表示的不是集合概念,而是一个一般的普遍概念。因此,它在两次重复出现时,实际上表示着两个不同的概念。这样,以其作为中项,也就无法将大项和小项必然地联系起来推出正确的结论,而得到了荒谬的结果。

显然,不是所有具有三段论样式的推理都是正确的。在逻辑学里边,三段论必须满足以下基本条件:

规则1:在一个三段论中,有而且只能有三个不同的项。

规则2：中项在前提中至少要周延一次。

规则3：在前提中不周延的项在结论中不得周延。

规则4：从两个否定前提推不出任何结论。

规则5：如果两个前提中有一个是否定的，那么结论是否定的；如果结论是否定的，那么必有一个前提是否定的。

规则6：两个特称前提不能得出结论。

规则7：前提中有一个特称，结论必然特称。

三段论其实是演绎推理中的简单判断推理。在三段论的基础上，人类逐步发展和完善了一系列的逻辑规则与逻辑规律。其中，同一律、矛盾律、排中律以及充足理由律是最基本的逻辑规律。

简单理解，同一律就是在一个思维过程中，思想必须保持确定、同一、前后一致，不能混淆不相同的概念和判断。柏拉图在《斐多篇》中指出：思维必须与其自身一致，而我们所有的确信都必须彼此一致。所以，同一律的作用主要是保持思维具有确定性。

有个笑话，说老师问一个打瞌睡的学生："你认识到上课睡觉的缺点了吗？""认识到了。缺点是不如睡在床上舒服。"学生回答。笑话的幽默效果就是学生的回答违背了同一律引发的。

同一律包括两个方面的内容：一是概念自身的同一。即在同一个思维过程中，概念必须始终如一，否则就会犯"混淆概念"或"偷换概念"的错误。比如说，有小学生用老师布置的"难过"造句："下大雨之后，我家门前的河水暴涨，很难过。"这就是犯了偷换概念的错误。二是必须保持论题自身的同一，否则就会犯"转移论题"或"偷换论题"的错误。"王顾左右而言他"就是典型的转移论题。

据说美国总统林肯小时候很聪明。有次老师问他："你是愿意回答一道难题呢，还是愿意回答两道简单一点的题目？"林肯说："回答一道难题。"于是老师问："先有鸡还是先有蛋？"林肯回答说："先有鸡。"老师问："为什么?"林肯说:"对不起,老师,你这已经是第二道题了。"

在这个故事中,林肯就聪明地抓住了"一道难题"这个概念,避开了老师的追问。老师如果继续追问,就会违背同一律。

唐玄宗天宝十四年,李白云游到秋浦(今安徽贵池)。当地有个豪士叫汪伦的,久闻大诗人李白的大名,很想与李白见上一面,但是他又不认识李白,怎样才能使李白来到自己的家乡呢?汪伦苦苦思索,终于想出了一个好办法,于是他就给李白写了一封信,信中说:"先生好游乎?此地有十里桃花。先生好饮乎?此地有万家酒店。"李白平生有两大嗜好:既好游又好饮,见信上说得如此之好,欣然前往。当他来到汪伦的家乡,全然不见汪伦信中之所说。别说十里桃花,就连一棵桃树也没有!酒店倒是有一家,哪有万家酒店?李白非常失望,大呼上当,责怪汪伦欺骗了自己。汪伦笑着说:"我说的一点不假。我们这里有一个桃花潭,方圆十里,这不是'十里桃花'吗?我们这里有一家酒店,店主姓'万',这不就是'万'家酒店吗?"李白哈哈大笑。

在这个故事中,汪伦就是巧妙地利用了同一律达到了喜剧效果。他巧妙地将"十里桃花潭"偷换成"十里桃花",将"姓万人家开的酒店"偷换成"万家酒店",虽然从逻辑上说明显违背同一律,但通过文学的修辞表达又在情理之中。汪伦通过故意违反同一律骗过李白,达到与李白见面的目的,再用真心真情赢得李白的感动,李白赋诗一首《赠汪伦》:"李白乘舟将欲行,忽闻岸上踏歌声。桃花潭水深千尺,不及汪伦送我情。"书写了一段文化史上的佳话。

《吕氏春秋》记载了一个祁黄羊荐贤的故事。祁黄羊是春秋时晋国的大臣,他为人正直无私,从不计较个人得失,因此深得晋平公的信任与尊重。凡是国家大事,晋平公都要征求他的意见。有一次,晋平公要选拔县令,他找来祁黄羊,对他说:"南阳缺个县令,你看看,谁可以担任这个职务呢?"祁黄羊想了想说:"我看解狐这个人可以。"晋平公吃惊地问道:"解狐不是你的仇人吗?你为什么要推荐他呢?"祁黄羊笑着说:"您问的是谁可以胜任县令的职务,并没有问谁是我的仇人呀!"晋平公觉得有道理,便任用了解狐。解狐到任后,十分称职。他治理的地方,人民安居乐业。晋平公和大臣们都很满意。过了一段时间,晋平公又对祁黄羊说:"现在国家没有尉官,你看看,谁可以担任这个职务呢?"祁黄羊立即回答说:"我看祁午可以。"晋平公迟疑了一下,说:"祁午不是你的儿子吗?"祁黄羊说:"大王,您是问我谁可以担任尉官的职务,并没有问谁是我的儿子呀!"晋平公也觉得他说得有道理,就任用祁午为尉官。祁午上任后,尽心尽力地工作,把军队治理得纪律严明。大家都说任人得当。

这就是祁黄羊"外举不避仇,内举不避亲"的由来。读到这个故事,人们往往折服于祁黄羊荐人大公无私,殊不知祁黄羊也是遵守同一律的表率。当晋平公两次违反同一律,不自觉地"转移或偷换论题"的时候,祁黄羊两次都及时纠正过来,凸显了他一心为公、不论亲仇的崇高品行。

逻辑学的第二条规律是矛盾律。它是指在同一个思维过程中,两个互相矛盾或互相反对的命题能不同时为真,其中必有一假。换句话说,一个命题不可能既是真的又是假的。如果一命题为真,那么与之矛盾或反对的命题则必为假。

自相矛盾的寓言生动地说明了矛盾律。据《韩非子》记载,楚国有个卖矛又卖盾的人,他首先夸耀自己的盾,说:"我的盾很坚固,无论用什么矛都无法穿破它!"然后,他又夸耀自己的矛,说:"我的矛很锐利,无论用什么盾都不能不被它穿破!"有的人问他:"如果用你的矛去刺你的盾,会怎么样?"那个人被问得哑口无言。什么矛都无法穿破的盾与什么盾都能穿破的矛,不能同时出现在一起,其中至少有一个是假的(当然不排除两个都是假的)。这个楚人违反了矛盾律而不自知。

据说一位年轻人曾经雄心勃勃地告诉爱迪生要发明一种"万能溶液",它能够溶解世界上所有的物质。但爱迪生轻轻反问道:"那你用什么容器来装载这种溶液呢?"

第五章　作为思维方式的哲学

也许这个年轻人应该首先发明一种无论如何也不会被溶解的容器,但"万能溶液"又必须把它溶解,否则就不是"万能"。年轻人注定陷入自相矛盾的境地,不能自解。

排中律是指在同一思维过程中,两个互相矛盾的命题不能同假,必有一真。它通常被表述为"A 或者非 A",意为任一事物在同一时间里具有某属性或不具有某属性,而没有其他可能。排中律是揭露"骑墙居中""模棱两可"逻辑错误的有力武器。但只有当问题涉及非此即彼、两者必有一真而确无第三者时,它才起作用。排中律并不否认客观事物本身有可能存在两种以上的情况或某种中间状态,它只是要求对两个互相矛盾的思想作出非此即彼的断定,以保证思想的明确性。例如,"我是男人"与"我不是男人"这两个矛盾的句子,其中必有一真,不可能同假,也不可能有"既是男人又不是男人"的第三种状态。排中律与矛盾律的区别是:矛盾律强调相互矛盾的命题不能同真,排中律强调相互矛盾的命题不能同假。以自相矛盾的寓言为例:楚人既说"此矛锋利,无坚不摧",又说"此盾坚固,任刺不入",典型地违反了矛盾律,因为不可能两个命题都是真的。但楚人并未违反排中律,因为他的两个命题至少有一个是错的,或者两个都是错的,并不能确认必有一真。所以,违反排中律的错误是"两不可",违反矛盾律的错误则是"两可"。

《庄子·山木》中记载了一个这样的故事:庄子行走于山中,看见一棵大树枝叶十分茂盛,伐木的人停留在树旁却不去动手砍伐。问他们是什么原因,伐木人回答说:"没有什么用处。"庄子说:"这棵树就是因为不成材而能够终享天年啊!"庄子走出山来,留宿在朋友家中。朋友高兴,叫童仆杀鹅款待他。童仆问主人:"一只能叫,一只不能叫,请问杀哪一只呢?"主人说:"杀那只不能叫的。"第二天,弟子问庄子:"昨日遇见山中的大树,因为不成材而能终享天年;如今主人的鹅,因为不成材而被杀掉,先生你将怎样对待呢?"庄子笑道:"我将处于成材与不成材之间。"

大树因其没用(不材)而安享天年;鹅却因为没用而被杀掉。那么我们

生活的哲学 与哲学的生活

人应该有用还是没用好呢？庄子的回答是"处乎材与不材之间"。姑不论庄子在这里所表达的不拘执、不偏滞于对立的某一方面的哲学思想，单就逻辑来看，庄子明显违背了排中律。做人，要么做有用之人，要么做无用之人，不存在什么有用与没用之间的第三种方式。

再看前面讲到的鲍西亚的故事。三个匣子上的话分别是：金匣："肖像不在此匣中。"银匣："肖像在金匣中。"铅匣："肖像不在此匣中。"其中只有一句真话。那么，肖像在哪个匣中呢？懂得了排中律就很简单了。我们看三句话当中，有两句话是相互矛盾的，即金匣上的"肖像不在此匣中"与银匣上的"肖像在金匣中"。肖像要么在金匣中，要么不在金匣中，必有一真。因此，真话必在此两句话中，那么铅匣子上的话一定是假话，则证明肖像在铅匣子中。

排中律要求人们在是非问题面前要旗帜鲜明，立场坚定，不能模棱两可、含糊其词、无可无不可、耍滑头。鲁迅在他的杂文《立论》中传神地描绘了那种骑墙派：

> 我梦见自己正在小学校的讲堂上预备作文，向老师请教立论的方法。"难！"老师从眼镜圈外斜射出眼光来，看着我，说。"我告诉你一件事——一家人家生了一个男孩，合家高兴透顶了。满月的时候，抱出来给客人看——大概自然是想得一点好兆头。一个说：'这孩子将来要发财的。'他于是得到一番感谢。一个说：'这孩子将来要做官的。'他于是收回几句恭维。一个说：'这孩子将来是要死的。'他于是得到一顿大家合力的痛打。说要死的必然，说富贵的说谎。但说谎的得好报，说必然的遭打。你……""我愿意既不谎人，也不遭打。那么，老师，我得怎么说呢？""那么，你得说：'啊呀！这孩子呵！您瞧！多么……阿唷！哈哈！Hehe！he，hehehehe！'"

114

第五章 作为思维方式的哲学

德国哲学家莱布尼兹提出了充足理由律。他在《单子论》中说:"任何一件事如果是真实的,或实在的,任何一个陈述如果是真的,就必须有一个为什么这样而不那样的充足理由,虽然这些理由常常总是不能为我们所知道的。"尽管莱布尼兹所说的充足理由原则的确切含义是什么,历来就备受争议,但今天,人们对充足理由律的内涵形成了基本的共识:在同一思维和论证过程中,一个思想被确定为真,要有充足的理由。具体有以下三点:一是对所要论证的观点必须给出理由;二是给出的理由必须真实;三是从给出的理由中必须能够推出所要论证的观点。否则就会犯"没有理由""理由虚假"和"推不出来"的错误。

明朝冯梦龙编的《古今谭概》里有一则小故事:丹徒靳阁老有子不肖,而其子之子却登第。阁老每督责之,曰:"翁父不如我父,翁子不如我子,我何不肖?"阁老大笑而止。

一个人是否不肖,当看其自身作为,与他父亲和儿子的作为没什么关系。故事中那位儿子引用的证据推不出他所要的结论,或者说与结论不相干,典型地违反了充足理由律。

国外有个"向犹太人借钱"的笑话。伊万想喝酒,便向村里一个犹太人借一个银币。他们双方商量了条件:伊万明春还加倍的钱,在此期间他用斧子作抵押。伊万拿了一个银币刚要走,犹太人叫住他:"伊万,等一等,我想起一件事,到明春要凑足两个银币你是有困难的,你现在先付一半不是更好吗?"这话使伊万开了窍,他归还了银币,走到路上又想了一阵子,然后自言自语地说:"怪事,银币没了,斧子没了,我还欠一个银币——那犹太人还蛮有道理的。"

伊万显然缺乏逻辑思维。在他看来蛮有道理的地方,其实隐藏着对方的诡辩,"理由虚假、推不出来"等明显违背充足理由律的地方,伊万完全没有领会到,就不能不闹笑话了。

充足理由律和前三条规律(同一律、矛盾律、排中律)是有密切联系的。

生活的哲学 与哲学的生活

一方面,前三条规律是它的基础和必要条件,因为如果思想不确定,自相矛盾,模棱两可,那就根本谈不上有充足理由。另一方面,充足理由律是前三条规律的必要补充,保持了概念和判断的确定性之后,通过给出真实的理由,遵循正确的规则,从而得出可靠的结论。只有遵守四条逻辑规律,才能做到概念明确,判断恰当,推理有逻辑性,论证有说服力。

理性思维还表现为一系列行之有效的思维方法。譬如因果思维、归纳与演绎、分析与综合、抽象与具体等。

因果思维法是根据事物因果联系的必然性来寻求创新突破的一种思维方法。原因是引起一定现象的现象,结果是由原因作用而引起的现象。这种引起和被引起的关系就是因果联系。原因与结果的区分既是确定的,又是不确定的:确定性是指原因就是原因,结果就是结果;不确定性是指有许多现象是互为因果的关系。原因与结果相互联系、相互依存、相互作用,既没有无因之果,亦没有无果之因,并表现为一因多果、一果多因、多因多果、复合因果等复杂多样的特性。因此,因果关系的特点是:普遍性、共存性、先后性、复杂多样性。因果思维就是从事物与现象的因果联系来探求真相、认识本质、掌握规律的认识过程,是人类普遍采用的思维方式。

探求因果联系有多种方式,包括求同法、求异法、求同求异并用法、共变法、剩余法等等。其推求过程与形式如下:

求同法:

场合一:有先行现象 A、B、C,有被研究现象 a;

场合二:有先行现象 A、B、D,有被研究现象 a;

场合三:有先行现象 A、C、E,有被研究现象 a;

所以,A(可能)是 a 的原因。

求异法:

场合一:有先行现象 A、B、C,有被研究现象 a;

场合二:有先行现象 B、C,没有被研究现象 a;

所以,A 是 a 的原因。

求同求异并用法:

正面场合:有先行现象 A、B、C,有被研究现象 a;

有先行现象 A、D、E,有被研究现象 a。

反面场合:有先行现象 F、G,没有被研究现象 a;

有先行现象 H、K,没有被研究现象 a。

所以,A(可能)是 a 的原因。

共变法:

有先行现象 A_1,有被研究现象 a_1;

有先行现象 A_2,有被研究现象 a_2;

有先行现象 A_3,有被研究现象 a_3;

所以,A 是 a 的原因。

剩余法:

A、B、C、D 是 a、b、c、d 的原因,

A 是 a 的原因,

B 是 b 的原因,

C 是 c 的原因,

所以,D 与 d 之间有因果联系。

归纳与演绎、分析与综合、抽象与具体等属于马克思主义的辩证思维方法。辩证思维方法是人们正确认识世界的中介,是理性思维方法的综合体现。

归纳与演绎是人类理性思维中最常见的方式,从特殊到一般,又从一般到特殊,循环往复、逐步深化,以至无穷,推动人类认识不断发展。

归纳是由个别上升到一般的思维方法。亚里士多德最早提出两类归纳

方法:简单枚举归纳和直觉归纳。不过,后者应属于直觉思维方法。归纳法在科学上的主要代表是培根。归纳法可分为两类:完全归纳法与不完全归纳法。完全归纳法如高斯小时候算从 1 加到 100 的数学题。不完全归纳法又分为两种,即简单枚举法和科学归纳法。简单枚举法如火能取暖、煤是黑的、万物生长靠太阳、牵牛花破晓开放、青蛙冬眠春晓、鸡鸣三遍天亮等,但其结论并不绝对可靠,如以前人们认为所有的天鹅都是白的,后来才发现有黑天鹅。罗素就讲过一个"火鸡的故事"来说明这种思维方式的不可靠。

在火鸡饲养场里,有一只火鸡发现,第一天上午 9 点钟主人给它喂食。然而作为一个卓越的归纳主义者,它并不马上作出结论。它一直等到已收集了有关上午 9 点给它喂食这一经验事实的大量观察;而且,它是在多种情况下进行这些观察的:雨天和晴天,热天和冷天,星期三和星期四……它每天都在自己的记录表中加进新的观察陈述。最后,它进行归纳推理,得出了下面的结论:"主人总是在上午 9 点钟给我喂食。"可是,事情并不像它所想象的那样简单和乐观。在圣诞节前夕,当主人没有给它喂食,而是把它宰杀的时候,它通过归纳概括而得到的结论终于被无情地推翻了。大概火鸡临终前也会深深哀叹一声:归纳法真不可靠!

这个故事当然不是讨论这只火鸡的可笑,而是嘲笑归纳主义者,科学始于观察,观察提供科学知识能够赖以确立的可靠基础,而科学知识是用归纳法从有限的观察陈述中推导出来的,所以说这种归纳法得出的结论未必是正确的,甚至可能是非常可笑的。但科学归纳法并不一样。科学归纳法实际上是多种方法的综合,它通过"解剖一个麻雀",即对典型事例加以考察或对理想模型加以分析,探寻这些对象存在某些属性的客观原因,得出具有必然性的科学结论。如人们发现黄曲霉素致癌就是科学归纳法的运用。二战期间雅各布搜集德军情报的方法也主要采用科学归纳法。

二战期间,一个叫雅各布的英国人编写了一本小册子,详尽地公布了德军的编制结构、160 多名部队指挥官的简历,甚至对德军新成立的装甲师的

第五章 作为思维方式的哲学

步兵小分队也作了介绍。希特勒为此勃然大怒,下令追查。原来,雅各布是个有心人,长期搜集德国报纸上发表的涉及军事情况的报道,积累了大量资料和卡片,经过归纳、综合、分析,整理出了大量的军事秘密。

与归纳法相反,演绎是从一般性原则到个别结论的方法。它由前提、逻辑规则和结论组成。演绎的基本形式是前面介绍的三段论。演绎推理的逻辑形式对于理性的重要意义在于,它对人的思维保持严密性、一贯性有着不可替代的校正作用。演绎推理的最典型、最重要的应用,通常存在于逻辑和数学证明中。演绎法哲学与科学上的主要代表是笛卡尔,他和伽利略、牛顿创造了数学演绎方法,使演绎推理不必拘泥于三段论。后来演绎方法又派生出公理化方法。

南朝·宋·刘义庆的《世说新语·雅量》记载:王戎七岁的时候,曾经(有一次)和小朋友们一道玩耍,看见路边有株李树,结了很多李子,枝条都被压弯了。那些小朋友都争先恐后地跑去摘。只有王戎没有动。有人问他为什么不去摘李子,王戎回答说:"这树长在路边上,还有这么多李子,这李子一定是苦的。"人们摘来一尝,果然是这样。这是典型的运用演绎思维方法的例证。

归纳与演绎是两种相互补充、相互渗透的思维方法。归纳是演绎的基础,它不断证实和丰富演绎得出的结论;作为演绎出发点的公理、定律、假说对归纳起指导作用。我们要反对"归纳万能论"和"演绎万能论"。科学家们往往同时运用这两种思维方法。例如,麦克斯韦在得到 maxwekk 方程同时应用了三种方法。他在1865年写了三篇文章:第一篇用归纳法,第二篇用类比法,第三篇用演绎法,从而推出了电磁波存在,并预言了光是电磁波。

分析与综合是更深刻把握事物本质的思维方法。分析是把整体分解为部分、方面、要素以便逐个加以研究的思维方法。分析使研究越来越深入,但单纯的分析却容易"只见树木,不见森林"。它的形式有定性分析、定量分析、因果分析、结构分析、功能分析、信息分析、系统分析、发生学分析等。综

生活的哲学 与哲学的生活

合是在分析的基础上,把要素、部分、方面结合起来进行整体认识的思维方法。它主要有机械综合、线性综合、系统综合等。初级的分析、综合运用的是形式逻辑关于部分与整体可逆的分解加和原则。而辩证逻辑则进一步把分析看成是分析事物矛盾的思维方法;在对事物矛盾进行周密分析的基础上,从矛盾的整体性上认识对象多种规定性的统一,就是辩证的综合。它从系统整体出发,以总体优化为目标。

中医与西医可以说是分别代表了综合与分析两种思维方式。中医从系统论出发,把整个人体当作一个有机联系的生态系统,有所谓"人体小宇宙"的说法。中医学以元气论为基础,强调整体的分化性及由此决定的不可分解性。所以,中医治病可以撇开对事物细枝末节的把握而注重对整体属性作判断,强调望闻问切,以小见大,辨证施治,调理阴阳,扶正祛邪,固本培元。以对舌的观察为例,西医除非舌的局部有溃疡或炎症,一般不重视舌诊;而中医对舌质、舌色、舌体、舌苔的观察就非常仔细,不是了解其微观结构和局部病变,而是作为观察人体整体体质状况以及病情深浅、轻重和气血阴阳的窗口。

西医以元素论和原子论为基础,认为整体性是组合的、可分的,实践中主要是把人体分成若干个独立的系统、部分来看待,以分析研究为主,有所谓"头痛医头、脚痛医脚"的说法。由于西医把人理解为由元素或原子组合而成的,没有把人看作是自然宇宙分化的产物,故西医认为人体是可分解的,解剖、分解、还原成为其必然的研究途径。因此,当中医依靠望闻问切四诊合参,在综合的基础上作出判断的时候,西医则主要依靠体格检查、实验室检查及各种特殊检查,分析病变的各种细节。

分析与综合也是既相互区别又相互依存。一方面,二者相互依靠,分析是综合的基础,没有系统、周密的分析,就不可能有正确的综合;综合是分析的完成,综合指导分析。另一方面,分析与综合相互渗透,并在一定的条件下相互转化。

第五章　作为思维方式的哲学

1984年某天,《华盛顿邮报》记者杜德尔发回报社一条令世界震惊的消息:苏联领导人安德罗波夫去世了。美国中情局、驻苏大使馆和国务院都对此持怀疑态度,因为苏联一切正常。处于慎重,这条消息被刊发于28版的不起眼位置。然而,第二天的苏联讣告证实了这一消息。当时,许多人怀疑,杜德尔是用金钱收买了苏联高官,但杜德尔却说出了他的理由:

A.安德罗波夫173天没有露面,最近有关于他身体不佳的传闻。

B.这天晚间的电视节目把原来安排的瑞典流行音乐换成严肃的、类似哀乐的古典音乐。

C.苏联高官一改常态在全国性讲话中,没有按照惯例向安德罗波夫问候。

D.他驱车经过苏军参谋部及国防部时,发现以往只有少量房间有灯光的情况变成了几百间房间灯火通明。

杜德尔把上述现象加以分析,又联系起来综合考虑,终于得出正确结论:安德罗波夫已经去世。

由抽象到具体的辩证思维方法即思维从感性具体上升到理性抽象再上升到思维具体的否定之否定过程。感性具体是思维逻辑行程的起点,指感官能直接感觉和知觉到的具体;抽象规定是感性具体和思维具体的之间环节,指思维经过对感性具体的分析所抽取出来的一个个单一的规定性,它是事物众多本质属性在人的思维中的反映;思维具体是思维逻辑行程的终点,也就是在抽象规定的基础上通过思维在大脑中复制出理性的具体,是关于对象多种抽象规定的有机综合。

《五灯会元》卷十七记载:唐代禅师青原惟信谈到其对禅体验的三个境界时说:"老僧三十年前未参禅时,见山是山,见水是水。及至后来,亲见知识,有个入处。见山不是山,见水不是水。而今得个休歇处,依前见山只是山,见水只是水。"

"见山只是山,见水只是水。"这里的"见"是指观察,是指用感官去感知

生活的哲学 与哲学的生活

事物。"山""水"只是万物的表征。这里的"只是山""只是水",说明了感觉的局限性,即局限在表面一些具象的东西,也可以说是一种片面的东西。因为无论从你的眼、耳、鼻、舌、身,哪一种角度去感知,用什么方式去感知,都没法了解到事物的全部和内在,就像盲人摸象。由此可以看出,无论你怎么去看,都是"看山只是山,看水只是水"。实际上真是山,真是水吗? 有可能只是一个假象而已。

"见山不是山,见水不是水。"这里的"不是"是对前面的"只是"的否定。前面看到的是事物外在的具体的特性,这里看到的是事物内在的、抽象的本质。那么为什么山水不是山水了呢? 这是因为这个阶段的思维已经超越了事物外在的表象,在禅宗中,凡相皆是虚妄,不是一个真实存在的东西。因此,这一阶段是通过对第一阶段所看到的"具体"的东西的怀疑、否定和批判,进入事物的内在层面,把握其"抽象"的"真实"的规定性。

"见山还是山,见水还是水。"这里的"还是"又是对"不是"的否定。但是不是指又回到第一阶段的"只是"上了呢? 当然不是。这个"还是"就是通过对它表面的东西的观察,看到它"只是",再通过"抽象"去推理、去分析,然后形成一种关于对象的独有的理念,看出事物更深刻的一面。但是这还不够,还要在这种基础上再进一步观察,将对象各方面的特征都综合起来,融会贯通,甚至物我合一,达到完整地、准确地把握和观照事物的高度。这时,你就会发现原来"还是"这个东西。

总之,理性思维是人类最独特的财富,也是哲学与科学生命力的重要依凭。正是因为有了理性思维,人类得以从自然母体独立出来;正是因为有了理性思维,人类创造了人化的世界。但理性不是万能。需要理性,呼唤理性、发展理性而不迷信理性,这就是我们应有的态度。

二、在澄明的心灵中感悟——一个豁然开朗的世界

如果说我们要在思维方式上简单谈一下中西文化的区别,那么我们大

第五章 作为思维方式的哲学

抵可以粗略地区分为:西方文化擅长理性思维,而中国文化擅长悟性思维。

什么是悟性思维?先给大家讲两个故事。

古代有个秀才进京赶考,住在一个曾经住过的店里。考试前两天他做了三个梦。第一个梦,是自己在高墙上种白菜;第二个梦,天没下雨,他却又戴斗笠又打伞;第三个梦,是跟心仪的姨妹子赤身裸体背靠背躺在一张床上。秀才觉得这几个梦都很奇怪,第二天赶紧去找算命的解梦。算命的一听,长叹一声,说:"别浪费时间了,你还是回家吧。"秀才不解,追问其故。算命先生道:"你想想,高墙上种菜不是'白费劲'吗?天没下雨你却戴斗笠、打雨伞,这不是'多此一举'吗?跟姨妹子躺在一张床上了,却背靠背,这不是'没戏'吗?"

秀才一听,心灰意冷。回想起前两次落榜,更加觉得算命先生说得有道理。于是他垂头丧气地回到客栈准备退房。掌柜的一看,关切地询问发生了什么事。秀才把三个梦的事说了一遍。没想到掌柜的哈哈大笑,连说好梦。秀才不解。掌柜的说:"高墙上种白菜,这不是'高种(高中)'吗?天没下雨,你却又戴斗笠又打伞,这说明你'有备无患'呀;你和姨妹子赤身裸体躺一张床上了,还背靠背干什么呢?'该翻身了!'"

还有个真实的故事。说的是生在南洋、学在西洋、婚在东洋、仕在北洋的怪杰辜鸿铭老先生。他曾把一夫多妻制当作天下至理。有一加拿大使节夫人,对辜先生为三妻四妾制辩护甚是不满,于一酒会上质问辜老先生,男女都平等,为何中国男人可以三妻四妾呢?不曾想辜先生并不直接回答,却反问这位夫人家里有否茶壶。在得到肯定的回答后,辜老追问:那您家里的茶壶配几个茶杯呢?

辜鸿铭老先生并不直接回答使节夫人的问题,只是举出一个生活中常见的事物,让对方自己去感悟。从这两个故事,我们不难发现:同一件事情,同一种现象,我们却可以从不同的角度感受到完全不同的内容,领悟到完全不同的道理,得到完全不同的启示;对事情的解释没有标准答案,没有一致

生活的哲学与哲学的生活

的方法,也没有严谨的逻辑;所采用的方式更多的是一种经验式的解读,随机的解读,境遇式的解读;解读的结果也不一定具有很强的可靠性,更多地带有个人的色彩,随性的色彩,直觉的色彩。概言之,这种逻辑思维之外的,与个人生存境遇、人生阅历、文化立场、价值观念等密切相关的直觉式、灵感式、顿悟式思维方式,就是悟性思维。

禅宗有个故事:有一位云水僧听人传说无相禅师禅道高妙,想和其辩论禅法,适逢禅师外出,侍者沙弥出来接待,道:"禅师不在,有事我可以代劳。"

云水僧道:"你年纪太小不行。"侍者沙弥道:"年龄虽小,智能不小喔。"

云水僧一听,觉得还不错,便用手指比了个小圈圈,向前一指。侍者摊开双手,画了个大圆圈,云水僧伸出一根指头,侍者伸出五根指头。云水僧再伸出三根手指,侍者用手在眼睛上比了一下。云水僧诚惶诚恐地跪了下来,顶礼三拜,掉头就走。

云水僧心里想:我用手比了个小圈圈,向前一指,是想问他,你胸量有多大,他摊开双手,画了个大圈,说有大海那么大。我又伸出一指问他自身如何,他伸出五指说受持五戒。我再伸出三指问他三界如何,他指指眼睛说三界就在眼里。一个侍者尚且这么高明,不知无相禅师的修行有多深,想想还是走为上策。

后来,无相禅师回来,侍者就报告了上述的经过,道:"报告师父!不知为什么,那位云水僧知道我俗家是卖饼的,他用手比个小圈圈说,你家的饼只这么一点大。我即摊开双手说,有这么大呢!他伸出一指说,一个一文钱吗?我伸出五指说,五文钱才能买一个。他又伸出三指说,三文钱可以吗?我想他太没良心了,便比了眼睛,怪他不识货,不想,他却吓得逃走了!"

显然,这个云水僧与侍者的比画其实是鸡同鸭讲,对牛弹琴:一边是禅道的领悟,一边是俗人的纠缠。但这一故事恰好体现了悟性思维随机、自由、灵活、不确定的特点。

西方思维科学把人类的思维方式分为理性思维与感性思维两类,现代

第五章　作为思维方式的哲学

思维科学又进一步区分为抽象思维(大体上相当于理性思维)、形象思维(大体上相当于感性思维)和悟性思维,并分别指向人类精神世界的三个不同领域——科学、艺术和人文(并非绝对)。与西方文化重视实证分析的逻辑理性思维相比,中国文化更多体现为一种重视经验直觉的悟性思维。理性思维的目的是求知,悟性思维的目标是求道;理性思维回答世界是什么,悟性思维更多地回答世界为什么;理性思维的基础是逻辑规则,而悟性思维的基础是直觉与灵感;理性思维建构的是严谨的科学体系,悟性思维建构的则是关于世界和人生的智慧。因此,悟性是一种不同于理性的哲学思维,它奠基于经验的基础之上,并不严格遵循逻辑规则,其得出的结论具有非逻辑性、跳跃性、偶然性等特征。人们常说的举一反三、闻一知十、触类旁通、恍然大悟等等,就是悟性思维最通俗的概括。悟性思维的要害在一个"悟"字,领悟、体悟、感悟、觉悟、醒悟等,通过身心的体察去心领神会"道"与智慧的奥秘。

可以说,悟性思维在生活中几乎无处不在。

有一个小男孩,一天由于气愤对着山谷喊道:"我恨你,我恨你……"接着山谷传来回音:"我恨你,我恨你……"小男孩很害怕,于是跑回家对母亲说,山谷里有个可恶的小男孩说恨他。母亲没有说什么,将小男孩带回山谷边,并要他对着山谷喊"我爱你,我爱你"。小男孩照着母亲的话做了,这次他惊奇地听见遍谷都有一个可爱的小男孩的回声:"我爱你,我爱你……"小男孩终于领悟到:上帝是公平的。你对这个世界付出什么,就会得到什么样的回报,就像这山谷里的回声一样。

笔者曾有　次在课堂上布置一个讨论题:探讨当代大学生发生在校性行为是否应当。有个女孩子当即站起来对我说:"老师您的这个问题是个伪问题。"我惊问其故。这个女孩子说:"给您打个比方吧。好比我们已经饿了很久很久了,饿得快不行了。突然之间来到大学食堂,看到很多的美味佳肴,你却问我该不该吃,这是不是个伪问题呢?"全班同学哄堂大笑。

生活的哲学 与哲学的生活

不得不指出,这个女生还真是具有一定的悟性,她用一个浅显的比方,形象地表达了对我那个讨论命题的不以为然。面对她似是而非的理解,我并没有简单地否定。我只是借着她打的比方,顺着她的话题,谈了三点意见,让每一个同学自己去领悟,自己去得出结论。我说:"第一,你饿了很久很久了,饿得都快不行了,碰到一款款美味佳肴,肯定会很想吃。但是想吃不等于应当吃。想不想吃只是一个感觉问题,该不该吃则是一个道德问题。而我们今天探讨的是该不该吃的问题。第二,假定你已经成年并能自主决定自己的行为,也就是说你既想吃也该吃,但有几个问题你还必须弄明白:和谁吃?什么时候吃?在哪里吃?用什么样的方式吃?能否胡吃海喝,狼吞虎咽?会不会噎着?等等。所有这些问题你务必考虑清楚。第三,最关键的因素是,你必须考虑:吃完后你有钱买单吗?"

我说完后,教室里响起了更热烈的掌声和笑声。

前面讲过,在西方哲学史上,苏格拉底就是最善于启发人的悟性思维的哲学家。苏格拉底与人辩论,他从不主动把结论告诉对方,而是通过一问一答的方式诱导对方自己得出结论,或是千方百计创设一种情境,让人自己感悟出哲学智慧。

据说某次有位年轻人向苏格拉底请教怎样才能搞好学习。苏格拉底二话不说,拉着年轻人就往海边走。来到大海边,苏格拉底并不停下脚步,而是一直领着年轻人往大海深处走。突然,趁年轻人不注意,苏格拉底猛地把年轻人的头往海水里按。年轻人很生气,使出全身力气挣扎。苏格拉底却笑着说:如果你用刚才的劲头来对待学习,那还有什么东西是学不好的呢?

中国先秦的庄子也是最善于启发人的悟性的智者。《庄子》一书中有大量的寓言故事,每一个故事都是哲理,每一个故事都给人启迪。

庄周家境很贫穷。一天,因家里实在揭不开锅了,便向监河侯借粮。监河侯说:"行,我将要得到封地上的赋税。那时,我借给您300两黄金,好吗?"庄周愤愤地说:"我昨天在路上听见大呼救命的声音,一看,原来东辙

第五章 作为思维方式的哲学

里有一条快要干死的鲋鱼,便问:'你叫什么呀?'鲋鱼答道:'我是东海的大臣,您能给我一升水救救我吗?'我便说,'行。我将到南边去拜方吴越的大王,请他发西江的大水来迎接您,好吗?'鲋鱼气愤地说:'我失去了经常相伴的水,以至落到这样的险境。我只要得到一升水就可活命,可您却说这样不着边际的话,还不如早些到干鱼市场上去找我吧。"

庄子本可以直言不讳地批评监河侯,但他只是通过一个小小的寓言就辛辣地讽刺了监河侯的势利与虚伪。可以说,"涸辙之鲋"的故事,不仅体现了庄子的智慧,也让每一个看到、听到这故事的人可以领悟到不同的人生哲理。

事实上,中国哲学的理论并不故作高深,因为它们几乎都是来自生活的感悟,是先哲对世界、对人生的深邃洞察与独到体悟。

《史记·老子韩非列传》等古籍中曾记载有"孔子问礼于老子"一事。公元前523年的一天,孔子带着弟子南宫敬叔前往周国拜会老子。老子见孔丘千里迢迢而来,非常高兴,与孔子相谈甚欢。在周国待了数日之后,孔丘向老子辞行。老子送孔子到了黄河的岸边。看见河水滔滔,浊浪翻滚,势如万马奔腾,声如虎吼雷鸣。孔丘伫立岸边,不觉叹曰:"逝者如斯夫,不舍昼夜!黄河之水奔腾不息,人之年华流逝不止,河水不知何处去,人生不知何处归?"

闻孔丘此语,老子道:"人生天地之间,乃与天地一体也。天地,自然之物也;人生,亦自然之物;人有幼、少、壮、老之变化,犹如天地有春、夏、秋、冬之交替,有何悲乎?生于自然,死于自然,任其自然,则本性不乱;不任自然,奔忙于仁义之间,则本性羁绊。功名存于心,则焦虑之情生;利欲留于心,则烦恼之情增。"孔丘解释道:"吾乃忧大道不行,仁义不施,战乱不止,国乱不治也,故有人生短暂,不能有功于世、不能有为于民之感叹矣。"

老子道:"天地无人推而自行,日月无人燃而自明,星辰无人列而自序,禽兽无人造而自生,此乃自然为之也,何劳人为乎?人之所以生、所以无、所以荣、所以辱,皆有自然之理、自然之道也。顺自然之理而趋,遵自然之道而行,国则自治,人则自正,何须津津于礼乐而倡仁义哉?津津于礼乐而倡仁义,则违人之本性远矣!犹如人击鼓寻求逃跑之人,击之愈响,则人逃跑得愈远矣!"

稍停片刻,老子手指浩浩黄河,对孔丘说:"汝何不学水之大德欤?"孔丘曰:"水有何德?"老子说:"上善若水:水善利万物而不争,处众人之所恶,此乃谦下之德也;故江海所以能为百谷王者,以其善下之,则能为百谷王。天下莫柔弱于水,而攻坚强者莫之能胜,此乃柔德也;故柔之胜刚,弱之胜强坚。因其无有,故能入于无间,由此可知不言之教、无为之益也。"孔丘闻言,恍然大悟道:"先生此言,使我顿开茅塞也:众人处上,水独处下;众人处易,水独处险;众人处洁,水独处秽。所处尽人之所恶,夫谁与之争乎?此所以为上善也。"老子点头说:"汝可教也!汝可切记:与世无争,则天下无人能与之争,此乃效法水德也。水于道:道无所不在,水无所不利,避高趋下,未尝有所逆,善处地也;空处湛静,深不可测,善为渊也;损而不竭,施不求报,善为仁也;圜必旋,方必折,塞必止,决必流,善守信也;洗涤群秽,平准高下,善治物也;以载则浮,以鉴则清,以攻则坚强莫能敌,善用能也;不舍昼夜,盈科后进,善待时也。故圣者随时而行,贤者应事而变;智者无为而治,达者顺天而生。汝此去后,应去骄气于言表,除志欲于容貌。否则,人未至而声已闻,体未至而风已动,张张扬扬,如虎行于大街,谁敢用你?"孔丘道:"先生之言,出自肺腑而入弟子之心脾,弟子受益匪浅,终生难忘。弟子将遵奉不怠,以谢先生之恩。"说完,告别老子,与南宫敬叔上车,依依不舍地向鲁国驶去。

在上述记载中,可以说,老子与孔子所谈,就像武林高手过招,一招一式,看似平淡无奇,实则莫测高深。而这莫测高深的哲理,本质上又简单至极,因为它们都来自于生活中最常见的事物。只是一般人熟视无睹,而哲人透过表象,悟出了背后隐藏的天地之道而已。面对孔子生出"逝者如斯夫,不舍昼夜"的感慨,老子先是点化以自然之理。一切生成毁灭,看似变幻无

第五章　作为思维方式的哲学

常,实则皆归自然。天地自然之道,乃是至理。人生唯其顺此道,方可幸福;政治唯其顺此道,乃得清明。后又引导其领悟水之大德。水之象,乃人生之象;水之德,乃人生之德。在老子这里,天地万物,不唯是我们的认识的对象,更是我们人生的导师。而呈现这一切的,就是人类的悟性。

中国文化最能体现悟性思维的要数禅宗。禅宗讲究不立文字,直指人心,顿悟成佛。

道一十二岁时到南岳衡山,拜怀让禅师为师,出家当了和尚。

一天,怀让禅师看道一整天呆呆地坐在那里参禅,于是便见机施教,问:"你整天在这里坐禅,图个什么?"道一说:"我想成佛。"

怀让禅师拿起一块砖,在道一附近的石头上磨了起来。

道一被这种噪音吵得不能入静,就问:"师父,您磨砖做什么呀?"

怀让禅师:"我磨砖做镜子啊。"道一:"磨砖怎么能做镜子呢?"

怀让禅师:"磨砖不能做镜子,那么坐禅又怎么能成佛呢?"

道一:"那要怎么样才能成佛呢?"

怀让禅师:"这道理就好比有人驾车,如果车子不走了,你是打车呢,还是打牛?"道一沉默,没有回答。

怀让禅师又说:"你是学坐禅,还是学坐佛?如果学坐禅,禅并不在于坐卧。如果是学坐佛,佛并没有一定的形状。对于变化不定的事物不应该有所取舍,你如果学坐佛,就是扼杀了佛,如果你执着于坐相,就是背道而行。"

道一听了怀让禅师的教诲,悟到了禅的精髓,如饮醍醐,通身舒畅。

还有一则禅宗故事:惠能是禅宗第六代祖师,当五祖弘忍年老,心求传人之时,他告诉寺里上下所有的弟子用偈子写下佛法的精髓。于是五祖门下最优秀的弟子,也是被公认为最有修行的神秀,便提笔在墙面上造偈,偈言:"身是菩提树,心如明镜台,时时勤拂拭,勿使惹尘埃。"

当时惠能仍是大寮里一个不识字的帮工。当他听说了墙上的偈子后,他恳请一位善士代笔为他转写心中的偈子:"菩提本无树,明镜亦非台;本来

129

生活的哲学 与哲学的生活

无一物,何处惹尘埃!"

五祖见到这两道偈子后,便认可惠能为禅宗第六代祖师。那时候的惠能不曾接受过任何教导,但剃发出家后,却成为一位知名的禅师,其教法被编辑成《六祖坛经》。

六祖之所以被弘忍选为衣钵传人,乃是在于其非凡的悟性。在弘忍看来,神秀所造之偈虽也算高明,但要时时去擦拭心镜的污垢,通过不断的修行来抗拒外面的诱惑和种种邪魔,证明他仍然未能顿悟,仍是个未能很好开悟的凡夫的见解。而慧能的偈语是说,世上本来就是空的,看世间万物无不是一个空字,身心皆空的话,就无所谓抗拒外面的诱惑,任何事物从心而过,不留痕迹。这是禅宗的一种很高的境界,领略到这层境界的人,才能算是真正的开悟了。

笔者曾经在有关中国哲学思维的论文中阐述过,悟性思维本质上是直觉思维。所谓直觉,就是因理性的局限在根本上拒斥逻辑分析,可实质上又不离理性思维,根本上超越表象经验,可实质上又依赖于经验,以灵感和顿悟等形式在整体上获得关于事物本质的思维方式。法国哲学家柏格森在其《形而上学》导言中把直觉看成是"一种理智的交融,这种交融使人们自己置身于对象之内,以便与其中独特的、从而是无法表达的东西相符合"。国内有学者把直觉的思维方式概括出"整体性、直接性、非逻辑性、非时间性和自发性"等特点,以与西方的逻辑分析思维相区别。

青年数学家阿普顿刚到爱迪生的研究所工作时,爱迪生想考考他的能力,于是给了他一只实验用的灯泡,叫他计算灯泡的容积。一个小时过去了,爱迪生回来检查,发现阿普顿仍然忙着测量和计算。爱迪生说:"要是我,就往灯泡里灌水,将水倒入量杯,就知道灯泡的容积了。"毫无疑问,身为数学家的阿普顿,他的计算才能及逻辑思维能力是令人钦佩的,然而,他只知道烦琐地计算灯泡容积的事实表明,他恰恰缺少像爱迪生那样的直觉思维智慧。

第五章 作为思维方式的哲学

科学家居里夫人在深入研究铀射线的过程中,凭直觉感到,铀射线是一种原子的特性,除铀外,还会有别的物质也具有这种特性。想到了立刻就做!她马上扔下对铀的研究,决定检查所有已知的化学物质,不久就发现另外一种物质——钍也能自己发出射线,与铀射线相似。居里夫人提议把这种特性叫作放射性,铀和钍这些有这种特性的元素就叫作放射性元素。这种放射性使居里夫人着了迷,她检查全部的已知元素,发现只有铀和钍有放射性。

她又开始测量矿物的放射性,突然她在一种不含铀和钍的矿物中测量到了新的放射性,而且这种放射性比铀和钍的放射性要强得多。凭直觉,她大胆地假定:这些矿物中一定含有一种放射性物质,它是今日还不知道的一种化学元素。有一天,她用一种勉强克制着的激动的声音对布罗妮雅说:"你知道,我不能解释的那种辐射,是由一种未知的化学元素产生的……这种元素一定存在,只要去找出来就行了!我确信它存在!我对一些物理学家谈到过,他们都以为是试验的错误,并且劝我们谨慎。但是我深信我没有弄错。"在这种信念的驱使下,居里夫人终于和她丈夫一起发现了新的放射性元素:钋和镭。居里夫人还以她出色的工作,两次荣获诺贝尔奖。

当然,悟性思维也不是无源之水,它与我们的日常生活经验、与我们平时对问题的思考、与我们长期的知识积累、与我们当下的客观环境等是密切相关的。直觉不是靠偶然的"机遇",直觉与灵感的获得虽然具有偶然性,但绝不是无缘无故的凭空臆想,它是知识、经验、思考、原型、刺激、意境与正确的方法等种种因素叠加并融会贯通的产物。若没有深厚的功底,是不会迸发出思维的火花的。虽然我们可以把悟性的"直觉"理解为"直接的感觉",但真正的直觉绝不是纯粹的感觉,并不是要我们"跟着感觉走"。直觉更需要我们去细心体会、领悟,去倾听它无声的声音、去感悟它无形的大道。我们在日常生活中,或许曾有过这样的经验:有时对一件事进行长时间思索,却总理不出头绪,可是一个令人激动的想法或一个解决问题的思路会忽然

生活的哲学 与哲学的生活

掠过心头,使你豁然开朗,茅塞顿开,真是"忽如一夜春风来,千树万树梨花开"。实际上这种表面上突如其来的大彻大悟,只是经验和理性、知识和智慧积累到一定阶段的自然结果。

据说,由于亚里士多德的许多观点过于深奥,以至于不少学生对之不能理解。有一天发生了这样一段对话:

一个学生鼓足了勇气向亚里士多德提出了自己的看法。"老师,为什么你的许多论点我们都不能领悟呢?"

"我想这是由于你们对我过于崇拜的缘故吧。"亚里士多德笑着说。

"怎么会呢?"学生显得更加疑惑了。

"这样吧,我来给你讲个故事你就明白了。"亚里士多德说。

"从前,有一名樵夫,他对许多事都不能理解。一天,他像往常一样上山砍柴。突然,他看到了一只从未见过的动物从身边经过。于是他就伸手想抓住它。而这只动物名叫领悟,它的本领就是总能率先领悟出别人在想什么。樵夫刚一想抓它,领悟就开口道破了他的心思。樵夫又想装作若无其事的样子,等到有机会时就下手抓住它。但领悟依旧道破了樵夫的心思。樵夫无可奈何,只得放弃了抓它的想法,一门心思地去接着砍柴。过了一会儿,樵夫手中的斧子一不小心脱手掉到了地上。当他俯身去拾斧子时,却意外地发现斧子刚好压在了领悟的身上。于是樵夫毫不费劲地就抓住了领悟。"

故事讲到这里,亚里士多德问他的学生们:"你们说,为什么樵夫想要抓住领悟的时候,却总是不能如愿,而当他不经意时,却能够轻易地抓住领悟呢?"

没有人回答,亚里士多德又接着说:"这就是说,我们常常为了要想悟出真理而过于执著,由这种执著而产生了迷茫和困惑。因此,只要恢复我们的平常之心,顺应自然的发展,真理反而是唾手可得的。"

闻一多有一次给学生上课,他走上讲台,先在黑板上写了一道算术题:

2+5=?学生们疑惑不解。然而闻先生却执意要问:2+5=?同学们于是回答:"等于7嘛!"闻先生说:"不错。在数学领域里2+5=7,这是天经地义的颠扑不破的。但是,在艺术领域里,2+5=10000也是可能的。"他拿出一幅题为《万里驰骋》的图画叫学生们欣赏,只见画面上突出地画了两匹奔马,在这两匹奔马后面,又错落有致、大小不一地画了五匹马,这五匹马后面便是许多影影绰绰的黑点点了。闻先生指着画说:"从整个画面的形象看,只有前后七匹马,然而,凡是看过这幅画的人,都会感到这里有万马奔腾,这难道不是2+5=10000吗?"

在人的认识过程中,除了有理性因素的作用外,还有非理性因素的参与。非理性因素是指人的情感、意志、胆识、兴趣以及以非逻辑形式出现的幻想、想象、直觉、灵感等。在常规环境下,理性因素起着主导作用,非理性因素对认识活动能起到动力、诱导、激发等作用,但特殊情境下,非理性因素能够主宰认识与实践的进程。在艺术活动中,由于人的认识活动中的想象等非理性因素的作用,就使2+5=10000成为可能。

三、在创新的实践中突破——一个柳暗花明的世界

德国19世纪著名的数学家、物理学家卡尔·弗里德里希·高斯小时候计算1加到100的故事,大家都耳熟能详。高斯所使用的方法是:对50对构造成和101的数列求和(1+100,2+99,3+98……),同时得到结果:5050。这一年,高斯才9岁。高斯不到20岁时,在许多学科上就已取得了不小的成就,可谓声名在外。可是对于高斯接二连三的成功,邻居的几个小伙子很不服气,决心要好好为难他一下。

小伙子们聚到一起冥思苦想,终于想出了一道难题。他们用一根细棉线系上一块银币,然后再找来一个非常薄的玻璃瓶,把银币悬空垂放在瓶中,瓶口用瓶塞塞住,棉线的另一头也系在瓶塞上。准备好以后,他们小心翼翼地捧着瓶子,在大街上拦住高斯,用挑衅的口吻说道:"你一天到晚捧着

生活的哲学 与哲学的生活

书本,拿着放大镜东游西逛,一副蛮有学问的样子,你那么有本事,能不碰破瓶子,不去掉瓶塞,把瓶中的棉线弄断吗?"

高斯对他们这种无聊的挑衅很生气,本不想理他们,可当他看了瓶子后,又觉得这道难题还的确有些意思,于是认真地想起解题的办法来。繁华的大街商店林立,人流如川。在小伙子们为能难倒高斯而得意之时,大街上的围观者越来越多。大家兴趣甚浓,都在想着法子,但无济于事,除了摇头自嘲之外,只好把期冀的目光投向高斯。高斯呢,眉头紧皱,一声不吭。小伙子们更得意了,他们为自己高明的难题而叫绝。有人甚至刁难道:"怎么样,你智力有限吧,实在解不出,就把你得到的那么多荣誉证书拿到大街上当众烧掉,以后别再逞能了。"

高斯的确气恼,但他克制住了,不受围观者嘈杂吵嚷的影响而冷静思考。他无意地看了看明媚的阳光,又望了望那个瓶子,忽然高兴地叫道:"有办法了。"说着从口袋里拿出一面放大镜,对着瓶子里的棉线照着,一分钟、两分钟……人们好奇地睁大了眼,随着钱币"铛"的一声掉落瓶底,大家发现棉线被烧断了。

高斯高声说道:"我是把太阳光聚焦,让这个热度很高的焦点穿过瓶子,照射在棉线上,使棉线烧断。太阳光帮了我的忙。"

人们不由发出一阵欢呼声,那几个小伙子也佩服得连连赞叹。

的确,生活中有许多问题用常规办法根本不可能解决。这时,创新也只有创新才能为我们开辟新的道路。江泽民同志曾经说过:创新是一个民族进步的灵魂,是一个国家兴旺发达的不竭动力,也是一个政党永葆生机的源泉。哲学不仅以理性为旗帜,而且以创新为使命。创新是人类特有的认识能力和实践能力,是人类主观能动性的高级表现形式。哲学上讲的创新,是以实践为基础,以怀疑和批判为前提,以新思维、新发明和新描述为特征,对世界乃至人自身进行的革新、改变和创造。创新的本质是突破,即突破旧的思维定势、旧的常规戒律。创新的实践是以创新的意识为先导,以创新的思维为基本工具的。

哥伦布发现新大陆之后,有人认为哥伦布不过是将船一直往西开,碰巧遇到了海洋中的一块陆地,完全是靠运气。但哥伦布却认为发现新大陆并不是任何人都能做到的。在宴席上,哥伦布请人们把鸡蛋竖在桌子上而不倒下来,许多人做了试验,却没有一个人能够立住鸡蛋。最后,哥伦布磕破蛋壳,轻而易举地将鸡蛋立住了,他说:"现在谁都会了。"

的确,创新不是靠空想,更不是靠运气。创新必须以创新思维为载体。所谓创新思维,也叫创造性思维,是指以新颖独创的方法解决问题的思维过程,即通过思维不仅以揭示事物的本质为目标,还能在此基础上提出新的、建树性的设想和意见,还能在创新实践的基础上实现自我发展和自我创新。因此,创新思维与常规思维相比,其特点是思维方向的求异性、思维方法的探索性、思维结构的灵活性、思维进程的飞跃性、思维效果的优化性、思维特征的批判性等。由于思维方式指的是思维主体在实践活动基础上借助于思维形式认识和把握对象本质的某种手段、途径和思路,那么,创新思维的本质就在于改变和突破常规把握本质的思维形式,以超常规甚至反常规的方法、视角去思考问题,提出与众不同的解决方案,从而产生新颖的、独到的思维成果,真正实现创新活动由感性认识到理性思考的飞跃,由"山重水复疑无路"到"柳暗花明又一村"的飞跃。

在爱因斯坦留存的档案文献中,有一份写于1919年的珍贵轶文,它向人们展示了一个崭新的概念——两面神思维。据说古罗马的门神有两副面孔,能向两个相反的方向观察,因此,人们叫它"两面神"。爱因斯坦对"两面神思维"的解释:一方面是,积极地构想出两个、甚至更多个并存的事物或问题,倘能使这些事物或问题并成一个事物或问题,那么就能产生创造;另一方面是,如把同样正确或彼此完全对立的概念、思想和印象统一起来,即能产生创造。正是这些看起来违反逻辑、违反常识、违反自然法则的思想,可能使那些惊人的发明或创造出现。因此,爱因斯坦的轶文中写道:"关于广

生活的哲学 与哲学的生活

义相对论的发现,是我一生中最愉快的思维。"

创新思维最大的阻碍来自于我们的思维定势。什么是思维定势呢?我们先来看一个故事:

林旺是一只小象,它在很小的时候,就被放进了动物园,鼻子被一根链条拴在了木桩上。

有一次,林旺想挣脱铁链到猴山看看猴老弟,没想到用力过猛,铁链把鼻子挣得生疼。"哎呀,这条铁链太牢了!"林旺含泪舔着自己流血的鼻子,心想:"我这头小象是挣不开这条铁链的。"

半年后,林旺又想到大街上去转转,一挣链条,又把鼻子挣得生疼,它又想:"我这头小象是挣不开这条铁链的。"经过两次的失败,林旺再也不敢去挣那条铁链了。

日复一日,年复一年,林旺长成大象了。这时候的林旺完全可以挣脱铁链到外面潇洒走一回了,但是,经过前两次的失败,林旺已经习惯性地认为自己是不可能挣脱这条铁链的。于是,它老老实实地待在动物园内,心甘情愿地受着那条原本可以很轻易就挣断的小铁链的束缚。

所谓思维定势,是一个来自于心理学的概念,指的是由先前的活动而造成的一种对活动的特殊的心理准备状态。由于我们在生活和工作中会不断积累思维活动的经验、教训,形成自己的思维惯性,这种比较稳定的、定型化了的思维路线、方式、程序和模式就叫作思维定势。在解决问题的情境与问题本身的要素基本不变的条件下,思维定势可以帮助我们根据以往的经验、认识与方法有效而迅速地解决大部分问题。但在情境发生变化时,思维定势带来的惯性会阻碍我们采用新的方法、开辟新的路径、创造新的条件、产生新的结果。因此,消极的思维定势是束缚创新思维的枷锁。

1998年,世界巨富比尔·盖茨和巴菲特应邀到华盛顿大学演讲,当学生们问"你们怎么变得比上帝还要富有"时,巴菲特的回答是:"非常简单,原因不在于智商。为什么聪明人会做一些阻碍自己发挥全部功效的事情呢?原

第五章　作为思维方式的哲学

因在于习惯、性格和心态。"比尔·盖茨对此也表示十分赞同。实际上,巴菲特在这里强调的就是思维定势对我们的消极影响。常见的思维定势有习惯型思维定势、直线型思维定势、经验型思维定势、权威型思维定势、书本型思维定势、从众型思维定势与自我中心型思维定势。

习惯型思维定势是最常见的定势之一,是由于日常行为习惯而导致的思维定势。据说一个警察去打猎,他在野兽经常出没的地方隐蔽起来。忽然,一只鹿跑了出来,这位警察立即跳过灌木丛,朝天开一枪,并大喊:"站住,我是警察!"这个笑话就是习惯型思维定势制造出来的。因为警察在长期的办案过程中形成了这样一种习惯,"对象"出现,一定要先亮明身份,并在气势上震慑对方。

有这样一道测试题:说有一位既聋又哑的人,想买几根钉子,来到五金商店,对售货员做了这样一个手势:左手两个指头立在柜台上,右手所致拳头做出敲击状的样子。售货员见状,先给他拿来一把锤子;聋哑人摇摇头,指了指立着的那两根指头。于是售货员就明白了,聋哑人想买的是钉子。聋哑人买好钉子,刚走出商店,接着进来一位盲人。这位盲人想买一把剪刀,请问:盲人将会怎么做?

如果你认为盲人将做出剪刀的手势,那你就上当了。因为前面讲的是聋哑人,他没办法说,所以必须比画比画,售货员才能明白。但后来的是盲人,一点不影响他用语言表达,他只需直接说"买剪刀"即可。所以,习惯型定势的存在说明,思维惯性会在不经意间影响你的行为选择,创新思维必须学会打破惯性的束缚。

直线型思维定势是指人们在思考问题时,对思维对象只在一个平面上作定向的直线式思考的思维过程。这种思维方式局限于一个起点、一个方向、一个角度、一个结论,沿着一条直线去思维,不善于拐弯抹角,不善于从侧面、反面或迂回地去思考问题,俗称"认死理"。

有这样一个著名的试验:把六只蜜蜂和同样多的苍蝇装进一个玻璃瓶

生活的哲学 与哲学的生活

中,然后将瓶子平放,让瓶底朝着窗户。结果发生了什么情况?蜜蜂不停地想在瓶底上找到出口,一直到它们力竭倒毙或饿死;而苍蝇则会在不到两分钟之内,穿过另一端的瓶颈逃逸一空。由于蜜蜂的趋光性,其直线型思维导致它们不停地朝着光亮的一边前进。可惜这种看上去合乎逻辑的行动最终给它们带来失败。那些苍蝇则全然没有对亮光的定势,只是四下乱飞,反而逃出了瓶口。

法国有一位著名的女高音歌唱家名叫玛·迪梅普莱,她有一个出色的私人园林。每到周末都会有不少人来这里摘鲜花、拾蘑菇、捉蜗牛;有的甚至还会搭起帐篷,燃起篝火,在草地上野营野餐,常常弄得园林一片狼藉,肮脏不堪。负责管理园林的管家,根据迪梅普莱的指示,叫人在园林的四周围上篱笆,竖起"私人园林禁止入内"的木牌,但无济于事,园林依然不断遭到践踏。在管家向她请示后,迪梅普莱指示在各个路口竖一些大大的木牌子,上书:"请注意!你如果在林中被毒蛇咬伤,最近的医院离此15公里,驾车半小时可到。"此后,再没有人随便进入她的园林了。这个例子中一开始采用的"禁止入内"的办法就是最典型的直线型思维定势。突破直线型思维定势,要学会以迂为直的迂回思维与转换视角的发散思维。

经验型思维定势是指过去形成的经验影响我们对问题的解决的思维定势。一般而言,先前形成的知识、经验、教训,都会使人们形成认知的固定倾向,从而影响后来的分析、判断,形成"思维定势"。

有一个脑筋急转弯:一位公安局长在路边同一位老人谈话,这时跑过来一位小孩,急促地对公安局长说:"你爸爸和我爸爸吵起来了!"老人问:"这孩子是你什么人?"公安局长说:"是我儿子。"请你回答:这两个吵架的人和公安局长是什么关系?

这一问题,在100名被试者中只有两人答对!后来对一个三口之家问这个问题,父母没答对,孩子却很快答了出来:"局长是个女的,吵架的一个是局长的丈夫,即孩子的爸爸;另一个是局长的爸爸,即孩子的外公。"

第五章 作为思维方式的哲学

为什么那么多成年人对如此简单的问题答不出来,而孩子反而很轻松地就解答了呢?这就是经验定势效应:在成人的经验中,公安局长是男的,所以有了这个定势,上述问题就无解;而小孩子没有这方面的经验,也就没有心理定势的限制,因而一下子就找到了正确答案。

权威型思维定势是因为迷信权威而导致的思维定势。我们每个人的心底都存在着或多或少的权威崇拜,但权威也会犯错误。对权威的过度崇拜甚至迷信,就会导致对问题的解决难以创新。"文革"期间,林彪一伙为了骗取毛主席的信任,大肆鼓吹"毛主席的话一句顶万句",以此来蒙蔽百姓,愚弄人民,就是利用了人民对毛主席的崇拜,强化了他们的思维定势。新中国成立前,英国哲学家罗素有次来中国讲学,一上讲台就提出了一个问题:"2+2=?"结果竟无一人作答,最后罗素说:"2+2=4嘛!"这就是权威型思维定势的效应。人们不相信罗素这样的大哲学家竟然会问出如此简单的问题。

日本艺术家小泽征尔有一次去欧洲参加指挥家大赛,在进行前三名决赛时,评委交给他一张乐谱。演奏中,小泽征尔突然发现乐曲中出现了不和谐的地方,以为是演奏家演奏错了,就指挥乐队停下来重奏一次,结果仍觉得不自然。

这时,在场的权威人士都郑重声明乐谱没有问题,而是他的错觉。面对几百名国际音乐权威,他不免对自己的判断产生了动摇。但是,他考虑再三,坚信自己的判断没错,于是大吼一声:"不,一定是乐谱错了!"他的喊声一落,评委们立即向他报以热烈的掌声,祝贺他大赛夺魁。原来,这是评委们精心设计的"圈套",以试探指挥家们在发现错误而权威人士又不承认的情况下是否能坚信自己的判断。

经典的书本型思维定势大概要算是"纸上谈兵"的典故了。《史记·廉颇蔺相如列传》记载:战国时赵国名将赵奢之子赵括,年轻时学兵法,谈起兵事来父亲也难不倒他。后来他接替廉颇为赵将,在长平之战中,只知道根据兵书办,不知道变通,结果被秦军打败。

有位拳师,熟读拳法,与人谈论拳术滔滔不绝,拳师打人,也确实战无不胜,可他就是打不过自己的老婆。拳师的老婆是一位不知拳法为何物的家庭妇女,但每每打起来,总能将拳师打得抱头鼠窜。有人问拳师:"您的功夫都到哪儿去了?"拳师恨恨地道:"这个死婆娘,每次与我打架,总不按路数进招,害得我的拳法都没有用场!"

拳师精通拳术,战无不胜,可碰到不按套路进攻的老婆时,却一筹莫展。这就是只知按书本、按套路出牌形成的思维定势。

从众型思维定势是从众效应导致的思维定势。从众效应是一种社会心理学效应,指人们经常受到多数人影响,而跟从大众的思想或行为,也被称为"羊群效应"。当个体受到群体的影响(引导或施加的压力),可能会怀疑并改变自己的观点、判断和行为,朝着与群体大多数人一致的方向变化,以和他人保持一致,也就是通常人们所说的"随大溜"。心理学研究表明:人们之所以会发生从众行为,一方面是因为环境对人施加的影响,另一方面更是因为很多人缺乏独立思考的习惯。为什么把从众效应叫作羊群效应呢?因为羊群是一种很散乱的组织,平时在一起是自由散漫的,但一旦有一只头羊动起来,其他的羊也会不假思索地一哄而上,全然不顾前面可能有狼或者不远处有更好的草。因此,"羊群效应"就是比喻人都有一种从众心理,从众心理很容易导致盲从,而盲从往往会陷入骗局或遭到失败。

中国有一个流传很广的故事:说爷爷与孙子两个人去集市卖驴。上路时,爷爷叫孙子骑驴,自己在地上走,结果有人指责孙子不孝,爷孙二人立刻调换了位置,结果又有人指责老头虐待孩子。于是二人都骑上了驴,一位老太太看到后又为驴鸣不平,说他们不顾驴的死活。最后爷孙二人都下了驴,徒步跟驴走,不久又听到有人讥笑:看! 一定是两个傻瓜,不然为什么放着现成的驴不骑呢? 爷爷听罢,叹口气说:"孙子,咱爷孙俩抬着驴走吧。"

自我中心型思维定势指的是在日常思维活动中,人们自觉或不自觉地

第五章 作为思维方式的哲学

按照自己的观念、站在自己的立场、用自己的目光去思考别人乃至整个世界,由此而产生的思维定势。在这种思维定势的束缚下,个人的思考以自己为中心,完全从自己的利益和好恶出发,不顾别人的存在与感受。

既然思维定势会影响我们的创新思维,影响我们对问题的创造性解决,那么我们就要在实践活动中尝试打破思维定势,培育创新思维,寻求解决问题的新思路、新方法、新模式。创新思维的具体形式很多,常见的有逆向思维、发散思维、联想思维、立体思维、超界思维、迂回思维等。

所谓逆向思维法,就是指人们为达到一定目标,对司空见惯的似乎已成定论的事物或观点反过来思考的一种思维方式,可谓"反其道而思之"。逆向思维是为了打破常规思维的局限,于事物的对立面着眼,从习惯的相反处着手,与一般的思考方向相向而行。当大家都朝着一个固定的思维方向思考问题时,而你却独自朝相反的方向思索,这样的思维方式就叫逆向思维。我国古代有"曹冲称象"的故事,曹冲没有按通常思路去考虑如何直接称象,而是反过来考虑大象的等重量物,即一堆石头如何称,这就是一个很好的逆向思维法应用的例子。此外,像司马光砸缸的案例,常规的思维模式是"救人离水",而司马光面对紧急险情,运用了逆向思维,果断地用石头把缸砸破,"让水离人",救了小伙伴的性命。

清朝时期,通山县有个叫谭振兆的人,小时候因为家里比较宽裕,父亲给他定了亲,亲家是同村的乐进士。后来,谭父死了,谭家渐渐败落,经济条件远不如以前,乐进士便想赖婚。

一天,谭振兆卖菜路过岳父家,就进去拜见岳父。乐进士对他说:"我做了两个阄,一个写着'婚'字,另一个写着'罢'字。你拿到'婚'字,就把女儿嫁给你;拿到'罢'字,咱们就退婚,从此谭乐两家既不沾亲也不带故。不过,两个阄你只看一个就行了。"说完就把阄摆出来。

谭振兆心想:这两个阄分明都是"罢"字,我不能上他的当。想到这,他立刻拿了一个阄吞在腹中,指着另一个对乐进士说:"你把那个阄打开看看,如果是'婚'字，我马上就离开这，咱们退婚；若是'罢'字，那就说明我吞下的是'婚'字，这门亲事算定了。"乐进士煞费苦心制造的骗局却被谭振兆识破，没办法只好把女儿嫁给谭振兆。

思路决定出路。能够把人限制住的，只有人自己。谭振兆的智慧，就在于他没有受到固有条件的局限，被别人牵着鼻子走。一般情况下，抓阄的人打开阄来供别人查看，但谭振兆通过逆向思维，反其道而行之，吃掉自己抓的阄，跳出了别人设计的陷阱。

据说一位中国人移民到了美国，因要打官司就对其律师说：我们是不是找个时间约法官出来坐一坐或者给他送点礼？律师一听，大骇，说千万不可，如果你向法官送礼，你的官司必败无疑。那人说怎么可能。律师说：你给法官送礼不正说明你理亏吗？几天后，律师打电话给他的当事人，说：我们的官司打赢了。那人淡淡地说：我早就知道了。律师奇怪地问：怎么可能呢？我刚从法庭里出来。中国人说：因为我给法官送礼了。那位律师差点跳了起来，不可能吧！中国人说：的确送了礼，不过我在邮寄单上写的是对方的名字。

按照一般人的思路，既然美国不允许送礼，那我就不送了。但这位华人移民没有停留在这一点上，而是继续深入思考：既然送礼代表着理亏，那么如果对方送礼给法官的话，这不证明是对方理亏吗？排除对这个案例的道德考量，我们可以看到，新思路导致了新结果。

在生活中，我们有很多时候需要运用逆向思维。例如，如果我们一个集体在上午十点多钟的时候面向太阳照集体照，如何避免部分人因为阳光直射的缘故而出现眨眼的现象呢？按照常规思维，如果集体照的人数很多，这种照出"瞎子"的情况就很难避免。但如果我们转换一下思维的方向，把常规情况下，由我们睁大眼睛等摄影师拍摄的情形，转换为大家先眯着眼睛，等到摄影师喊口令的时候再同时睁开眼睛，不就解决了这个难题吗？

发散思维又叫求异思维，是创新思维最主要的形式。所谓发散思维就

第五章 作为思维方式的哲学

是从一个目标出发,沿着各种不同的方向、途径去思考,多方位、多角度、多层次寻求解决问题的办法,是指大脑在思维过程中呈现一种扩散状态的思维模式。发散思维的思维视野广阔,思维路径呈现出多维发散状。如"一题多解""一事多写""一物多用"等方式。

一位聪明的卖豆人说,这世界上卖豆子的人应该是最快乐的。因为,他们永远不必担心豆子卖不出去。如果豆子卖得动,直接赚钱;如果豆子滞销,分三种办法处理:(1)把豆子腌了,卖豆豉;如果豆豉还是卖不动,加水发酵,改卖酱油。(2)把豆子做成豆腐,卖豆腐;如果豆腐不小心做硬了,改卖豆腐干;如果豆腐不小心做稀了,改卖豆腐花;如果实在太稀了,改卖豆浆;如果豆腐卖不动,不必担心,放几天,改卖臭豆腐;如果还卖不动,让它长毛彻底腐烂后,改卖腐乳。(3)让豆子发芽,卖豆芽;如果豆芽滞销,再让它长大点,改卖豆苗;如果豆苗还卖不动,再让它长大点,干脆当盆栽卖,命名为"豆蔻年华";如果盆栽还卖不出去,建议拿到闹市区进行一次行为艺术创作,题目是"豆蔻年华的枯萎";如果行为艺术没人看,赶紧找块地,把豆苗种下去,灌溉施肥除草,三个月后,收成豆子,再拿去卖。

人的思维空间是无限的,像曲别针一样,至少有亿万种可能的变化。发散思维就是要打开我们的思维宝库,激发我们的创新潜能,于走投无路处发现别有洞天。

联想思维法是指在人脑内记忆表象系统中由于某种诱因使不同表象发生联系的一种思维活动,是在不同事物之间产生联系的一种没有固定思维方向的自由思维活动。联想思维的类型包括接近联想、相似联想、对比联想、因果联想、类比联想等。唐代诗人张若虚写有《春江花月夜》一诗,诗歌中时空接近的联想的佳句很多,如:"春江潮水连海平,海上明月共潮生。滟滟随波千万里,何处春江无月明。"春江、潮水、大海与明月诸般美景围绕"春江花月夜"的主题紧密联系在了一起,这就是接近联想。人们常用"春蚕到死丝方尽,蜡炬成灰泪始干"来形容老师,这又是相似联想思维的运用。描

生活的哲学 与哲学的生活

写岳飞和秦桧的诗"青山有幸埋忠骨,白铁无辜铸佞臣",则是对比联想产生的佳句。牛顿被苹果砸中脑袋,联想到苹果为什么不往天上飞,并循此而发现万有引力,真是因果联想的天才。一百多年前,奥地利的医生奥恩布鲁格,想解决怎样检查出人的胸腔积水这个问题,他想来想去,突然想到了自己父亲,他的父亲是酒商,在经营酒业时,只要用手敲一敲酒桶,凭叩击声,就能知道桶内有多少酒,奥恩布鲁格想:人的胸腔和酒桶相似,如果用手敲一敲胸腔,凭声音,不也能诊断出胸腔中积水的病情吗?"叩诊"的方法的发明无疑是类比联想的结果。

一位心理学家给学生出了这样一道考题:在一块土地上种植四棵树,使得每两棵树之间的距离都相等。考生在纸上画了一个又一个的几何图形:正方形、菱形、梯形、平行四边形,然而,无论什么样的图形都行不通。这时,心理学家公布了答案,其中一棵树可以种在山顶上!这样,只要其余三棵树与之构成等边三角锥体的话,就能符合题意要求了。考生找不到答案,原因在于他们的思维局限在一个平面内,没有空间意识。立体思维的意义,就在于引领我们跳出平面的限制,让思绪向无限的空间延伸。

所谓立体思维,也称"多元思维""方位思维""整体思维""空间思维"或"多维型思维",是指跳出点、线、面的限制,能从上下左右各个角度去思考问题的思维方式。譬如,如果我们要用六根火柴摆出四个三角形,就要摆成三角锥体。

立体思维在生活中的运用十分广泛。譬如,我们在屋顶花园增加绿化面积,减少占地、改善环境、净化空气;在高大乔木下种灌木,灌木下种草,草下种食用菌;利用网箱养鱼,充分利用水面、水体等等。在交通领域,立体思维的运用更加广泛。大家都知道,美国人被称为汽车上的民族。现在,越来越多的现代化大都市都成为了汽车城,城市交通越来越挤,越来越堵。怎么办?破解城市交通拥堵难题的基本思路就是立体思维的运用,因为我们必须突破平面的限制,发展立体交通。立交桥、地下铁路、地下隧道、双层公共

第五章 作为思维方式的哲学

汽车、地下停车场、立体车库等等。可以说,立体思维大大拓展了人类的生存空间。

超界思维是指我们在思维过程中能超越各种条条框框的限制,打破思维原有的界限。心理学上有个经典的测试题:在一个由九点均匀组成的正方形图案上,能否用一笔连续画出的四条线段把九点连为一体。可能很多人都无法完成。解决问题的关键在于突破九点所构成的无形框框,它把我们的思维局限在九点组成的框框里。只有运用超界思维,把线画到九点以外,才可能完成连线。明代绍兴才子徐文长自幼聪慧,才智超凡。有一天,他和六位文人一起喝酒,这六个人事先商量好要捉弄他。在他们的安排下,一共摆上六个菜,并按年龄大小行酒令。每个酒令要说出一个典故,如果和桌子上的菜肴有关,就可以拿这盘菜去吃;如果说不出,就没有菜可吃。约法三章已过,第一个人说:"姜太公钓鱼。"说罢,把那盘鱼抢到自己面前。第二个人说:"时迁偷鸡。"说完就把鸡肉端到自己面前。第三个人说:"张飞卖肉。"然后拿了那碗猪肉。第四个人说:"苏武牧羊。"也不客气地把羊肉端去了。第五个人说:"朱元璋杀牛。"话音一落,就去端牛肉了。眼看桌子上只剩下一盘青菜,第六个人只好说:"刘备种菜。"把青菜也拿走了。然后令官就说:"酒令行过,大家不要客气,各吃各的吧。"这时徐文长不慌不忙地说:"且慢!我还没有说呢。"接着两袖一拂做出手势,大声说道:"秦始皇并吞六国。"一下子把六盘菜都搬了过去。其他六位文人先怔了一下,接着都连声称道:"佩服!佩服!"

所谓迂回思维,是指思维的发展过程不是笔直的直线式前进,不是总在思考如何正面、直接地克服障碍、解决问题,而是让思维过程适应某些问题及问题的某些发展阶段的实际情况与需要,在一定时间内暂时离开直线轨道,转入一个曲折蜿蜒、绕道前行的发展阶段的思维习惯。

战国时期,楚庄王十分爱马,特别是他最心爱的那几匹马,住在豪华的厅堂里,身上披着美丽的锦缎,晚上睡在非常考究的床上,它们吃的是富有营养的枣肉,伺候那些马的人数竟是马的三倍。由于这些马养尊处优,又不出去运动,因此其中有一匹马因为长得太肥而死去了。这一下可真让庄王伤心极了。他要为这匹马举行隆重的葬礼。一是命令全体大臣向死马致哀;二是用高级的棺椁以安葬大夫的标准来葬马。大臣们实在难以接受楚庄王这些过分的决定,他们纷纷劝阻庄王不要这么做。可是楚庄王完全听不进去,还生气地传下命令:"谁要是再敢来劝阻我葬马,一律斩首不饶!"

优孟是个很有智慧的人,听说这件事后,他径直闯进宫去,见到楚庄王便大哭起来。楚庄王吃惊地问他:"你为什么哭得这么伤心呀?"

优孟回答说:"大王心爱的马死了,实在让人伤心,要知道那可是大王所钟爱的马呀,怎么能只用大夫的葬礼来办理马的丧事呢?这实在太轻视了。应该用国君的葬礼才对啊。"

楚庄王问道:"那你认为应怎样安排呢?"

优孟回答说:"依我看,应该用美玉做马的棺材,再调动大批军队,发动全城百姓,为马建造高贵华丽的坟墓。到出丧那天,要让齐国、赵国的使节在前面开路;让韩国、魏国的使节护送灵柩。然后,还要追封死去的马为万户侯,为它建造祠庙,让马的灵魂长年接受封地百姓的供奉。这样,天下所有的人才会知道,原来大王是真正爱马胜过一切的。"

楚庄王顿时明白过来,非常惭愧地说:"我是这样地重马轻人吗?我的过错可真的是不小呀!你看我该怎么办才好呢?"优孟心中高兴了,趁着楚庄王省悟过来的机会,他俏皮地回答说:"太好办了。我建议,以炉灶为停,大铜锅为棺,放进花椒佐料、生姜桂皮,把火烧得旺旺的,让马肉煮得香喷喷的,然后全部填进大家的肚子里就是了。"

一席话说得楚庄王也哈哈大笑起来。

试想,如果优孟也像其他大臣一样去进谏,那等待他的就是人头落地。但优孟以迂为直,变着法儿、绕着弯儿去把道理讲给楚庄王听,收到了神奇的效果。

第五章 作为思维方式的哲学

所以,迂回不是退缩,而是进取,学会在需要时以迂为直,反而能更快地抵达终点;迂回不是懦弱,而是自信,相信在关键处以退为进,反而能奇迹般达成目标;迂回不是徘徊,而是突破,尝试用新思路曲线救国,反而拓展了无限的可能;迂回不是无知,而是智慧,坚持在迷茫中固守原则,反而赢得了生命的价值。道路不怕迂回,就怕阻塞;人生不怕曲折,就怕迷失!

总之,思路决定出路。在我们智商没有显著差异的情况下,决定人们成就高低与生活质量的,是我们的思维方式。只要我们的生活没有停步,创新思维就没有止境。穷则变,变则通。人类在生活和工作中,不断地遇到新的问题,又不断地分析、思考和解决新的问题。所以,创新思维的培育是与人类实践活动紧密联系在一起的。

当然,创新思维不是上帝的赏赐,从来就不会天然地降临。那么,我们应如何培育创新思维呢?正如哲学起源于惊讶,人类在实践中对未知的事物产生好奇、惊异,这便有了创新意识的萌芽。因此,创新思维的培育首先要激发人们的好奇心理,好奇心会驱使人类去探索未知世界,这是唤起创新意识的起点和前提。但单是好奇还不能产生创新思维,对创新思维来说,兴趣才是最好的老师。我们要在好奇的基础上培育探索未知世界的兴趣,在兴趣的驱动下自觉地、主动地、积极地去观察、去思考、去探究、去解决。这样,持久的兴趣会成为我们创新思维成长最好的营养。在此基础上,我们还要学会质疑和批判。我国古代思想家早就提出"前辈谓学贵为疑,小疑则小进,大疑则大进""学从疑生,疑解则学成"等观点。的确,一切创新都是从对常规、对经验、对习惯的质疑开始的,通过质疑而探索新思路,通过质疑而取得新突破。可以说,质疑是开启创新思维的闸门。

同时,我们还需要理性地看待创新思维:第一,创新思维与常规思维相互补充。创新意味着改变,所谓推陈出新、气象万新、焕然一新,无不是诉说着一个"变"字。但这种求新求变,并不否定常规思维的意义,也不是以否定常规思维的存在价值为前提的。创新思维与常规思维其实是相互补充的,

生活的哲学 与哲学的生活

常规思维为我们解决日常问题提供了最实用、最高效的工具;但常规有时会阻碍我们创新。创新思维则利于我们在常规中开辟新的道路,寻求新的突破;但创新必须以常规为基础和前提。

第二,创新意味着付出,意味着更多的努力和牺牲。因为经验和惯性的力量是强大的,人类的"成见"从来就不会主动地在创新面前让步。有时不但不会让步,甚至会把创新的东西扼杀在摇篮之中,或是直接送上法庭审判。牛津大辩论就是最经典的案例。

1860年6月30日发生的"牛津大辩论",是人类科学史上的一件大事。人是上帝创造的,地球上一切生物都是上帝按照一定的目的创造出来的。猫被创造出来是为吃老鼠,老鼠被创造出来是为了给猫吃。这就是西欧古代的"目的论",一直被人们认为是真理。历史进展到1859年,伟大的科学家达尔文的《物种起源》问世了。他提出了生物进化论,并由此推断人是由类人猿进化来的。它好比一枚巨型炸弹,立即引起轩然大波。

反动统治阶级及其教会组织攻击进化论是对上帝的叛逆,有失人类尊严。攻击达尔文的文章连篇累牍,威胁恐吓的信件不断向达尔文飞来,连达尔文的老师也感到"极度忧伤",表示遗憾。当然,也受到另一些人的热烈支持和拥护。进步学者赫胥黎写信给达尔文说:"至于你的理论,我准备接受火刑——如果是必须的——也要支持。"一场大辩论是不可避免的了。

辩论一开始,牛津大主教威柏弗斯抢先跳上讲坛。他把达尔文的进化论攻击一通之后,接着以谩骂的口吻说:"坐在我对面的赫胥黎先生,你是相信猴子为人类祖先的……那么请问你,你自己是由你的祖父还是从你的祖母的猴群中变来的?"一批教会的善男信女和一些"神创造"的学者权威,为之喝彩助威,大叫大嚷。

赫胥黎听完后,从容地走上讲台,他以雄辩的事实驳斥了大主教的歪曲和污蔑,揭露他对进化论和人类起源问题的无知。最后,他回答大主教的挑衅说:"人类没有理由因为他祖先是类似猴子那样的动物而感到羞耻。我感

第五章 作为思维方式的哲学

到羞耻的倒是这样一种人,他惯于信口开河,他不但满足于自己事业中的那些令人怀疑的成就,而且还要干涉他一无所知的科学问题……这无非是想用花言巧语去掩盖科学真理,然而这是永远办不到的!"话音刚落,青年学生和进步人士报以热烈的掌声和欢呼声。大主教气得面红耳赤。

后来,进步学者们又用事实证明主教对《物种起源》一窍不通,连起码的植物学知识也没有。大主教再也没有答辩的勇气,偷偷溜出会场。打这以后,进化论迅速传遍了欧美各国。

第三,创新意味着风险和长期的坚持。创新思维虽然打破常规,为我们解决问题打开了另一扇窗户,但正因为这扇窗户是未曾打开过的,窗户外边的东西对我们来说依然充满风险。真正的创新是用一次又一次的失败铺垫出来的。就像爱迪生发明做灯丝的材料,他曾试验过一千多种灯丝,每次都失败。但他都不气馁,当有人嘲笑时,他却自豪地说:"我已经成功地找到一千多种不适合做灯丝的材料。"

马克思主义哲学既肯定理性因素在认识活动中的主导作用,强调非理性因素要受理性因素的制约,同时也承认非理性因素的重要作用。科学需要创新才能发展,科学创新是理性因素和非理性因素综合作用的结果。进行科学创新既要有严密的逻辑思维能力,对实际问题进行严格的理性分析和逻辑论证;还要具有科学的自信心和科学的怀疑精神,具有坚韧不拔的意志力,敢于想象,勇于探索,打破陈规,突破前人的成果及思维模式。

第六章　作为人生境界的哲学

哲学智慧是一种人生境界。它通过开启人的"悟性",在一种"春风化雨,润物无声"的无形习染中,提升人生境界,锻造理想人格,使我们自觉地迈向高远超迈的精神"自由王国"。哲学的功能在于"启悟",通过提供对世界和人生的多维视点、思路和角度,培养我们对历史和现实,对自然、社会和人生的科学洞察与正确取向。哲学的终极关怀是形而上的,它要超越当下展望未来,超越现实渴求理想,超越有限的生命视界追求永恒的精神存在,超越经验的自足建构信念的体系,表达一种悠远深邃的价值形而上学眼光和本体论情怀。哲学的这种理想性指向,既能使我们以乐观坚定的态度、永不言败的精神风貌积极进取,奋发向上,又能使我们以超越的眼光、豁达无执的胸襟摆脱功名利禄等一切外在压制的束缚,在人的精神领地塑造自由驰骋的独立人格,实现由"必然王国"向"自由王国"的飞跃。

一、追问意义——人活着的理由

生活中谁也免不了烦恼。然而每个人面对的最大的烦恼可能是:我为什么要活着?

安提丰是生活在公元前5世纪的一位古希腊智者的代表人物,他是柏拉图的同母兄弟。一天,一个满脸愁苦的病人问安提丰:"活着到底有什么意义?"安提丰说:"我至今也没有弄清楚,所以我要活下去。"安提丰的回答让对方禁不住笑了起来。

也曾有人问古希腊哲学家泰勒斯:"你认为人活在这个世界上,什么事情是最困难的?"泰勒斯回答说:"认识你自己。"为什么认识自己是最困难的事情呢?这或许是因为我们每个人都看不懂自己:我们为什么活着,该怎样活着?

是啊,生活中,我们许多人来来往往,行色匆匆,忙于生活、忙于工作、忙于学习,以至于都没来得及好好想一想:我为什么要活着?活着的意义究竟何在?有的人则皓首穷经,冥思苦想,一辈子也未见得就能参透玄机。

很小的时候,我们就会思考:我们是从哪里来的,死了以后又会到哪里去?佛教的回答最简单,却也最深邃:我们从来处来,到去处去。但许多人或许会更加迷惘:来处是何处?去处又是哪里?法国哲学家萨特说:"人生就像是被抛上了一列飞速运转的列车,对于它来自何处,还是驶向何方,人们一无所知。人唯一所能做的,就是在存在中自由选择,并独立地对自身及整个世界担负起责任。"

好一个"担负起责任"。问题是:我们有什么责任?又该如何担负起自己的责任?

当我们的父母把我们带到这个世界的时候,他们也没有来得及征求一下我们的意见,或者他们根本就不愿意征求我们的意见,当然他们的确没办法征求还没有出生的我们的意见:你愿意来到这个世界吗?所以,我们每个人的到来是别人(我们的父母)帮我们决定的,不是我们自己的主张。同样,对绝大部分正常人来说(除开那些自己决定结束生命的人),我们的离去也不是我们自己能够决定的,阎王叫你三更死,不会留人到五更。

既然我们的生和我们的死都注定不能由我们自己做主,那么,生与死之间的这一段历程(人生),总该我们自己做主了吧!我们总该弄明白:我们为什么要活着了吧!

然而,有一个叫作命运的东西却不这么看。它悄悄地入驻在许多人的心里,让他们对它顶礼膜拜。古希腊的许多神话和戏剧都揭示了人类命运的悲剧色彩。就像普罗米修斯帮人类从阿波罗的太阳车里偷取了火,却不得不被宙斯将他锁在高加索山的悬崖上,每天派一只鹰去吃他的肝一样。直到大力士赫拉克勒斯用箭射死恶鹰,用石头砸碎铁链,才将他解救出来。拥有超人智慧的普罗米修斯能够帮助人类盗取火种,却不能避免被老鹰啄食心肝的痛苦命运,正折射出隐藏在许多人心灵深处的命运情结。他们虔诚地相信:有那么一双看不见的命运之手在操弄着我们的人生。

当然,有更多的人并不相信命运。他们坚信:人类的命运是掌握在自己手中的。法国思想家罗曼·罗兰就认为,宿命论不过是意志薄弱者的借口,其实质是逃避,逃避社会、逃避自己、逃避问题,也逃避责任。罗曼·罗兰自己的一生就是与命运抗争的一生,他为争取人类自由、民主与光明进行了不屈的斗争。所以,在罗曼·罗兰看来,人生之路有许多条,在人生之路上,人就像做实验一样,不论成功还是失败,都是一次又一次自我创造的过程。

没错,人生之路有许多条,每条道路上又有无数的选择。所以,每时每刻我们都在选择。但只要我们选择了其中的一条,就再也没有机会回到过去尝试其他的道路,因为人生不可能再来一次。也许有人会觉得,我们在这么多道路中只是选择走一条路,浪费了那么多的可能性,真是很可惜。可是,我们要意识到:正是因为人生之路有无数条,正是因为我们需要时时刻刻做出选择,我们的人生才能自己做主,我们的人生才能丰富多彩,我们的人生才充满无穷的意义。如果人生没有很多的可能性,命运只给我们安排一条道路,那我们将变成命运的奴仆,一生都得战战兢兢地等待命运的安排。

所以,对每一个人来说都要永远记住,在人生道路上做决定的是你自己;你做出了什么样的选择和决定,你就承担什么样的后果和责任。正如萨特在《存在与虚无》中提到的,"存在先于本质"。人是先在这个世界上存在着,首先存在、露面、出场,然后才给自己下定义,才创造他自身,才有了自己

第六章 作为人生境界的哲学

的本质。人并非被某种先天本质所支配的存在,没有任何外在的神或上帝给我们规定人生的意义。我们的本质、我们的意义是自己规定的;人在选择自己的行动时是绝对自由的。与此同时,人在这种自由的选择中,也创造着自己的命运,决定着自己的本质。因此,我们自由选择的过程,也是我们生命意义生成的过程,是我们形成自身本质的过程。这一过程完全掌握在我们自己的手中。

有这么一个故事:某人从事过许多工作,但最终都以失败告终。有一次,在一座寺庙里,这人和一位老和尚聊起了命运。他问:"这个世界到底有没有命运?"老和尚答:"当然有啊。"这人又问:"命运究竟是怎么回事?既然命中注定,那奋斗又有什么用?"

老和尚笑而不答,只是抓起他的左手,然后给他讲了一些生命线、爱情线、事业线等诸如此类算命的话。突然,老和尚让他举起左手并攥成拳头。当这人把拳头攥紧了之后,老和尚问他:"那些命运线现在在哪里?"他机械地回答:"在我手中啊!"

当这位老和尚再次追问这个问题时,这个人如当头棒喝,恍然大悟,命运其实就在自己手里。

是的,如果有命运,那么命运就掌握在我们自己的手中,既然上天注定我们不能掌握自己的生与死,那么我们所能做的最有意义的事情,其实就是好好把握生死之间我们自己的人生。

《俄狄浦斯王》是古希腊悲剧的典范作品。它取材于希腊神话传说,展示了富有典型意义的希腊悲剧——人跟命运的冲突。剧作家无法摆脱当时浓重的命运观念,使俄狄浦斯逃脱不了体现命运的太阳神"神示"的罗网。俄狄浦斯在"命运"的捉弄下杀父娶母,体现了命运的强悍。但俄狄浦斯智慧超群,热爱邦国,大公无私。在命运面前,他不是俯首帖耳或苦苦哀求,而是奋起抗争,设法逃离"神示"的预言。继而,他猜破斯芬克斯的谜语,为民除害。最后,为了解救人民的瘟疫灾难,他不顾一切地追查杀害前王的凶

生活的哲学 与哲学的生活

手,真相大白后,又勇于承担责任,主动刺瞎自己的双眼。尽管整个故事的结局是悲惨的,但作者对主人公在跟命运斗争中所表现出来的坚强意志和英雄行为的赞扬,表明了古希腊人命运反抗意识的初步觉醒。

意大利政治哲学家马基雅维利认为,命运是偏袒强者的力量,就像那些毁灭性的河流一样,当它怒吼的时候,一切都将被摧毁。所以,当我们没有做好准备抵抗命运的时候,命运就显出了它的威力。它知道哪里还没有修筑水坝、堤坝来控制它,它就在哪里作威作福。马基雅维利的命运观,有点像我们今天对待弹簧:你强它就弱,你弱它就强。因此,马基雅维利指出,只要人们坚持自己的信念,披荆斩棘、百折不挠地与命运抗争,最终将获得成功。马基雅维利将命运之神比喻成一个女子,他告诉我们,只要我们扼住命运的咽喉,命运女神就会低头。

有这么一个寓言故事:一个农民的驴子掉进了枯井里。那可怜的驴子在井里凄惨地叫了好几个钟头,农民在井口急得团团转,就是没办法把它救起来。最后,他断然认定:驴子已经老了,这口枯井也该填起来了,不值得花这么大的精力去救驴子。

农民把所有的邻居都请来帮他填井。大家抓起铁锹,开始往井里填土。

驴子很快就意识到发生了什么事,起初,它只是在井里恐慌地大声哭叫。不一会儿,令大家都很不解的是,它居然安静下来。几锹土过后,农民终于忍不住朝井下看,眼前的情景让他惊呆了。

每一铲砸到驴子背上的土,它都作了出人意料的处理:迅速地抖落下来,然后狠狠地用脚踩紧。就这样,没过多久,驴子竟把自己升到了井口。它纵身跳了出来,快步跑开了。在场的每一个人都惊诧不已。

其实,命运也是如此。各种各样的困难和挫折,会如尘土一般落到我们的头上,要想从这命运的枯井里脱身逃出来,走向人生的成功与辉煌,办法只有一个,那就是:将它们统统都抖落在地,重重地踩在脚下。因为,生活中每一次失败不过是命运对你的考验,你可以选择被尘土掩埋,也可以选择把

第六章 作为人生境界的哲学

所有的尘土都踩在脚下成为垫脚石。

如果我们选择被尘土掩埋,那么我们将成为被命运牵着线的木偶,是被命运主宰的傀儡,我们的生活将完全被命运所操弄,生活的唯一意义不过是等待命运的摆布而已。因此,人类只有主动掌握自己的命运,才能赋予生活以真正的意义。"爱你的命运"吧,记住尼采当年说的这句至理名言。爱自己的命运,这才是对生活最真诚的拥抱。

1832年的美国,有一个人和大家一道失业了。他很伤心,但他下决心改行从政。他参加州议员竞选,结果竞选失败了。他着手开办自己的企业,可是,不到一年,这家企业倒闭了。此后几年里,他不得不为偿还债务而到处奔波。

他再次参加竞选州议员,这一次他当选了,他内心升起一丝希望,认定生活有了转机。第二年,即1851年,他与一位美丽的姑娘订婚。没料到,离结婚日期还有几个月的时候,未婚妻不幸去世,他心灰意冷,数月卧床不起。

1852年,他决定竞选美国国会议员,结果仍然名落孙山。但他没有放弃,而是问自己:"失败了怎么办?"

1856年,他再度竞选国会议员,他认为自己争取作为国会议员的表现是出色的,相信选民会选举他,但还是落选了。

为了挣回竞选中花销的一大笔钱,他向州政府申请担任本州的土地官员。州政府退回了他的申请报告,上面的批文是:"本州的土地官员要求具有卓越的才能,超常的智慧。"

接二连三的失败并未使他气馁。过了两年,他再次竞选美国参议员,仍然遭到失败。

在他一生经历的十一次重大事件中,只成功了两次,其他都是以失败告终,可他始终没有屈服于命运,没有停下追求的脚步。1860年,他终于当选为美国总统。他就是至今仍让美国人深深怀念的亚伯拉罕·林肯。

在林肯的身上,我们不难悟出一个基本的人生哲理:只有不向命运屈服的人,才会真正懂得为什么要活着;只有不向命运屈服的人,才能追寻到生命的价值与意义。

可以肯定,我们来到这个世间的时候,并没有被赋予什么先天的意义。但是,我为什么要活着?我活着有什么意义和价值?对这些问题的永恒思考和探究,这是我们人类得以区别于万物的一个根本标志,是人之所以为人的核心表征。

人是这个世界上唯一会思考的生物,唯一不满足于现实并寻求超越的生物,也是唯一会寻求意义与价值的生物。这既成就了人类的伟大,也书写了人类的悲壮。可以说,追问意义,不仅体现了人性的壮美,也成为了我们活下去的最大理由。《孝经》讲"天地之性人为贵";《礼记·礼运》则谓"人者,天地之心也";《尚书·泰誓》有"惟人,万物之灵"的说法。荀子则进一步区分了人与万物,他说:"水火有气而无生,草木有生而无知,禽兽有知而无义。人有气有生有知亦且有义,故最为天下贵也。"(《荀子·王制》)人之为万物之灵,在于人类可以为自身和整个世界赋予意义。

在欧洲文艺复兴时期,人文主义学者托麦达在《驴的论辩》中设想人与驴争论谁更优越的问题。人说人能建造辉煌的宫殿,因此人比动物更聪明、更高贵;驴则说鸟巢和蜂窝也是浑然天成的,以此来说明动物也有建筑本领。人说人以动物为食,因而更优越;驴则指出寄生虫以人体为养料,狮子和鹰也食人肉。但人最后找出证据把驴说服了,这证据就是:天主肉身化的形象是人,而不是其他动物。

在人与驴的论辩中,人虽然最终战胜了驴,但人采用的是一种并不能令人信服的方式。换言之,把上帝当作最后的挡箭牌,其实并不能叫驴心服口服。实际上,人与万物的分别,不在于人类独有什么高贵的来源,而在于人类能够在感性的客观世界之外为自己建构一个丰满的意义世界,并以此让自己的生命之花开得无比绚丽。

孔子曾经有感而发:"不曰'如之何'、'如之何'者,吾未如之何也已矣!"意思是,孔子说:"从来不想想'怎么办,怎么办'的人,我对他也不知道怎么办了。""如之何,如之何",这是一种强烈的问题意识,是孔子启发我们要思考日常行为与日常生活背后的东西,寻找行为的依据,生命的意义。生命的意义不明,我们可以跳楼,可以跳海,也可以像猪一样地活着,像狗一样地摇尾,或是像森林里的动物一样弱肉强食。所以,不断地寻求意义,这乃是生命最大的意义。

《世界上最经典的哲学故事》里记载了著名作家毕淑敏在某大学的一个演讲及其与学生的对话。有一张纸条上的问题是:"人生有什么意义?请你务必说实话,因为我们已经听过太多言不由衷的假话了。"她当众把这个问题念出来了,念完以后台下响起了掌声。

毕淑敏说:"你们今天提出这个问题很好,我会讲真话。我在西藏阿里的雪山之上,面对着浩瀚的苍穹和壁立的冰川,如同一个茹毛饮血的原始人,反复地思索过这个问题。我相信,一个人在他年轻的时候,是会无数次地叩问自己——我的一生,到底要追索怎样的意义?我想了无数个晚上和白天,终于得到了一个答案。今天,在这里,我将非常负责地对你们说,我思索的结果是,人生是没有任何意义的!"

这句话说完,全场出现了短暂的寂静。但是,紧接着就响起了暴风雨般的掌声。这可能是毕淑敏在演讲中获得的最热烈的掌声。在以前,她从来不相信有什么"暴风雨般的掌声"这种话,觉得那只是一个拙劣的比喻。但这一次,她相信了。她用手做了一个"暂停"的手势,但掌声还是绵延了很长时间。

毕淑敏接着又说:"大家先不要忙着给我鼓掌,我的话还没有说完。我说人生是没有意义的,这不错,但是,我们每一个人要为自己确立一个意义!是的,关于人生意义的讨论,充斥在我们的周围。很多说法,由于熟悉和重复,已让我们从熟视无睹滑到了厌烦,可是这不是问题的真谛。真谛是,别人强加给你的意义,无论它多么正确,如果它不曾进入你的心理结构,它就永远是身外之物。比如,我们从小就被家长灌输过人生意义的答案。在此后漫长的岁月里,老师和各种类型的教育,也都不断地向我们批发人生意义的补充版。但是有多少人把这种外在的框架,当成了自己内在的标杆,并为之下定了奋斗终生的决心?"

是的,人生本来并没有什么先天注定的意义,但我们要努力让它充满意义。有了这个意义,我们才会有安身立命的基础,我们才会有奋斗前行的动力,我们才会有活下去的勇气。

法国哲学家帕斯卡尔说:"人只不过是一根苇草,是自然界最脆弱的东西;但他是一根能思想的苇草。用不着整个宇宙都拿起武器来才能毁灭一口气、一滴水就足以致他死命了。然而,纵使宇宙毁灭了他,人却仍然要比致他于死命的东西更高贵得多;因为他知道自己要死亡,以及宇宙对他所具有的优势,而宇宙对此却是一无所知。"人作为自然之子,他的生命是如此的脆弱,他没有熊的力量,没有豹的速度,没有鹰的眼睛,也没有狼的耳朵。人就像苇草一样脆弱。但人有思想,人会反思,人能在灵魂中建构生命的意义。人一旦有了思想,生命一旦有了意义,就能逢山开路,遇水架桥,没有什么困难能够阻挡。帕斯卡尔说得好:"我们对于人的灵魂具有一种如此伟大的观念,以致我们不能忍受它受人蔑视,或不受别的灵魂尊敬;而人的全部的幸福就在于这种尊敬。"

二、真、善、美——人生的永恒追求

真、善、美是人类的永恒追求。真即真实、真相、真诚、真理等等,与假相对立,是指现实存在的客观事实以及认识和对待客观事实的态度。真代表合规律性,反映人同世界的认识关系——人类求真的愿望,表征着人类摆脱蒙昧、认识世界、了解世界、融入世界的理性自觉。善即善良、善心、善行等等,与恶相对立,是指人的行为及其表现出的品德符合人性并有益于他人和社会的性质。善代表合目的性,反映人同世界的价值关系——人类求善的

第六章　作为人生境界的哲学

愿望表征着人类摆脱野蛮、超越个人、超越当下、超越世俗的道德自觉。美即美丽、美好、美景、美妙等等,与丑相对立,是指事物的客观属性、存在形式及其精神价值能够使人产生愉悦感觉的特征。美代表合感受性,反映人同世界的情感关系——人类求美的愿望表征着人类摆脱功利、体验和谐、体验快乐、体验满足的审美自觉。

哲学自诞生之日起,就在指导人类求真。可以说,人类的文明史,首先是一部不断求真的历史。

亚里士多德大约十七八岁的时候开始拜伟大的柏拉图为师,在柏拉图达的学园里一待就是二十年。在柏拉图死后,他不是简单地继承柏拉图的理论——理念说,而是在总结和批判前人哲学思想的基础上,创立了与老师截然不同的哲学体系——实体说。亚里士多德非常勇敢而坚决地指出老师的谬误,批判老师的缺点,于是有些人就指责他背叛了老师。亚里士多德对此的回答是:"吾爱吾师,吾更爱真理!"

柏拉图和他的前辈一样,看到了现实事物的生成毁灭、风云变幻。于是他想在所有变化无常的事物中找出一种永恒不变的东西。因此,他发明了"理念"。他认为,所有的现象事物都是不真实的,只有事物背后的"理念"才是真实的存在。打个比方,世间是先有"马"的理念,然后才有现实世界里所有的马匹。即便这个世界所有的马匹都死掉,马的"理念"依然存在。

亚里士多德则指出,柏拉图将整个观念弄反了。他虽然也同意柏拉图的说法,认为每一匹特定的马都是"流动"的,不存在哪一匹马可以长生不死。但他认为马的"理念"是我们人类在看到若干匹马后形成的概念,是各种马的"共相"。马的"理念"或"形式"本身是不存在的,它不过是具体的马在思维中的反映罢了,一般的、抽象的、概念性的东西不能脱离个别的、具体的、特定的东西而独立存在。因此,在亚里士多德看来,具体的、个别的东西才是真实的。亚里士多德把个别的、具体的事物叫作"第一实体",如每一个具体的人、每一匹具体的马,都是"第一实体";他把个别事物的"种"和"属"

生活的哲学 与哲学的生活

叫作"第二实体",如人、马等;"第二实体"的实在性不能直接表现出来,必须通过个别、具体的事物表现出来。在我们日常看到的人和马之外,还要假定另外存在一个比人和马更真实的人和马的"理念",是毫无用处的。他用他的师祖苏格拉底为例来讽刺他的老师:不管"苏格拉底"这个理念是不是存在,一个像苏格拉底的具体的人是一定会产生出来的。

亚里士多德对柏拉图的许多理论都进行了批判,并不因柏拉图的老师身份而稍留情面。其实,就是柏拉图本人也说过"尊重一个人不应胜过尊重真理"之类的话。尽管亚里士多德的许多学说本身也充满谬误,但亚里士多德追求"更爱真理"的精神,则无疑代表了人类求真务实的基本面相,凸显了人类热爱真理、探究真理和追求真理的内在本性。难怪哈佛大学在校徽上用拉丁文刻上意为"真理"的 VERITAS 字样,并以此作为校训:"Amicus Plato, Amicus Aristotle, Sed Magis Amicus Veritas",即"与柏拉图为友,与亚里士多德为友,更要与真理为友"。哈佛前校长昆西对此做出了明确的解释:"大学最根本的任务是追求真理,真理本身,而不是去追随任何派别、时代或局部的利益。"在某种意义上,这句名言不仅是哈佛学生治学与为人的准则,也是人类破除迷信、不断探究和追求真理的生动写照。

然而,求真并不容易。因为世界充满假象,真理往往隐藏在假象的后面。就像歌德所说的那样:"真理就像上帝一样,我们看不见它的本来面目,我们必须通过它的许多表现而猜测到它的存在。"因此,人类求真的过程,就是不断剥开假象的过程。在这个过程中,有的人被假象所蒙蔽,有的人为了一己之私故意制造假象,使得人类在求真的过程中,难免要付出代价,有时甚至是生命的代价。

科学的殉道士乔尔丹诺·布鲁诺就是一个为追求真理而献身的典范。布鲁诺信奉哥白尼学说,所以成了宗教的叛逆,被指控为异教徒并革除了他的教籍。尽管如此,布鲁诺始终不渝地宣传科学真理,他勇敢地捍卫和发展了哥白尼的太阳中心说,并把它传遍欧洲。他到处做报告、写文章,还时常

第六章 作为人生境界的哲学

出席一些大学的辩论会,用他的笔和舌头毫无畏惧地积极颂扬哥白尼学说,无情地抨击官方经院哲学的陈腐教条。因此,布鲁诺在天主教会的眼里,是极端有害的"异端"和十恶不赦的敌人。他们施展狡诈的阴谋诡计,以收买布鲁诺的朋友,将布鲁诺诱骗回国,并于公元1592年5月23日逮捕了他,把他囚禁在监狱里,接连不断的审讯和折磨竟达八年之久。由于布鲁诺是一位声望很高的学者,所以天主教企图迫使他当众悔悟,声名狼藉,但他们万万没有想到,一切的恐吓威胁利诱都丝毫没有动摇布鲁诺相信真理的信念。面对刽子手们的种种酷刑,布鲁诺坚定地说:"为真理而斗争是人生最大的乐趣。"经过八年的残酷折磨后,公元1600年2月17日,布鲁诺在罗马的鲜花广场上英勇就义。就义前,他向围观的人们庄严地宣布:"黑暗即将过去,黎明即将来临,真理终将战胜邪恶!"

"真"为什么如此重要呢?从哲学上讲,关于"真"的智慧,是一种事实判断,一般是指认识与客观实际相符合。当我们进行认识活动和思想交流时,面对纷繁复杂的现象,甚至面对假象的重重遮蔽,首先必须做出关于真与假的判断。人类只有去伪存真,才能不被欺骗,少受蒙蔽,才能实事求是地认识和改造我们的世界。而人类的理性智慧、人类求真的愿望与自觉,使我们能在万千假象之中把握事物乃至世界的本质,不断地接近世界的"本来面目"。

对今天的中国人来说,我们追求"真",就要更加自觉地一切从实际出发,解放思想、实事求是、与时俱进,认真研究和探寻人类社会发展规律、社会主义建设规律和共产党执政规律;就要把握中国的基本国情,把握所处的发展阶段,把握时代的进步要求,顺应潮流,把握趋势,遵循规律,加快发展;就要大力弘扬务实精神,坚持当老实人、说老实话、做老实事,尚实干、重实际、求实效,少说空话,不做表面文章,不搞花架子,不搞形式主义。

"善"是一种价值判断。所谓价值判断,是指某一特定的客体对特定的主体有无价值、有什么价值、有多大价值的判断。更直白地说,就是人们对

生活的哲学与哲学的生活

各种社会现象、问题,往往会作出好与坏或应该与否的判断。由于这种判断与人们的价值观直接发生关系,所以被称之为价值判断。在哲学里,所有命题(statement)可以分为两类:事实判断(fact judgement)和价值判断(value judgement)。前者只陈述客观事实,也就是"to be"的问题;后者讨论行为的标准,也就是"ought to be"的问题。事实判断是对事物自身性质的认识,一般不涉及人的需要、喜好等主观因素,而且往往要排除人的主观因素干扰才能得出比较客观的结论。结论一般来说是唯一的。衡量事实判断正误的标准,就是看人的认识与事物自身实际状况是否相符合。价值判断是对事物属性与人的需要关系作出的判断。既然是对一种"关系"作出的判断,它就要考虑到双方的因素,一方面要考虑到客观事物自身的性质,另一方面又要考虑到主体自身的需要。因此,价值判断既具有客观性又具有主观性。一般来说,价值判断的结论不会是唯一的。但这并不否认价值判断也有某种确定的标准。譬如说,任何时候、任何社会都反对滥杀无辜、偷盗、强奸、抢劫等恶行。

虽然人类对于什么是真正的"善"从一开始就没有形成标准一致的看法,但人类对"善"的追求从来没有停下过脚步。苏格拉底说"美德即知识",把对善的追求当作最重要的使命。亚里士多德则把人类幸福与德行统一起来。他说:"幸福就是灵魂的一种合乎德行的现实活动","只有德行才能达到至善,真正的幸福建立在德行之上"。

有人问雅典的执政官梭伦:"为什么作恶的人往往富裕,而善良的人却往往贫穷?"梭伦回答:"我们不愿把我们的道德和他们的财富交换,因为道德是永恒的,而财富每天都在更换主人。"在哲人看来,德行是永恒的,财富是暂时的。财富并不能带来精神的丰足,只有对善的追寻才能求得灵魂的宁静。

在中国文化中,哲人们很早就对善恶的问题进行了深入的思考。中国先哲是从人性来展开论述的。孟子提出性善论。他认为,人天生有善性,或者叫善端——善的萌芽。他举例说:如果有一个小孩在井边玩耍,不小心要掉下井了,这时恰好有人看到了危险,于是每个人都会毫不犹豫地拉小孩一把。这种行为,既不是因为讨厌小孩的哭声,更不是为了得到小孩家人的报酬与感谢,更不是为了获得邻里乡亲或社会的赞誉,纯粹是人内在的恻隐之心——同情心驱使的。孟子强调,每个人先天性地具备仁、义、礼、智四种善端,四端是人之本性的自然呈现。《孟子·告子上》说:"恻隐之心,人皆有之;羞恶之心,人皆有之;恭敬之心,人皆有之;是非之心,人皆有之。恻隐之心,仁也;羞恶之心,义也;恭敬之心,礼也;是非之心,智也。仁义礼智非由外铄我也,我固有之也。"反之,如果没有四端,则不能成为人,也就是说丧失了做人的资格。所以他说:"无恻隐之心,非人也;无羞恶之心,非人也;无辞让之心,非人也;无是非之心,非人也。"《孟子·尽心上》还提到"良知""良能"的说法,"人之所不学而能者,其良能也;所不虑而知者,其良知也。孩提之童无不知爱其亲者,及其长也,无不知敬其兄也。"因此,在孟子看来,人既已有了善良的本性,也皆会有向善的愿望,只要把每个人的先天善性加以妥善的呵护和培育,这些善端就能成长为善的参天大树。

与孟子一样,明朝大儒王守仁也倡导"良知"说。他认为人人皆有良知,也就是人的本心。凭借良知,人们就可以辨别善恶,判断是非。有一次,王守仁的弟子半夜里抓到一个小偷,就向他大谈"良知",试图感化小偷。谁知小偷毫不理会,笑着反问:"请问,我的'良知'在哪里呢?"由于当时正值盛暑,天气十分炎热,王守仁的弟子就让小偷脱掉外衣,接着又让他脱掉内衣,最后要他脱掉内裤。小偷这时犹犹豫豫地说:"这恐怕不太好吧?"王守仁的弟子说:"这就是你的'良知'。"

比孟子稍晚的荀子则提出了性恶论。荀子首先对什么是人性作了界定。他认为,"生之所以然者谓之性","不事而自然谓之性","性者,天之就也"。所谓人性就是老天爷赋予我们的做人的本性,这种本性不是指经过后天教化、培养塑造出来的人性,而是指人的本来面目。《荀子·荣辱》篇说:

生活的哲学 与哲学的生活

"凡人有所一同。饥而欲食,寒而欲暖,劳而欲息,好利而恶害。是人之所生而有也,是无待而然者也,是禹桀之所同也。目辨白黑美恶,耳辨音声清浊,口辨酸咸甘苦,鼻辨芬芳腥臊,骨体肤理辨寒暑疾痒。是又人之所生而有也,是无待而然者也,是禹桀之所同也。"就是说我们每个人生下来都有一个相同的本性:饿了就想吃,冷了就想热一点,累了就想休息,每个人都喜欢对自己有利的东西,讨厌对自己有害的东西。眼耳鼻舌身这些感官也大抵具有相同的机能。荀子认为,人性只限于食色、喜怒、好恶、利欲等情绪欲望,不论"君子""小人"都一样。所以荀子说:"人之生也固小人。"正因为"人之生也固小人",所以荀子的人性论也叫"性恶"论。既然人天生是"小人",那么仁人君子又是怎么回事呢?按荀子的说法,那是因为后天的教育、培养的缘故,这就是《性恶》篇所讲的"人之性恶,其善者伪也"的道理,即所谓"化性起伪"。

荀子虽然提倡性恶论,但他在兹念兹的却是如何教导人们向善,如何培育仁人君子。《荀子·儒效》指出:"小人可以为君子而不肯为君子,君子可以为小人而不肯为小人,小人君子者,未尝不可以相为也。"这就是说,君子与小人本没有什么区别,关键在于为与不为。小人可以成为君子,但他们不干;君子也可以做小人,当然君子也不会去做。怎么办?怎么引导人们向善?荀子的答案是用礼义、礼法、仁义等来教化百姓。荀子指出,性和情是天生的,人不可干涉和改变,那么人能够做的就是后天的选择、思考、学习、践履等。人应该学会自己担当。人们通过学习,由向善之心转化为行善之实,则学有大成。

孟子与荀子虽然一个主张性善,一个主张性恶,但二者殊途同归。他们真正要回答的是如何在全社会弘扬善的理念,养成善的品质,推行善的政治。

不仅哲学家们致力于善的追问,绝大部分宗教文化也都是导人向善的文化。在世界各种宗教文化中,尽管每一种宗教的教义教规各不相同,但几乎所有的宗教都有劝导人们行善的内容。佛教里就有这么一个故事：

在天国花园里有一口井。一天，佛陀独自坐在这井边。

佛陀身旁的那口井，可不是一口普通的井，那是一座地狱，一座真正的地狱。因为天堂和地狱总是紧挨在一起的。

那儿没有水，那儿是一片火海，是一片永不止息的火海。那儿有许许多多看来密密麻麻的人在那儿呼救，在那儿呻吟。与他们纠缠在一起的，有数不清的毒蛇，有无法数的蜈蚣和毒蝎。那些火是他们每个人心中发出的，所以有一团团的火苗熊熊地包围着每个人。那些人无论逃到哪里都有一团火跟随着。他们都非常干渴，因为所有的水都被烤干了。这地狱里没有白天和黑夜，这地狱里没有任何安静的角落，更没有睡觉的地方。这些人，有的扯着嗓门大叫，有的痛苦沮丧，有的干脆躺在地上，任人践踏。

有一个粗脖子大块头高嗓门的人叫得最响，他圆睁着两只眼，胡乱地踩在别人头上、身上，向佛陀喊道："救苦救难的佛陀，大慈大悲的救世主，快救救我吧，我好苦啊！你是善解人意的，不要丢我而去。救救我吧！"

佛陀一看，便认出这人是人世间作恶多端的乾达多。由于他杀人放火，好事不做，坏事做尽，死后才堕入这地狱的。

"你这个乾达多啊，你倒叫我如何救你啊……噢，我想起来了，有一天，你走在路上，正要踩到一只小蜘蛛，你突发恻隐之心：'这蜘蛛虽然是个小生命，我又何必把它踩死呢？'于是提起脚步跨过蜘蛛，算是救了蜘蛛一命，这虽然是一件小小的善事，但毕竟是你的善业呀……就用这小蜘蛛的力量救你出苦海吧！"

一条又细又长但却银光闪闪的蜘蛛丝从地狱上空唯一的亮光小洞中垂了下来。乾达多如同身陷大海突见救船一般，抓住蜘蛛丝就奋力向上爬。为脱离这黑暗地狱的痛苦，乾达多是不遗余力，不会藏奸的。他爬啊，爬啊，他突然觉得蜘蛛丝摇晃得非常厉害。他回头一看，哇！有无数的受难同胞也抓住蜘蛛丝跟着他向上爬。他大声嚷道：

"浑蛋,你们这些浑蛋!这根蜘蛛丝是我的,是我的善业果报。你们这些浑蛋,坏蛋,无赖!想沾我的光,休想!"

可是,顺着蜘蛛丝向上爬的同胞不理不睬,一味拼命地争先恐后地抢着向上爬。

"浑蛋,坏蛋!你们再爬的话,蜘蛛丝就会断的……不准你们爬,快滚下去!你们这些无恶不作的家伙!"乾达多又在大叫。

可是,无论乾达多怎样大声地叫,他的下边一直有黑压压的人群在争抢着蜘蛛丝向上爬。那一张张紧张得像要爆炸了的脸,是那么的丑恶、绝望、痛苦和深沉的愚昧,在人间他们不问他人死活,只顾自己,现在落在这地狱里,仍然是不管他人,只顾自己,这种面临着要下油锅也要找一个高岗站着的灵魂是愚昧的,他们成了几乎不可救药的人。

"你们这些可恶的东西,你们这些坏事做尽、好事无缘的东西,统统给我滚下去……"乾达多一面大叫着,一面从腰间拿出刀子,他嗖的一声将他脚下的蜘蛛丝割断。

随着纷纷跌落,只听到一片绝望的哀号……乾达多看得好高兴,他独自嘻嘻地笑。

怎奈本来很细的蜘蛛丝被拉得更细了,在离井口还有一段距离的时候,在一个几乎听不到的断裂声的同时,乾达多呀呀地叫着跌落了下去,狠狠地砸在他的地狱同胞们身上——当然,他没有说声抱歉……

"救命啊!救救我啊!我的命好苦啊!发发慈悲啊……"大恶棍乾达多的声音依然在叫,依然叫得最响。

佛陀离开了那口井,因为佛陀没有别的办法拯救乾达多。

这是佛教中典型的劝善故事:佛陀本来已经给了乾达多机会,奈何这个恶棍本性难移,不结善缘,终究埋葬了自己。佛教通过诸如此类的故事告诫人们:一念不善,害人害己;只有除却心头恶念,才能避免在苦海与地狱中沉沦。

第六章 作为人生境界的哲学

需要指出,作为价值判断的善可以外化为道德规范与法律规范两种主要的形式。道德与法律都可以给人们提供行为规范,并通过一种外在的约束力(法律体现为强制力)对人的行为产生影响。但真正的善只有深入人的内心世界转化为人的自律,只有作为内在要求体现为日常生活中的道德自觉,才有可能成为一种生活的智慧。我们对"善"的意义领悟得越深刻、越全面,越能把"善"作为个人和社会的目标,就越能以"善"的尺度要求自己,越能孕育"善"的智慧。具有"善"的智慧的人在行为中会涌现出充满魅力的人格力量,这种力量往往比那些外在的规范、要求更为真实,更为动人,也更贴近人本身。

关于"美"的智慧,是一种审美判断。李泽厚先生在《美的哲学》中指出,日常生活中的美,主要有三种含义:第一种是表示感官愉快,形式感比较强。例如饿得不行的时候,来一碗鲜美的面条,你会觉得真美;热得不行的时候,来一听冰镇啤酒,你会觉得真美。这种美,是一种程度强烈的愉悦感。第二种是形式感较弱的伦理判断。我们说某人的行为真美,就是一种伦理判断。第三种专指审美对象,是指那些能给我们带来心理上、精神上、感官上的愉悦感的自然界或人类社会中具体景观、客观事物、特定对象等。所谓审美,是指人所进行的一切创造和欣赏美的活动。它以对象的美学特性为客观基础,以人对事物美的直接感知为出发点,以情感愉悦和精神满足为特点,是理智与直觉、认识与创造、功利性与非功利性的统一。生活中的美无处不在,无时不在,并不仅仅局限于艺术,诸如环境美、仪表美、行为美、语言美、心灵美等等。人在审美活动中获得愉悦感,借以感受自身生命和外在世界的一致与和谐,从而培养自己的生活情趣和高尚的品格。

但古今中外的哲学理论对什么是美其实也缺乏一致的看法。柏拉图在其《大希庇阿斯篇》里提出了三种美的定义,即"美是有用的","美就是有益的"和"美就是视觉和听觉所生的快感"。柏拉图借苏格拉底之口问希庇阿斯:你能替美下个定义吗?请告诉我什么是美。希庇阿斯说:一个年轻小姐是美的。苏格拉底不满意,他说,我要问的是:什么是美?而不是问:谁是美的,什么东西是美的?一般人(包括希庇阿斯)在回答"什么是美"的问题时,只是列举美的事物,如"美的小姐""美的母马""美的竖琴""美的汤罐"之类,而没有涉及"美本身"。在这篇对话里,希庇阿斯和苏格拉底尝试了好几种关于美的定义,例如美的就是适当的、美的就是有用的、美的就是令人愉悦的,但苏格拉底又一一予以驳难,最后得出的结论只是:美是很难(讲清楚)的。

宗白华在《美学散步》中提到中国古代文化中美大抵有两类:一类是错彩镂金的美,即经过人为加工、雕琢的华丽繁复的美;一类是芙蓉出水的美,即纯天然的、平淡素净的美。楚国的图案、楚辞、汉赋、六朝骈文、明清的瓷器等属于第一类的美。道家美学观是第二类,是一种自然主义的美学观,其道法自然、去伪存真的审美价值,寄意山水、复返自然的审美情趣,空灵活泼、自由挥洒的艺术追求,有无相生、虚实相形的审美意境,以简驭繁、大巧若拙的表现手法,"涤除玄鉴""心斋""坐忘"的审美观照,以及含蓄隽永、意在象外的审美境界等,在整个世界美学史上都有着深远影响。

美的确是很难的。关于美的本质的哲学理论,古今中外可谓流派纷呈。但概言之,大抵可分两类,即所谓客观论与主观论。前者认为,美有客观的形式、比例、色彩、秩序、结构韵律等等,是客观事物本身的属性,符合这些客观的条件才是美的。比方说,我国古代的四大美人——西施、貂蝉、王昭君、杨贵妃,无论东西南北中,没有哪个人觉得她们不美,证明她们一定具有某种客观的美的属性。后者认为,美离不开人,美是主观感受,客观事物本身不具有美的性质和属性,美是我们的主观意象,是主体的意识、感受、体会、直觉等,是主体对客体进行美的创造的结果。

马克思主义认为,美是主观与客观的统一。美并非凭空产生,"美产生于劳动",这是马克思主义对美的来源的科学结论。美的事物之所以美,在于它是经过了人类能动的创造,是因为人类在社会实践的基础上形成并产

第六章 作为人生境界的哲学

生了一定的审美价值、审美情趣和审美判断。美作为一种感性具体的存在，其内容是客观的，其形式是主观的。

那么，生活中的美到哪里去追寻呢？

唐朝有一位比丘尼到处访道，后来有所开悟，写了一首禅诗："尽日寻春不见春，芒鞋踏破岭头云。归来笑拈梅花嗅，春在枝头已十分。"春天是美的化身。我们追寻春天，实际上是寻找春天的美丽。禅诗首两句描绘诗人尽日寻春，从早到晚，踏破芒鞋，入岭穿云，但却一直找不到春天的踪迹。这两句的意思是指多少禅修之人，为了悟道，为了证得自己的本来面目，不辞辛苦，处处寻觅而不可得，就像不知春天到底在哪里一样。"归来笑拈梅花嗅，春在枝头已十分"，诗人寻春不得，兴尽而归，哪知道笑拈梅花而嗅，才发现春在枝头，已经盎然十分了。正是"等闲识得东风面，万紫千红总是春"。结论是戏剧性的：当你苦苦寻觅春天，春天不知在哪里；当你随手拈花一嗅，春天尽在自家的门庭之内！这颇有"众里寻他千百度，蓦然回首，那人却在灯火阑珊处"的感觉。世人往往劳碌奔波，向外寻觅，殊不知生活中处处有美，只要你有感悟美的能力，能领会美的要妙，那么真正的美就在自己的身边，就在自己的内心深处。这使我想起了一句话：这个世界并不缺少美，缺少的是发现美的眼睛。

发现了生活中的美，那么我们如何去欣赏美、感受美呢？曾有人请教大龙禅师："有形的东西一定会消失，世上有永恒不变的真理吗？"大龙禅师回答："山花开似锦，涧水湛如蓝。"意思是山上开的花呀，美得像锦缎似的，转眼即会凋谢，但仍不停地奔放绽开。流动不居的溪水呀，映衬着蓝天的景色，溪面却静止不变。"山花开似锦，涧水湛如蓝"的禅机在于：世界真理与自然之美一样，怒放着开，转瞬间灭，"无常"中有永恒，永恒中又"无常"。山花不会因为害怕凋谢而不盛开，涧水也不会因为它的流动而不映衬蓝天。我们感受美就是既要感受山花开放的烂漫，也要欣赏山花凋谢的壮美；既要感受溪水永不停歇的生命，也要欣赏溪水如镜的湛蓝。审美的关键，就在于丢弃心中的成见，拆掉自我的篱笆，以空灵、澄澈之心去体验意境、融入对象，做到人境一体、主客合一。

三、境界的提升——人生修养与层次

每个人都有他的人生境界，尽管每个人的境界千差万别。

古希腊哲学家，犬儒学派的代表人物——第欧根尼的人生理想境界就是像狗一样地生活。他认为除了自然的需要必须满足外，其他的任何东西，包括社会生活和文化生活，都是不自然的、无足轻重的。因此，他居住在一只木桶内，其所拥有的所有财产包括这个木桶、一件斗篷、一支棍子、一个面包袋。有一次刚刚率领铁骑征服欧亚大陆的亚历山大大帝访问他，问他需要什么，并保证会兑现他的愿望。第欧根尼回答道："我希望你闪到一边去，不要遮住我的阳光。"亚历山大惊诧过后，却出人意料地说："我若不是亚历山大，我愿意做第欧根尼。"

面对声名赫赫的最高统治者，第欧根尼的表现无疑近乎疯狂。在我们的常识中，面对最高统治者的问候和关心，我们即便不感激涕零，至少也该是深表感谢。但第欧根尼如果真那样做了，那他就不是第欧根尼。这个被人们叫作"狗"的哲学家并不是人们所认为的"疯子"，他乃是一个真正的哲学家。在他眼里，没有世俗的权力、金钱、地位，有的只是一种自然欢快的生活。他所追求随心所欲的快乐，只与人性有关，与政治、金钱、权力通通没有关系。第欧根尼用自己的行动拭去了掩盖在人类生活之镜上的世俗尘垢，揭开了种种陈规陋习的假面具，重新烙上了人类生活的真正价值。

第欧根尼的人生境界是超世俗的甚至是反世俗的境界。他利用一切机会来阐述他的学说，并向那些愿意倾听的人传道。他认为世人大都是半死不活的，可谓人不像人，狗不像狗。所以，他像猎犬一样地战斗。传说在某个中午，第欧根尼光天化日下打着一盏点着的灯笼穿过市井街头，碰到谁他就往谁的脸上照。当人们问他干什么的时候，第欧根尼回答："我想试试能

第六章 作为人生境界的哲学

否找出一个人来。"还有一次,当他见到一个达官贵人正让仆人帮他穿鞋的时候,第欧根尼毫不客气地对他说:"你还没有获得完全的幸福,除非他也为你擦鼻涕;等到你的这双手残废以后,这一天会到来的。"

第欧根尼拥有一批崇拜他的门徒。他对他们进行最简单也最有效的言传身教。当第欧根尼身体力行自己的哲学时,其实就是在告诉所有的人都应当自然地生活。他强调,所谓自然的就是要抛开那些造作虚伪的习俗,摆脱那些繁文缛节的束缚和毫无必要的奢侈享受。只有这样,你才能过自由的生活。而富有的人认为他占有宽敞的房子、华贵的衣服,还有马匹、仆人和银行存款。其实并非如此,他依赖它们,他得为这些东西操心,把一生的大部分精力都耗费在这上面,结果反而被这些东西支配了,成为了它们的奴隶。为了攫取这些虚假浮华的东西,这些人不得不出卖自己的独立性——这唯一真实长久的东西。所以当有人问起第欧根尼某位财主是否富有的时候,第欧根尼的回答是:"不知道,只知道他很有钱。"那人奇怪地问:"有钱不就是富翁吗?"第欧根尼当即纠正道:"富翁未必有钱,有钱人未必是富翁。"

如果说第欧根尼追求的是一种超功利的自然主义境界,那么中国哲学家庄子追求的则是以精神的绝对自由为表征的自由主义境界。《庄子》中记载了这么一个故事:

楚威王闻庄周贤,使使厚币迎之,许以为相。庄周笑谓楚使者曰:"千金,重利;卿相,尊位也。子独不见郊祭之牺牛乎?养食之数岁,衣以文绣,以入大庙。当是之时,虽欲为孤豚,岂可得乎?子亟去,无污我。我宁游戏污渎之中自快,无为有国者所羁,终身不仕,以快吾志焉。"

面对楚王许以高卿权相的诱惑,庄子的反应竟然是对使者说:"你快滚吧,不要弄脏了我的耳朵。"这种对世俗权贵的藐视,无疑与第欧根尼是一致的。庄子敏锐地洞察到:俯下身段为权贵卖命,就像作为祭祀用的牛,平时锦衣玉食,位高权重,但祭祀时便拿你开刀。这时你再想要换回自由身便再也不可能了。因此,庄子视钱财、权力等世俗物为粪土,一心追求自己的洒脱、快乐。这就是庄子所倡导的自由境界。

《庄子·齐物论》记载了一个庄周梦蝶的故事:过去庄周梦见自己变成蝴蝶,很生动逼真的一只蝴蝶,感到多么愉快和惬意啊!不知道自己原本是庄周。突然间醒过来,惊惶不定之间方知原来是我庄周。不知是庄周梦中变成蝴蝶呢,还是蝴蝶梦见自己变成庄周?

一个庄周梦蝶的故事,不但生动传神地描绘了蝴蝶的美丽、自适、自由自在,更重要的是,通过对梦幻意境的渲染,刻画了庄子的蝴蝶情结——一种对摆脱精神束缚、实现绝对自由的人生境界的深情向往。世俗之人常常为世俗之事所累,或累于名,或累于利,或累于权,或累于情,于是在生活中不免被束缚、被压抑、被扭曲、被异化。人如果能抖落世俗的功名利禄,像蝴蝶一样悠闲自在,岂不快哉?

我国著名哲学家冯友兰在《贞元六书》中曾提出,按照中国哲学的传统,哲学的任务不是增加知识,而是提高人的精神境界。冯友兰指出:人与其他动物的不同,在于人做某事时,他了解他在做什么,并且自觉地在做。正是这种觉解,使他正在做的事对于他有了意义。他做各种事,有各种意义,各种意义合成一个整体,就构成他的人生境界。每个人各有自己的人生境界,与其他任何人都不完全相同。若是不管这些个人的差异,我们可以把各种不同的人生境界划分为四个等级。从最低的说起,它们是:自然境界、功利境界、道德境界、天地境界。

所谓自然境界,就是指"一个人做事,可能只是顺着他的本能或其社会的风俗习惯。就像小孩和原始人那样,他做他所做的事,然而并无觉解,或不甚觉解。这样,他所做的事,对于他就没有意义,或很少意义"。俗话说的浑浑噩噩、糊糊涂涂过日子说的就是这种人。

《列子》中记载了一个"眼里只有钱"的糊涂人的故事,他的境界大抵就属于自然境界。说有个齐国人,整天梦想着得到一块金子。可是,除了金店,到哪里去弄到金子呢?有一天,他起个大早,急忙穿好衣服,就赶到市上

第六章 作为人生境界的哲学

的金子店里去。在金子店里,果然看见许多黄澄澄的金子。他越看越眼红,越想得到金子,便随手抢了一块,拔腿就跑。可是街上那么多人,跑不多远,就给别人捉住了。捉他的人说:"你这个人好大胆!光天化日,敢在这样多人的眼前动手抢人家的金子!你也不睁开眼睛看看。""这么多人?"抢金子的人这才醒悟过来,回答说:"我刚才只看见黄澄澄的金子,根本就不曾看见一个人啊。"

更典型的自然境界,要算《庄子》中记载的"朝三暮四"寓言中的猴子。寓言说:宋国有一个养猴子的人,他很喜欢猴子,养的猴子成群,他能懂得猴子们的心意,猴子们也能懂得这个人的心意。那人因此减少了他家的口粮,来满足猴子们的欲望。但是不久,家里缺乏食物了,他将要限制猴子们的食物,但又怕猴子们生气不听从自己,就先骗猴子们:"我给你们的橡树果实,早上三颗,晚上四颗,这样够吗?"众多猴子一听很生气,都跳了起来。过了一会儿,他又说:"我给你们的橡树果实,早上四颗,晚上三颗,这样足够吗?"猴子们听后都很开心地趴下。

其实,无论朝三暮四还是朝四暮三,众猴子所得到的并没有增加或减少,猴子们的喜怒就显得很可笑。故事中的猴子,表面上能懂主人的心意,实际上对自己的作为并无什么觉解。某些人做什么、怎么做,一概没有自己的什么主见,没有明确的目的、意义,最终不免像猴子一样,被朝三暮四和朝四暮三所蒙蔽。

所谓功利境界,就是指"一个人可能意识到他自己,为自己而做各种事。这并不意味着他必然是不道德的人。他可以做些事,其后果有利于他人,其动机则是利己的。所以他所做的各种事,对于他,有功利的意义。"这种人虽然有较明确的人生目的,但是只为自己打算,其人生目的不过是为了博取外在的功名利禄等东西罢了。

惠子在梁国当宰相,庄子去看望他。有人告诉惠子说:"庄子到梁国来,想要取代你,做宰相。"在这种情况下惠子非常害怕,在国都搜捕三天三夜。

173

生活的哲学 与哲学的生活

庄子主动前去见他，说："南方有一种鸟，它的名字叫鹓鶵，你知道它吗？鹓鶵从南海起飞，飞到北海去，不是梧桐树不栖息，不是竹子所结的籽不吃，不是甜美的泉水不喝。在这时，一只鸱鹰拾到一只腐臭的老鼠，鹓鶵从它面前飞过，鸱鹰仰头看着它，发出'吓'的怒斥声。难道现在你想用你的梁国来威吓我吗？"

《惠子相梁》出自《庄子·秋水》。庄子将自己比作鹓鶵，将惠子比作鸱，把功名利禄比作腐鼠，表明自己鄙弃功名利禄的立场和志趣，讽刺了惠子醉心于功名利禄且无端猜忌别人的丑态。

汉朝的时候，有一个富有的老人，他有很多田地，在街上还有许多店铺。他的钱多得十辈子也花不完，又没有儿女，但却不舍得花钱，过着非常节俭的日子。他每天天一亮就起床，把家里的长工们叫起来去干活。自己呢，也不闲着，既要监督长工们干活，又要到店里照看生意，晚上又要拨着算盘一遍又一遍地算账。

一天有个乞丐向他乞讨。他不肯施舍，乞丐就不停地苦苦哀求。他没办法，只好到内室取了十个铜板。刚跨出内室，就看着手里的十个铜板想："太多了，太多了。"于是就减掉两个。走到堂屋时，他看着手里的八个铜板，还是觉得太多，就又减掉了两个。走出堂屋把钱给乞丐时，他心疼得闭上了眼睛。在放开六个铜板的一瞬间，大拇指一夹，又留住了一个，这才把眼睛睁开，小声地对乞丐说："我已经把全部家产给了你了，你万万不可对别人说起这件事，不然他们也会学你的样子，来找我要的。"

过了不久，老人死了，他的田地、房子、店铺、金银财宝全都被官府没收充公了。

这个《守财奴》的故事，应该说刻画的也是那些功利境界的人。他们把钱财、功名、地位、名声等东西看得过重，一心追逐自己的功利，虽不至于损人利己，却也很容易成为功利的奴隶，丧失自己的独立人格和精神追求。

所谓道德境界，就是指"可能了解到社会的存在，他是社会的一员。这个社会是一个整体,他是这个整体的一部分。有这种觉解,他就为社会的利益做各种事,或如儒家所说,他做事是为了'正其义不谋其利'。他真正是有道德的人,他所做的都是符合严格的道德意义的道德行为。"这种境界的人也就是我们所说的有道德的人,高尚的人。

《后汉书》记载:杨震公正廉洁,不谋私利。他任荆州刺史时发现王密才华出众,便向朝廷举荐王密为昌邑县令。后来他调任东莱太守,途经王密任县令的昌邑时,王密亲赴郊外迎接恩师。晚上,王密前去拜会杨震,俩人聊得非常高兴,不知不觉已是深夜。王密准备起身告辞,突然他从怀中捧出黄金,放在桌上,说道:"恩师难得光临,我准备了一点小礼,以报栽培之恩。"杨震说:"以前正因为我了解你的真才实学,所以才举你为孝廉,希望你做一个廉洁奉公的好官。可你这样做,岂不是违背我的初衷和对你的厚望。你对我最好的回报是为国效力,而不是送给我个人什么东西。"可是王密还坚持说:"三更半夜,只有我知、你知。不会有人知道的,请收下吧!"杨震立刻变得非常严肃,声色俱厉地说:"你这是什么话,天知,地知,我知,你知!你怎么可以说,没有人知道呢?没有别人在,难道你我的良心就不在了吗?"王密顿时满脸通红,赶紧像贼一样溜走了。

故事中的杨震堪称道德境界的典范。面对学生出于感恩的"孝敬",他以无比坚毅的态度拒斥了黄金的诱惑,一心为国为民谋福祉,并以"良知"的理性和智慧,再次教育了学生。

所谓天地境界,是指"一个人可能了解到超乎社会整体之上,还有一个更大的整体,即宇宙。有这种觉解,他就为宇宙的利益而做各种事。他了解他所做的事的意义,自觉他正在做他所做的事。这种觉解为他构成了最高的人生境界"。具有天地境界的人,是胸怀天下、泽被苍生的人,是超脱狭隘民族主义乃至人类中心主义的人,是古人说的"与天地为一"的人。

宋代张载在《西铭》中对这种天地境界进行了描述:"乾称父,坤称母……民,吾同胞;物,吾与也。"乾坤是天地的代称,天地是万物和人的父母,

生活的哲学 与哲学的生活

天、地、人三者混合,处于宇宙之中,因为三者都是"气"聚而成的物,天地之性,就是人之性,因此人类是我的同胞,万物是我的朋友,万物与人的本性是一致的。曾国藩说:"君子之立志也,有民胞物与之量,有内圣外王之业,而后不忝于父母之所生,不愧为天地之完人。""民胞物与"体现了中国古圣先贤的一种最高境界,打破了人与物的界限,把自己融入宇宙万物之中,爱一切人一切物,并且是把民和物视为身体的一部分,像珍惜自身一样来爱他(它)们。

中国哲学与文化中时不时显露出这种境界追求。《论语》里边记载,孔子问几个学生的人生理想,子路不假思索地回答说:"一个拥有一千辆兵车的国家,夹在大国之间,常受外国军队的侵犯,加上内部又有饥荒,如果让我去治理,等到三年工夫,就可以使人人勇敢善战,而且还懂得做人的道理。"孔子听了,只是微微一笑。冉求的回答是:"一个纵横六七十里或者五六十里的国家,如果让我去治理,等到三年,就可以使老百姓富足起来。至于修明礼乐,那就只得另请高明了。"公西赤则回答想搞搞祭祀和外交。最后曾点总结自己的人生理想说:"暮春时节,春天的衣服已经上身了。我和五六位成年人,六七个青少年,到沂河里洗洗澡,在舞雩台上吹吹风,一路唱着歌儿回来。"孔子长叹一声,说:"我追求的境界与曾点一样啊!"

在这段师生对话中,子路、冉求、公西赤三人的境界都处于功利境界与道德境界之间,唯有曾点完全摆脱了功利的追求,沉浸在对融入奇妙自然的神往之中,无疑是天地境界的写照。所以孔子深表认同。

庄子的思想中更是到处充斥着这种天地情怀。在庄子那里,生命只有摆脱俗世种种的羁绊,回归到天地自然的怀抱才是鲜活的、生动的、自由的。因此,庄子念兹在兹的是如何超越世俗的羁绊,了无牵挂地逍遥一游。在庄子眼里,万物都是平等的、齐一的,以天地造化为洪炉大冶。但俗人以自我为中心,被外物所束缚,被文明所侵蚀,被功名所诱惑,被刑法所伤害,被智识所蒙蔽,故不免在物我分别与人我对立中丧失了本真生存形态。所以,庄

第六章 作为人生境界的哲学

子的逍遥游是以"无我"为前提的。人只要做到了"无己""无功""无名",那么一切内外的限定与桎梏都将土崩瓦解,人就能融入天地万物,像姑射之山的神人一样,"不食五谷,吸风饮露;乘云气,御飞龙,而游乎四海之外",或是"乘天地之正,而御六气之辩,以游无穷",达至"独与天地精神往来"的最高境地。

按照冯友兰先生的简介,这四种人生境界之中,自然境界、功利境界的人,是人现在就是的人;道德境界、天地境界的人,是人应该成为的人。前两者是自然的产物,后两者是精神的创造。自然境界最低,往上是功利境界,再往上是道德境界,最后是天地境界。它们之所以如此,是由于自然境界,几乎不需要觉解;功利境界、道德境界,需要较多的觉解;天地境界则需要最多的觉解。道德境界有道德价值,天地境界有超道德价值。

由于每个人的人生经历、境遇、价值观和世界观不一样,因此,每个人的人生境界也必有大不同。人生境界与一个人的地位、财富、权势等通通没有关系,我们不要因为金钱、物欲、地位和声望的诱惑,蝇营狗苟地沉溺于做一个物质上的富翁,却忽视了自己的灵魂,漠视了人间的善良、正义、自由、独立人格这些最珍贵的品质。因为,与人生境界真正有关系的是一个人的精神追求,精神的高度,决定了人生境界的高度。

有一段渔翁和富翁的对话,生动体现出人生境界的这种超越性。衣着破烂不堪的渔翁,躺在沙滩上,闭眼沐浴着阳光。一个富翁,很同情地对他说:"你应该努力改变命运,到城市去闯荡,赚很多很多钱,然后……"渔翁问他:"如果你做完这些,你最想做的是什么?"富翁答:"发财之后,就可以好好休息了,听听海声,吹吹海风,在沙滩上惬意地晒晒太阳。"渔翁笑道:"你要的这些,十几年前我就已经得到了,而且我现在还在享受着。"

第七章　作为行动指南的马克思主义哲学

当20世纪即将结束的时候,英国广播公司(BBC)在全球范围举行过一次"千年思想家"网上评选。结果,得票高居榜首者是马克思,著名的物理学家爱因斯坦排在第二位。

2003年9月,德国德意志电视二台进行了一项为期三个月名为"最伟大的德国人"的调查。前东德地区大都将选票投给了共产主义理论的奠基人卡尔·马克思,而人口占据多数的前西德地区则主要将选票投给了二战后西德的第一位总理康拉德·阿登纳。11月28日公布的最终的投票结果是：西德战后第一位总理康拉德·阿登纳位居第一,1517年欧洲宗教改革运动发起者、德国基督教新教创始人马丁·路德位居第二,位居第三的是共产主义理论的奠基人、《共产党宣言》的作者卡尔·马克思。

2005年6月,英国广播公司(BBC)广播四频道"在我们这个时代"栏目就"谁是现今英国人心目中最伟大的哲学家"展开调查。经过一个月的评选,7月14日公布的调查结果显示,著有《共产党宣言》和《资本论》的伟大共产党人先驱、共产主义理论的奠基人和杰出代表卡尔·马克思最终以27.93%的得票率脱颖而出,被评为世界上最伟大的哲学家。而排在第二位的是苏格兰哲学家大卫·休谟,他的得票率为12.67%,以6.8%得票率位居第三位的则是伟大哲学家路德维希·维特根斯坦。

《人民日报》曾评论指出,人类社会过去1000年的历史画卷中,曾出现

第七章 作为行动指南的马克思主义哲学

过灿若繁星般的思想大师,为什么马克思能够在历次评选中高居榜首?这是因为马克思所创立的理论是科学的,它的鲜明品质就是与时俱进。马克思主义虽然诞生于19世纪,但没有停留在19世纪;它虽然产生于欧洲,却传遍全世界。我们最后一章将从马克思主义的基本立场、马克思主义的基本观点和马克思主义的基本方法三个方面来介绍一下作为行动指南的马克思主义哲学。马克思主义立场、观点、方法,是马克思主义科学思想体系的精髓所在,贯穿于马克思列宁主义、毛泽东思想和中国特色社会主义理论体系之中。掌握和坚持马克思主义,最根本的是坚持和运用其立场、观点、方法研究解决实际问题。正是在这个意义上,我们说,马克思主义哲学是行动的指南。

一、马克思主义的基本立场

什么是马克思主义的基本立场?什么又是非马克思主义甚至反马克思主义的立场?我们先来看几个案例:

福建省政和县原县委书记丁某某因买官卖官、收受贿赂被判处无期徒刑。他的"官念"是:"千里来当官,为了吃和穿""当官不发财,请我都不来""当官不收钱,退了没本钱"。他对妻子说的悄悄话是:"权有多大,利就有多大。"

广东省汕头市原副市长马某某,开始只是报销自家买的水果、面包、鸡蛋、油、米之类的发票,以致发展到将几十万的公款占为己有。其逻辑是:"我是人民的公仆,吃穿用的都应该是公家的。"

湖南省常德市委原副书记兼纪委书记彭某某,因受贿、侵吞公款和巨额财产来源不明被判刑。没想到法庭上他的理由和逻辑竟然是"看到别人都在弄钱,我不捞钱,感到孤独"。

上述贪官,贪腐的立场与理由各不相同,但有一点却是共同的,那就是他们都忘了:党答应不答应,人民答应不答应?

179

生活的哲学 与哲学的生活

另一个案例则和某官员的雷人语录有关。据中国广播网2009年6月17日报道:河南郑州市须水镇西岗村原本被划拨为建设经济适用房的土地上,竟然被开发商建起了12幢连体别墅和两幢楼中楼。郑州市规划局主管信访工作的副局长逯某面对中央人民广播电台"中国之声"记者关于"经济适用房的土地被占,建起别墅"的采访时说了一段"惊人"的语录。他先是抱怨"你们广播电台管这闲事干什么",之后,他又向记者问了这样一个问题:"你是准备替党说话,还是准备替老百姓说话?"

好一句"你是准备替党说话,还是准备替老百姓说话"!难以令人置信的是,这样荒唐的胡话竟然出自一个分管信访工作的副局长之口。在这位副局长的眼里,"党"与"人民"即便不是你死我活的,也是基本对立的。在这种认知逻辑中,你为人民说话,就是损害党的利益。问题是:以马克思主义武装起来的中国共产党从成立之日起就公开宣称——除了人民的利益,我们党没有任何的特殊利益。因此,党和政府的宗旨是为人民服务,党和人民的利益从根本上讲是一致的。看来,这位副局长全忘了。真不知是这位副局长大人一时昏了头呢,还是情急之下的内心独白?

联系最近几年我国不少地方出现的官民对立与干群冲突事件来看,我们几乎可以肯定,像这位副局长一样的领导干部绝不是个别的。原因何在?就是因为在某些官员的心目中,已经自觉不自觉地把党和政府与人民群众的关系对立起来了,他们忘记了"立党为公,执政为民"的理念,打着党和政府的旗号,干着损害群众利益的勾当,严重地败坏了党的形象,疏离了干群关系,流失了我们党执政的合法性基础。

立场,是人们观察、认识和处理问题的立足点。这个立足点,从根本上讲是由人们的经济政治社会利益和地位决定的。列宁在批判第二国际首领考茨基时,明确提出"为谁服务"和"为哪个阶级服务"的问题。毛泽东同志强调:为"什么人"服务的问题,是一个根本的问题、原则的问题。从古至今,任何一个人、任何一个政党、任何一个团体、任何一种理论,都会有自己的基

第七章 作为行动指南的马克思主义哲学

本立场。立场问题,回答的是"为什么人服务"的问题。这个问题是一个根本的问题、原则的问题,在于它表征着个人、团体、政党或理论的历史进步性如何。人生最重大的抉择是:究竟选择站在最大多数人的立场,为人民服务;还是选择站在少数人的立场,为人民的压迫者服务。简单地梳理一下,历史上最常见的立场大致可分为三种:为人民服务的立场、为自己服务的立场、为特权阶级服务的立场。

马克思主义的基本立场十分明确,那就是始终站在人民大众立场上,诚心诚意为人民谋利益。从马克思、恩格斯在《共产党宣言》中明确提出共产党人始终坚持为无产阶级、为绝大多数劳动人民谋利益,到列宁强调党是无产阶级的先进部队,要为人民群众服务、代表他们的利益;从毛泽东同志提出共产党人必须全心全意为人民服务,到邓小平同志明确指出必须把人民拥护不拥护、赞成不赞成、高兴不高兴、答应不答应作为衡量改革和一切事业的根本标准;从江泽民同志关于中国共产党必须始终代表最广大人民根本利益,到胡锦涛同志强调必须把最广大人民的根本利益作为贯彻落实科学发展观的根本出发点和落脚点,马克思主义的基本立场可谓一目了然。

是的,始终站在人民大众立场上,一切为了人民、一切相信人民、一切依靠人民,诚心诚意为人民谋利益,这是马克思主义的根本出发点和落脚点,也是中国特色社会主义理论的根本出发点和落脚点。我们党历来强调:相信谁、为了谁、依靠谁,是否站在最广大人民的立场上,是区分唯物史观和唯心史观的分水岭,也是判断马克思主义政党的试金石。《共产党宣言》庄严宣布:"过去的一切运动都是少数人的或者为少数人谋利益的运动。无产阶级的运动是绝大多数人的、为绝大多数人谋利益的独立的运动。"马克思主义的全部理论都立足于实现和维护最广大人民的根本利益,把全人类解放和人的全面发展作为最高价值追求。正因为这样,马克思主义理论才成为对人民大众最有吸引力的强大思想武器。

马克思本人就是实践马克思主义立场的光辉典范。马克思的一生是为

181

生活的哲学与哲学的生活

无产阶级解放事业奋斗的一生,也是极度贫困艰苦的一生。马克思有三个孩子都因为饥饿、患病无钱医治而夭折。但马克思从小时候起家境就十分优裕。如果马克思只是一个为个人私生活而奔波的人,那他根本就不会是什么贫困者,而很可能是达官显贵。拿他的父亲留下的一笔财产来说,就足以供他享受一生。可是他却无私地拿出几千法郎去武装布鲁塞尔的工人。为了办《新莱茵报》,他又做出了个人牺牲,拿出遗产的另一部分,他本人便由富变穷了。可以说,马克思的一生,是为了无产阶级革命事业无私奉献的一生。

我们大家最熟悉的为人民服务的典范是共产党人焦裕禄,他的事迹已被拍成多部电影和电视剧。作为兰考县的县委书记,焦裕禄在一个风雪交加的夜晚突然召集在家的县委委员开会。人到齐后,他没有宣布议事日程,就领着大家到火车站去了。焦裕禄指着火车站背井离乡的人群,沉重地对同志们说:"他们绝大多数人,都是我们的阶级兄弟。是灾荒逼迫他们背井离乡的,不能责怪他们,我们有责任。党把这个县三十六万群众交给我们,我们不能领导他们战胜灾荒,应该感到羞耻和痛心……"焦裕禄再也讲不下去了。几位县委领导低下了头,而心里却豁然开朗。

焦裕禄同志始终保持艰苦朴素的作风,他长期有病,家里人口又多,生活比较困难,可是他坚决拒绝给他救济。他还坚决杜绝特权。有一次,焦裕禄同志发现大儿子去看戏,问道:"戏票哪来的?"孩子说:"收票叔叔向我要票,我说没有。叔叔问我是谁,我说焦书记是我爸爸,收票叔叔没有收票就让我进去了。"焦裕禄听了非常生气,当即把一家人叫来"训"了一顿,命令孩子立即把票钱如数送给戏院。后来,他又专门起草了一个《干部十不准》的文件,严禁任何干部搞特殊化。

但焦裕禄同志对老百姓却怀有无比深厚的感情。有一次他冒着风雪,忍着剧烈的肝痛,一连走访了九个村子,访问了几十户群众。但是,却没烤群众一把火,没喝群众一口水。他来到梁孙庄梁俊才的家里,老大爷卧床不

第七章 作为行动指南的马克思主义哲学

起,老大娘双目失明。老大爷问:"你是谁呀?大雪天来干啥?"焦裕禄同志说:"我是您的儿子,毛主席叫我来看望您老人家的。"老大爷感动得热泪盈眶,说:"解放前,大雪封门,地主逼租,攉得我串人家的房檐,住人家的牛屋。还是党好,社会主义好。"是啊,只有在内心深处真正把老百姓看作是自己的衣食父母,我们的领导干部才能做到全心全意为人民服务。

遗憾的是,现在某些党政干部已经忘记了马克思主义的基本立场,心里想的、行动上干的全都是如何为自己服务,或者为领导服务。报载河南省卢氏县由奴才与主子合演了一出闹剧,事情是这样的:县委书记杜某的继父去世,县里各乡镇、局委领导全来奔丧。表现最抢眼的竟是范某、张某、薛某三位乡镇党委书记。他们备好孝袍、孝帽,一下车即披孝戴帽直奔灵堂大放悲声,比死者直系亲属更悲痛。下葬那天,范某突然拨开众人扑在灵前,一口一声"亲爹"地号啕,任人怎么拉也不起来。直到杜某过来朝范的屁股上踢一脚,说:"我知道了,起来吧!"堂堂范某才擦着眼泪鼻涕爬起来。紧接其后的张某一看急了,也猛跨一步"扑通"跪倒,也是一口一声地哭起"亲爹",依然是谁来劝都无效,最后还是杜某过来朝屁股上踢一脚,说"起来吧,我知道了",才意犹未尽地收泪止哭。眼看此形势急坏了一旁的薛某,唯有责怪自己反应迟钝。按当地风俗下葬时还应有孝子打幡、捧盆,杜某正为一时未找到瓦盆而说了一句"美中不足",话音未落这位薛某迅即甩开大步走到杜某面前,前腿弓后退蹬地从怀里拽出瓦盆恭恭敬敬地奉上:"杜书记,盆——在——这——里!"

葬礼结束后不久,范某调任县建委主任;张某荣升县委宣传部长。尤其具有讽刺意义的是,在河南渑池县人民法院审理杜某受贿、报复陷害一案的法庭上,被检察院指控向杜某行贿的主要人物、被法庭传唤到庭作证的卢氏县公安局副局长邹某,听到杜某不顾法庭制止、大声发表与本案无关的言论时,竟不顾法庭纪律,"啪啪"鼓起掌来。后来,邹某向执行法警解释说,他听领导讲话鼓掌鼓惯了,一听杜某讲话,就情不自禁地鼓掌了。

生活的哲学 与哲学的生活

上述官场案例虽然只是个案，但对那些满嘴马克思主义，行动上却是利己主义、享乐主义、功利主义、官僚主义的人来说，无疑是辛辣的讽刺。

为什么马克思主义要以致力于维护和实现以劳动人民为主体的最广大人民的根本利益作为自己的基本立场呢？

首先，这是由马克思主义的理论本性所决定的。马克思主义学说是在无产阶级的革命实践中形成、产生和发展起来的，从诞生之日起就代表无产阶级的利益，就像马克思所言："哲学把无产阶级当作自己的物质武器，同样，无产阶级也把哲学当作自己的精神武器。"马克思主义哲学是为全世界无产阶级服务的学说。马克思主义的阶级立场表明在不同阶级的斗争中，马克思主义始终站在劳动者阶级的立场上，为劳动者阶级谋幸福，这是马克思主义最基本的原则，最核心的灵魂。离开了这个最基本的原则，就不是真正的马克思主义；放弃了这个最核心的灵魂，马克思主义就没有了生命力。因此，一切标榜为马克思主义的政党、组织和个人，都必须旗帜鲜明地为劳动者阶级服务，为最广大的人民大众服务。

其次，这是由无产阶级的历史使命所决定的。无产阶级是最具有革命性的阶级，因为它是一个被锁链彻底缚住的阶级。所以无产阶级的革命是不同于以往任何形式（包括农民起义、资产阶级革命等）的最新类型的革命，是最广泛、最彻底、最深刻的革命。无产阶级革命的目的，第一是要消灭私有制，建立公有制的社会；第二是要消灭一切阶级剥削和阶级统治，而以往的革命只是以一个阶级的剥削和统治取代另一个阶级的剥削和统治；第三是无产阶级革命是为最大多数人谋利益的革命，因为无产阶级没有自己的私利，他们的存在和发展与人类社会的发展总方向、总趋势是一致的。无产阶级只有解放全人类才能解放自己。

再次，这也是唯物史观所决定的。是否站在最广大人民的立场上，这是区分唯物史观与唯心史观的分水岭。历史上有许多理论也宣称自己是为了底层劳动人民的利益，但由于这些理论没有能够正确认识人民群众在历史

第七章　作为行动指南的马克思主义哲学

发展中的决定作用,所以归根结底最后总是异化为为统治者服务的东西。马克思主义认为,人民也只有人民才是历史的创造者,"历史活动是群众的事业",决定历史前进方向的是"行动着的群众",绝不是某个英雄的意愿。历史上的一切活动,凡是顺应了人民群众的要求,就无一例外地推动了历史的进步;凡是违背了群众意愿、损害了群众利益的,则无一例外地成为人类进步的阻力。

因此,坚持马克思主义立场,就是站在人民群众的立场,具体来说,就是要做到"四真":对人民群众要有真情实感,对解决民困要能真心实意,对推动民生要能真抓实干,百姓得实惠要"真枪实弹"。这当中的关键是诚心诚意为人民谋利益。毛泽东同志曾深刻指出,要"站在最大多数劳动人民的一边","如果不帮助人民,就是背叛马克思主义"。人们常说,延安革命根据地政权"是陕北人民用小米哺育出来的",淮海战役"是人民用独轮小车推出来的",改革开放"是适应人民愿望、根据群众创造搞起来的"。历史一再启示我们,人民是历史的创造者,只有始终坚持人民利益高于一切,切实做到权为民所用、情为民所系、利为民所谋,才能获得人民群众的衷心拥护,才能拥有取之不尽、用之不竭的力量源泉。

对人民群众要有真情实感,解决的是情感问题。大量情况表明,在党长期执政和改革开放新的历史条件下,各级领导干部面临着进一步培养、巩固和增进同人民群众感情的问题。古希腊神话中有一个关于安泰的故事。安泰是大地女神盖亚和海神波塞冬的儿子,他是一个大力士,他的力量来自抚育他成长的母亲——"地神",当他接触地面时,他就可以从他的母亲那里持续获取无限的力量;但当他脱离地面时,力量就消失了。后来希腊神话中最伟大的英雄赫拉克勒斯发现了安泰的秘密,在两人的战斗中,赫拉克勒斯将安泰举到空中,使其无法从大地女神盖亚那里获取力量,最后把他扼死了。刘少奇同志曾多次讲过安泰的故事,以此告诫全党要密切联系群众,依靠群众,决不能脱离群众,否则就要失去战斗力,就要失败。

生活的哲学 与哲学的生活

1948年10月,正是中国共产党即将取得全国胜利,夺取全国政权,成为执政党的前夕,刘少奇对华北记者团发表谈话,说:"我们党必须和广大群众保持密切联系,如果和群众联系不好,就要发生危险,就会像安泰一样被人扼死。共产党人也会被人扼死的哩!党什么也不怕,就怕这一项!"同一个月,刘少奇在解放区妇女工作会议上又一次讲道:"我们共产党什么也不怕,美帝国主义怕不怕呢?我们不怕,蒋介石的飞机、大炮怕不怕呢?我们不怕,从来没有怕过。但是共产党怕一件事,就是怕脱离群众。《联共(布)党史简明教程》上写道,脱离群众,就会像希腊神话中的安泰一样,要在半空中被敌人勒死。"

刘少奇本人就是坚守马克思主义基本立场的典范。十年动乱中,刘少奇深受冤屈,但就在他最痛苦的时刻,他感慨地说,"中国人民是最好的人民","好在历史是由人民写的",并嘱咐子女说:"爸爸是人民的儿子,你们也一定要做人民的好儿女,永远跟着党,永远为人民。"表现了一个共产党员对人民的真情实感。

对解决民困要能真心实意,解决的是态度问题。古往今来,一些对推动社会进步有作为的政治家,在不同程度上都以关心老百姓疾苦为己任,从孔子的"仁者爱人",到孟子的"乐民之乐者,民亦乐其乐;忧民之忧者,民亦忧其忧";从范仲淹的"先天下之忧而忧,后天下之乐而乐",到郑板桥的"些小吾曹州县吏,一枝一叶总关情";从杜甫的"安得广厦千万间,大庇天下寒士俱欢颜",到于谦的"但愿苍生俱温饱,不辞辛苦出深林",无不说明了人生最大的价值,就是为人民服务。我们党来自于人民,植根于人民,服务于人民。党的全部任务和责任,就是为实现人民群众的根本利益而奋斗。在社会利益多样化、价值观念多元化的今天,是不是真心实意为群众谋取利益,是不是真心实意为群众排忧解难,是不是真心实意为群众鞠躬尽瘁,是衡量一个领导干部是不是合格的基本标尺。

党的几代领导集体都始终坚持把正确处理党与人民的关系问题,看作

第七章 作为行动指南的马克思主义哲学

是事关党的生死存亡的重大问题。古语说：得民心者得天下。人心向背，历来是决定一个政党、一个政权兴衰成败的根本因素。中国共产党是中国工人阶级的先锋队，同时是中国人民和中华民族的先锋队，立党为公、执政为民是党的本质要求。保持同人民群众的密切联系是党的最大政治优势，脱离群众是党的最大危险。历史证明，什么时候实现了人民的意愿，维护和发展了人民的利益，党的事业就蓬勃发展；什么时候违背了人民的意愿，损害了人民的利益，党的事业就遭受挫折。因此，我们党在任何时候任何情况下，与人民群众同呼吸共命运的立场都不能变，全心全意为人民服务的宗旨都不能忘，坚信群众是真正英雄的历史唯物主义观点都不能丢。

对推动民生要能真抓实干，解决的是方法问题。空谈误国，实干兴邦。什么是空谈？光明日报曾发表评论员文章，指出"空谈"的表现形式主要有两种：一种是标准的、典型的"空谈"，"谈"与"干"毫不相干，只说不做，讲过的话、发过的文、承过的诺完全"一风吹"、不算数、不贯彻、不执行、不作为。另一种是变相的、似干非干的"空谈"。这种"空谈"貌似有说有干，其实是该干的不干，不该干的乱干，是"挂羊头卖狗肉"。

中国广播网一篇桂圆撰写的评论员文章说得更加具体：以会议贯彻会议，用文件落实文件，习惯于当"收发室""二传手"，总在大而空的圈子里作"惯性运动"，以为会议开了、文件发了，工作任务就完成了。对上级精神一知半解、浅尝辄止，却喜欢不着边际，夸夸其谈。既不联系实际，又不关心群众。说者口若悬河、天花乱坠，听者莫名其妙、如堕烟海。只说不做，坐而论道。这是第一种。

虚张声势，沽名钓誉。开会发言做报告，喜欢拉大旗作虎皮，装腔作势，无实事求是之意，有哗众取宠之心，表面上引经据典，从国外讲到国内，从远古讲到今天，天文地理、历史典故，无所不讲，好不热闹，实际上离题万里，脱离实际，毫无新意，"头重脚轻根底浅，嘴尖皮厚腹中空"。这是第二种。

反映情况不实，报喜不报忧，搞"弹簧数字"，把成绩说得大大的，把问题说得小小的,把想做的说成已做的,把别人的说成自己的。这是第三种。

欺上瞒下,抬高自己。言行不一,自相矛盾。说一套,做一套,台上讲马列主义,台下犯自由主义。这是第四种。

要求下级和群众执行党的路线方针政策,自己却利用职权走后门,拉关系,贪污受贿,谋取私利;嘴上说全心全意为人民服务,行动上却官气十足,高高在上,当官做老爷;高喊要相信科学,自己却求神拜佛,大搞封建迷信活动。这是第五种。

笔者大致梳理了一下工作中常见的"空谈",认为热热闹闹的教条主义、脱离群众的官僚主义、忙忙碌碌的事务主义、表面文章的形式主义、阳奉阴违的滑头主义,以及弄虚作假的欺骗主义、哗众取宠的作秀主义、颐指气使的老爷主义和迎往送来的庸俗主义等等,这些都是典型的空谈。我们要摈弃这些空谈,就得崇尚"实干"。所谓"实干"就是实心实意地干、老老实实地干、实实在在地干,就是言行一致、说到做到、言而有信、有诺必践。"不干,半点马克思主义都没有。"机遇稍纵即逝,改革不进则退,时代呼唤只争朝夕、真抓实干的行动者。只会纸上谈兵而不知行合一,热衷虚谈废务而不求真务实,追求形式主义而不脚踏实地,结果只能是大政方针落空、政策措施变味。"实干"最主要的方法论原则就是从思想和感情深处真正把人民群众当主人、当先生,把自己看作人民群众的公仆和学生,自觉贯彻党的群众路线。人民群众中有的是能者和智者,要虚心向他们求教问策,把政治智慧的增长、执政本领的增强、领导艺术的提高深深扎根于人民群众的实践沃土中,不断从人民群众中吸取营养和力量。正如毛泽东同志所说:"拜人民为师,这就灵了。"

百姓得实惠要"真枪实弹",解决的是目标问题。党员领导干部要真正站在人民大众立场上,归根到底必须解决好权为谁所用、利为谁所谋的问题。这个问题解决不好,党的执政地位就失去了合法性。以苏联为例:苏共建党之初喊出的口号是"和平、土地、面包",代表并符合人民的根本利益。

这个口号动员了人民群众帮助苏共成为执政党。可苏共执政 74 年后,这个口号依然没有兑现。在苏联剧变前,苏联科学院搞了一次"苏共代表谁的利益"的民调,被调查者认为苏共仍能代表工人的占 4%,仍能代表全体人民的仅占 7%,认为代表官僚、干部和机关工作人员的却占 85%。事实证明,得民心者得天下,失民心者失天下。因此,一个不再代表人民利益的执政党,注定要被"雨打风吹去"。对领导干部来说,马克思主义的立场问题,核心和基础在于树立正确的权力观。权力是柄"双刃剑":一方面,领导干部手中掌握一定的权力,可以用来全心全意为人民服务;另一方面,权力又是天然的腐蚀剂,最容易成为权力寻租的主攻目标。阿克顿勋爵说得好:权力导致腐败,绝对的权力导致绝对的腐败。现在,社会上出现的对领导干部拉拢腐蚀的手段越来越多,形式也越来越隐蔽,目的就是要千方百计结交权力。领导干部一旦放松了警惕,经受不住各种诱惑,就可能搞权钱交易,滑向腐败和犯罪的深渊。对各级领导干部来说,权力就是责任,权力越大责任也越大,一定要真正在思想上解决入党为什么、当干部做什么、身后留什么的问题,任何时候任何情况下都要以人民利益为重、全心全意为人民谋利益,都要把执政为民、为民用权作为正确使用权力的基本要求,真正做到立身不忘做人之本、为政不移公仆之心、用权不谋一己之私。这样,也只有这样,才能一方面确保权力行使不偏向、不越轨、不出格,真正做到权为民所用;另一方面,老百姓也才能真正得到实在的好处,真正享受发展的成果,真正过上幸福的生活。

二、马克思主义的基本观点

2002 年 12 月 19 日,英国《经济学人》杂志发表《马克思的知识遗产:共产主义之后的马克思》一文。文章一开始就用一种傲慢的道德优越感对"苏东剧变"进行了"道德审判":

生活的哲学 与哲学的生活

　　苏联共产主义在20世纪末的分崩离析，绝不是因为技术上的原因。它是一种在道德、物质和知识上的最全面或最丢脸的崩溃。共产主义残暴地统治和掠夺其子民，杀害了数千万民众。过去数十年内，在苏联及其卫星国，如果有人谈到平等、没有剥削和真正的正义等共产主义教义所公开宣示的目标，只会引起人们辛辣的嘲笑。共产主义制度最终崩溃以后，马克思的塑像就像列宁、斯大林的塑像那样，被人们轻蔑地摧毁。共产主义的理论和实践皆被否定。无论是共产主义的理论奠基者，还是共产主义国家的统治者，皆被人们抛弃。

　　文章总结了马克思主义的四个基本观点："第一，马克思相信社会遵循简单而普遍的运动定律，足以据此作出长时段的预言。第二，他相信这些定律仅仅具有经济性：决定社会形态的唯一东西是'物质生产力'。第三，他相信，在历史终结之前，这些定律必然以一种剧烈的阶级斗争方式表达自己。第四，他相信，在历史终结时，阶级和国家（其唯一的目的是代表统治阶级利益）必然消亡，为人间天堂所取代。"在经过一系列所谓的论证之后，文章提出了自己的观点：

　　事实上，在所有马克思认为最重要的问题上，马克思都错了。马克思宣称，其思想体系的真正力量在于预见性，但他的主要预见都毫无希望地失败。有人常说，马克思对于资本主义前景的预见，仅仅在时间上犯了一项错误。等到资本主义最终走到尽头，就会证明马克思的正确。然而，这种论证方式，正如其他许多为马克思辩护的理由，虽然拥有无法被证伪的优越性，却并未使之有理。问题在于，它忽略了阶级。这是一种明智的忽略。因为阶级这个概念，已经变得模糊不清以至于毫无意义。但是，阶级矛盾却是马克思世界观不可或缺的东西。没有阶级，即使资本主义停滞不前或走向衰落，仍然缺乏推翻它的机制。

第七章　作为行动指南的马克思主义哲学

阶级斗争是马克思主义必不可少之物。但阶级斗争,即使它曾经存在,也已经过去。在今日的西方民主社会,是受雇的工人即无产阶级来选择由谁来统治和统治多长时间,来告诉政府如何管制公司,来最终地拥有公司。而这恰恰是因为存在马克思最强烈批判的东西:私有财产、自由的政治权利和市场。在最重要的一些问题上,马克思错得最离谱。

作者的结论是:"这(指马克思主义)是一种完整的信条,拥有先知、神圣文本和关于神话中的天堂的承诺。马克思并不是一个他自称的科学家。他建立了一种信仰。他激励的那种经济制度和政治制度已经死亡或正在死亡。但他的宗教是一种信徒众多的宗教,而且将继续存在下去。"

可以说,上述文章对马克思主义的基本观点进行了全盘的否定和全面的批判。然而一个最基本的问题是:它对马克思主义基本观点的理解和把握是准确的吗?

事实上,对马克思主义基本观点的批评绝不只有上述一篇文章。在某种意义上,马克思主义基本观点现在遭遇到的最大挑战应该算是究竟应该用一种什么样的观点来对待马克思主义自身的问题。因为自马克思主义诞生一个半世纪以来,对它种种攻击和挑战从来就没有停止过。近些年,国内外对马克思主义的攻击更是甚嚣尘上:从过时论到错误论,从怀疑论到失败论等等,不一而足。但不论是敌视者的攻击和诽谤,还是误解者的质疑和责难,或者是教条者的阉割和扭曲,都不能阻挡马克思主义前进的步伐。马克思主义历经一个半世纪风霜雨雪的考验,始终充满活力,长盛不衰。

显然,一个真正正确的思想,绝不会因为有了批判和责难就会消亡;相反,批判和责难很多时候是思想成熟的"催化剂"。马克思主义正是在与众多批判与责难者的较量中彰显其蓬勃的生命力。

我们以"马克思主义过时论"为例来进行分析。为什么有那么多人,包括一些严肃的学者都认为马克思主义过时了呢？首先是因为当代资本主义的确发生了一些新变化。因为马克思主义对资本主义的批判，核心在于通过揭示资本主义的内在矛盾，预言资本主义必然灭亡、社会主义必然胜利的历史发展趋势。因此，当现实的资本主义社会危机四伏的时候，马克思主义往往会赢得众多因对现实社会不满而寻求新的信仰的支持者，但一旦资本主义社会、经济等处于平稳发展甚至上升时期，资本主义的制度优越感又会在一些人心中萌动和膨胀，把以对资本主义的批判为主要内容的马克思主义"打入冷宫"，"马克思主义过时论"就可能大行其道。

例如，西方马克思主义的重要代表人物马尔库塞与哈贝马斯在肯定马克思主义某些观点与方法的同时，明确提出马克思主义作为一种理论从整体上讲已经过时。马尔库塞认为，马克思的理论是对古典资本主义情况的概括，在那个时代当然是正确的。但现如今资本主义已经进入一个崭新的时期——发达工业社会时期，马克思所预言的随着资本主义生产发展和经济的日趋腐朽，工人阶级的政治意识将日益增强、无产阶级革命运动将日趋高涨的情况并没有出现。因此，马克思主义"失灵"了。哈贝马斯同样认为今天的资本主义已经进入"晚期资本主义社会"，所以马克思的理论已经不能解释资本主义的新特征了。譬如，晚期资本主义社会的技术统治代替了过去的阶级统治、政治统治；剩余价值的源泉不再是工人阶级的劳动，而是科学技术的发明和应用等等。《大失败》一书的作者布热津斯基也有专著阐述"马列主义已经丧失了它的历史地位"，"共产主义学说已经过时"的观点。国内一帮坚持搞自由化的头面人物亦宣称"马克思主义三个部分均已过时，而且错误"，马克思主义就"像一件穿旧了的衣服一样必须把它脱下"。

二战以后，特别是20世纪50年代中期以后，西方国家在新一轮科技革命的推动下，实现了经济的持续增长，中产阶级崛起，社会结构趋于稳定，资本主义国家发生社会主义革命的可能性大大降低，"马克思主义过时论"似乎找到了现实的根据，一次又一次地抬头。1989年，时任美国国务院顾问的

第七章 作为行动指南的马克思主义哲学

弗朗西斯·福山抛出了所谓的"历史终结论",认为西方实行的自由民主制度是"人类社会形态进步的终点"和"人类最后一种的统治形式"。他由此断言,资本主义已经摆脱了灭亡的命运,马克思主义对资本主义的批判已经过时,资本主义将是人类的最后归宿,或者说人类历史将终结于资本主义。

然而,20年来的历史告诉我们,终结的不是历史,而是西方的优越感。就在柏林墙倒塌20年后的2009年11月9日,BBC公布了一份对27国民众的调查。结果半数以上的受访者不满资本主义制度,此次调查的主办方之一的"全球扫描"公司主席米勒对媒体表示,这说明随着1989年柏林墙的倒塌资本主义并没有取得看上去的压倒性胜利,这一点在这次金融危机中表现得尤其明显,"历史终结论"宣告破产。

其次,"马克思主义过时论"与以苏联解体、"东欧剧变"等为标志性事件的社会主义运动低潮息息相关。1991年8月25日之后,苏共作为一个拥有90余年历史、近2000万党员、独掌政权74年的大党,犹如被拆除了地基的大厦轰然倒塌,迅速土崩瓦解,陷入被动挨打的境地,政权交替之"顺利"出乎人的意料。在"八一九"事件中很少有群众支持苏共,相反地却有不少人站到"民主派"一边去了。军队领导层的分裂,特别是空军的"不服从行动",派去攻打俄罗斯议会大厦的军队拒绝执行命令,甚至倒戈,军队一片混乱。在这种情况下,"紧急状态委员会"瘫痪了。解散苏共没有遇到任何抵抗。可以说社会主义的"旗舰"苏联的解体,是马克思主义发展史上的标志性转折事件,马克思主义自此受到空前的质疑和批判。事实上,早在20世纪50年代,社会主义国家因接连发生失误和挫折,积累的诸多社会问题,就引发了民众对马克思主义的怀疑和反思。在这种国际环境下,西方国家加紧进行意识形态渗透,"马克思主义过时论"成为其最拿手的"利器",用以向社会主义国家推行和平演变的战略。80年代中期以后,原苏东社会主义国家的改革没有取得预期成果,经济困难和腐败现象引发了群众强烈的不满情绪,这种不满情绪与西方国家的意识形态攻势一拍即合,马克思主义很容易遭

193

到从现实到理论的诸多"围剿"。苏联解体、东欧剧变,给"马克思主义过时论""马克思主义错误论"提供了"事实支撑",一些原属于社会主义阵营的所谓专家学者甚至公开同西方舆论相呼应,他们以社会主义国家在建设中的失误和挫折为由,断言马克思主义不具有"普遍性"。

再次,"马克思主义过时论"的产生也与现实政治生活中对马克思主义的教条式理解有关。社会主义国家成立后,由于缺乏社会主义建设经验,加之新成立的社会主义国家基本是从落后国家转变而来,一般都经历了漫长的封建社会,全社会有着根深蒂固的专制意识,以苏联模式为代表的不少社会主义国家虽然标榜以马克思主义为指导,但在实际工作中常常将其上升到神圣不可侵犯的地位,实现思想上的高度"一元化",统治者不但强调"经典"是唯一的,而且要求对于"经典"的解释也是唯一的,导致对马克思主义的教条式理解,对经典作家个别判断与结论的盲目崇拜和僵化的执行。邓小平同志曾经说过:"绝不能要求马克思为解决他去世之后上百年、几百年所产生的问题提供现成答案,列宁同样也不能承担为他去世以后五十年、一百年所产生的问题提供现成答案的任务。"事实是:如果我们将马克思主义作为"圣经",作为"放之四海而皆准"的绝对真理,以为马克思主义经典作家已经解决了我们前进道路上的一切问题,那么,这种所谓的"马克思主义"就真的要"过时"了。因为一旦社会发展与经典作家的论述出现不完全一致的时候,当社会政治的基本现实与老百姓心目中的美好诉求反差过大的时候,当全社会对现实社会主义的过高期望在实践中破灭的时候,对马克思主义的"怀疑论"便会乘虚而入,"马克思主义过时论"就会浮出水面。

然而,马克思主义真的过时了吗?马克思主义的基本观点对今天的社会究竟还有没有说服力?让我们来看看英国当代著名思想家、具有国际声誉的马克思主义研究者特里·伊格尔顿是怎么说的。

《马克思为什么是对的》,这是伊格尔顿为我们奉献的一部替马克思辩护的学术专著,其主旨就是专门针对西方否定马克思主义基本观点的种种

第七章　作为行动指南的马克思主义哲学

思潮而进行辩驳,用严谨的逻辑和雄辩的事实对马克思主义的当代性进行了深刻的阐述。

"马克思的时代过去了",这是西方否定马克思主义的最流行的观点之一。对此,伊格尔顿的回答是:"作为有史以来对资本主义制度最彻底、最严厉、最全面的批判,马克思主义大大改变了我们的世界。由此可以断定,只要资本主义制度还存在一天,马克思主义就不会消亡。"

伊格尔顿指出,许多马克思主义的批评者宣称:资本主义制度已经发生了根本的变化,早已不是马克思当年所描绘的那个样子了。然而常常被他们忽略的一个基本点就是,马克思本人是十分清楚资本主义在不断发展变化这样一个事实的,对资本主义不同历史阶段的划分,对工人阶级数量锐减而白领工人数量剧增的预言,对全球化趋势不可逆转的预言等等,这些都是马克思在生时最敏锐的洞见。资本主义的捍卫者在批判马克思主义陈旧过时的时候,往往选择性地忽略,当今资本主义的不平等程度,甚至可以与古老的维多利亚时代相提并论。

伊格尔顿调侃道:"如果那些意志力不坚定的社会主义者当初能把他们的信仰坚持到二十年后的今天,他们就能有幸见证那个在他们眼中坚不可摧的资本主义制度如何在 2008 年陷入全面危机,甚至连商业街上的自动提款机都险些面临关闭的命运。

"如此看来,让马克思主义失去信心的并非资本主义制度的改头换面。事实恰恰相反。让马克思主义失去信心的是这样一个事实,即资本主义制度仍按照以前的方式运行,并没有进行任何改进。……资本主义社会秩序不仅没有丝毫变化,反而变本加厉地愈发无情和极端。马克思对资本主义制度的批判也因此而愈加中肯。"

伊格尔顿特别指出了当代资本主义面临的诸多社会现实:一位墨西哥亿万富翁的收入相当于 1700 万最穷困的墨西哥人收入的总和;2001 年全球有 27.4 亿人依靠平均每天不到两美元的收入勉强维持生活;未来又拥有核

生活的哲学 与哲学的生活

武器的国家之间会因为争夺资源而频繁交战,而这种资源匮乏的状况很大程度上就是资本主义的"杰作"。资本主义的逻辑就是:只要有利可图,即便反社会也在所不惜,而这就意味着有许许多多人死于非命。伊格尔顿说:"传统左翼党派的口号'进入社会主义,还是退回野蛮社会',如今看起来不再是花里胡哨的表面文章,而是振聋发聩的警世箴言。在这样生死攸关的紧要关头,正如弗雷德里克·詹姆逊曾提到的,'马克思主义必将重现人间'。"

如果说,国外学者对马克思主义基本观点的辩护只是一种纯学术的探讨,那么,对生活在社会主义国家的我们来说,要真正掌握马克思主义的基本观点,要真正清除马克思主义过时论等错误思潮的影响,要真正运用马克思主义来指导我们的工作,我们就必须结合实际回答四大基本问题:

哪些是必须长期坚持的马克思主义基本原理?

哪些是需要结合新的实际加以丰富发展的理论判断?

哪些是必须破除的对马克思主义的教条式的理解?

哪些是必须澄清的附加在马克思主义名下的错误观点?

这其中,正确理解与准确把握马克思主义基本观点是前提,是基础,是关键。因为只有正确理解它,才能破除对马克思主义的教条式态度,才能准确区分马克思主义基本观点与非马克思主义观点之间的界限,才能结合实际不断丰富和发展马克思主义。

那么,什么是马克思主义基本观点呢?

马克思主义基本观点是马克思主义关于自然、社会和人类思维规律的科学认识,是对自然界规律和人类社会实践经验的科学总结,体现在马克思主义哲学、政治经济学和科学社会主义这三个组成部分之中,涵盖面非常广泛。比如,关于世界观、人生观、价值观的基本观点;关于辩证唯物主义视域内的世界的物质统一性的基本观点、物质世界普遍联系与发展的基本观点、对立统一的基本观点、认识和实践的基本观点等;关于历史唯物主义视域内

第七章　作为行动指南的马克思主义哲学

社会形态和社会基本矛盾运动规律的基本观点、"两个必然"和"两个绝不会"的基本观点、人民群众创造历史的基本观点、社会主义必然代替资本主义的基本观点;关于科学社会主义视域内社会主义革命和无产阶级专政的基本观点、无产阶级政党的基本观点、社会主义本质特征和社会主义建设的基本观点、共产主义是最崇高的社会理想的基本观点等等。这些基本观点贯穿于马克思主义科学思想体系之中,内容博大、思想精深。笔者在这里仅就几个与当代社会联系十分紧密的基本观点进行简要阐述。

第一,马克思主义关于实践的基本观点。

实践是马克思主义首要的和基本的观点,马克思主义的哲学观是立足实践的哲学观。"哲学家们只是用不同的方式解释世界,而问题在于改变世界。"马克思写于《关于费尔巴哈的提纲》中的这段名言,镌刻于他的墓碑之上。毫无疑问,这段话是马克思的哲学宣言,它鲜明地划分了马克思主义哲学与一切旧哲学的区别。解释世界,可以在文字堆里做游戏,而改变世界,则必须以人的实践活动为基础。马克思以前的旧哲学要么以精神性的东西为世界的本原,要么以某几种具体的物质为世界的本原,结果要么从精神性的方面抽象地发展了人的能动性,但又把思维与存在的关系颠倒过来,要么从直观、感性、客体方面来理解事物,错失了人的能动性。与他们不同,马克思主义哲学把事物、现实、感性理解为感性活动和实践,不仅从客体方面理解事物,而且从主体方面理解事物,把事物理解为主体与客体,物质与精神因素的统一。马克思以现实的人为逻辑起点,把实践理解为人的存在方式,又从实践的角度来把握世界,把世界理解为基于自在自然基础上人们实践活动创造的产物。因此,实践范畴构成马克思主义哲学的基本范畴,对实践的理解是理解马克思哲学的关键。离开了实践观点,就不可能真正把握马克思主义哲学的实质,不可能真正理解马克思主义哲学整个思想体系。

在马克思主义认识论里面,实践不仅是认识的来源、认识发展的动力,而且是认识的目的,是检验认识真理性的标准。今天我们正在进行中国特

生活的哲学 与哲学的生活

色的社会主义建设的伟大实践,这是一项前无古人的事业,对许多具体问题,马克思主义没有也不可能给我们提供现成的答案,很多时候我们要学会"摸着石头过河"。但只要我们尊重实践、勇于实践、科学实践,就一定能在实践的基础上探索出一条成功的中国特色社会主义道路。

1978年冬,小岗村18位农民以"托孤"的方式,冒险在土地承包责任书上按下鲜红的手印,实施了"大包干",开始了中国农民勇于探索当代中国农村改革的第一次伟大实践。

小岗村位于安徽省凤阳县东部的小溪河镇,"大包干"前隶属于梨园公社,当时仅仅是一个有20户、115人的生产队,以"吃粮靠返销、用钱靠救济、生产靠贷款"的"三靠村"而闻名。为了更好地生存,小岗村的18户农民,在当年一大二公的社会大背景下冒着坐牢的危险,实行联产承包责任制。在"大包干"协议书上,明确写明:收下粮食后,首先交给国家,保证国家的,留足集体的,剩下都是自己的;如果队干部因为分田到户而蹲班房,他家的农活由全队社员包下来,还要把小孩养到18岁。"大包干"第一年,小岗村发生了巨大变化。全队粮食总产13.3万斤,相当于1955年到1970年粮食产量总和;油料总产3.5万斤,相当于过去20年产量的总和;人均收入400元,是1978年22元的18倍。小岗村人以"敢想敢干,敢为天下先"的小岗精神,开启了当代中国农村改革的序幕。

设立经济特区,更是我国探索社会主义现代化建设的开创性实践。改革开放之前,中国人的心目中有一种根深蒂固的思考定式:单一公有制、高度集中管理手段、平均主义分配形式和清贫的生活水平,是纯粹的社会主义的经济运行规则,即姓"社"的,而多元化的所有制(特别是私有制)、市场经济、分配上的差别(特别是比较大的差别)和富裕的生活水平,则是纯粹的资本主义的经济运行规则。它们之间不仅是不兼容的,而且是绝对的、全方面的对立。在中国的"史无前例"时代,有一句著名的"豪言壮语",那就是"宁长社会主义的草,也不栽资本主义的苗"。设立经济特区,当时争论最大的

第七章 作为行动指南的马克思主义哲学

焦点主要就是姓社姓资的问题,是特区会不会重新变为外国的"租界"的问题。1979年上半年,正当蛇口机器轰鸣、劈山填海之际,有位抗战时期曾经在这里打过游击的老战士泪流满面,痛心疾首地说:"革命先烈流血牺牲得来的土地,给你们一下子卖掉了。"甚至北京某机关权威《内参》刊出题为《旧租界的由来》重头文章,把特区比作是"旧租界的复活"或是"资本主义的复活"。内地某位老同志,从来没到过深圳,但他听风就是雨,竟然伏在床头一把鼻涕两行泪地痛哭:"流血牺牲几十年,一朝回到解放前!"

然而,种种顾虑和担忧没有能够阻挡中国人探索建设经济特区的脚步。1985年,邓小平同志指出:深圳是个试验,经济特区还是一个试验,"我们的整个开放政策也是一个试验,从世界的角度来讲,也是一个大试验"。1992年,他要求经济特区"改革开放胆子要大一些,敢于试验,不能像小脚女人一样。看准了的,就大胆地试,大胆地闯"。在邓小平同志眼里,社会主义的根本任务就是解放和发展生产力,办经济特区就是要为中国特色社会主义现代化建设"杀出一条血路来"。

历史证明,办经济特区不仅是一个成功的社会主义建设实践案例,而且在实践中探索和积累的成功经验又不断丰富和发展了马克思主义有关社会主义建设的理论。从小岗村农民"大包干",到深圳建设经济特区,一个共同的要素就是重视实践、尊重实践、让实践说话。重视实践,就必须倾听实践呼声,关注实践发展,坚持实践标准;重视实践,就要学会把马克思主义基本原理同时代特征和本国、本地区、本部门的实际结合起来,勇于并善于根据实践的要求开拓进取、求实创新;重视实践,就不仅要学习马克思主义,而且更重要的是要把马克思主义基本观点和方法运用到实践中去,只有这样,才能在实践中更深刻地理解马克思主义,才能准确地把握马克思主义的本质。

我们现在讲"空谈误国,实干兴邦",其哲学基础就是马克思主义的实践观。为什么空谈误国?因为空谈脱离了实践;为什么实干兴邦?因为只有实干才能把宏伟的蓝图变为现实。成功缘于实干,祸患始于空谈。"空谈误

生活的哲学 与哲学的生活

国"一词,来自于顾炎武的"清谈误国"。魏晋时代,风流名士以清谈为风尚,被王羲之针砭为"虚谈废务,浮文妨要,恐非当今所宜",后人更是批评两晋亡于清谈,遂有顾炎武"清谈误国"之说。至于"实干兴邦"这句话,则要追溯到邓小平同志南行。1992年1月18日,邓小平南行的专列抵达汉口火车站时,时任湖北省委书记关广富陪邓小平在月台散步。邓小平当时有个谈话,他说:"空谈误国,实干兴邦,不要再进行所谓的争论了。"南行讲话,如春雷一般打开了中国人的思路,推动了中国进一步的改革开放,成为推进中国跨越发展的巨大动力。20年前,深圳蛇口工业区竖起一块"空谈误国,实干兴邦"的醒目标牌,摆脱了一场姓社姓资的无谓争论,拉开了一段"中国故事"的序幕。习近平同志今天重温这句话,其实也是想向外界说明,新一代中国领导集体坚持改革开放的信心和决心。

第二,马克思主义关于发展的基本观点。

古希腊哲学家赫拉克利特曾有一句名言:"人不能两次踏入同一条河流。"他用这句话说明,世界上的万事万物就像奔腾不息的河流,都处于不停的流动变化之中,永远凝固的东西是不存在的。"一切皆变,无物常住。"赫拉克利特也因此被列宁称为辩证法的奠基人之一。

赫拉克利特有个叫克拉底鲁的学生,他比老师走得更"远",他指出"人连一次也不能踏进同一条河流"。他的这句话是什么意思呢?对此,他解释说:"我们既然承认一切皆流,一切皆变,那就是说事物任何时候都在发生变化,不可能有一刻的稳定和静止。这就像一条河流,我们刚刚踏进去的一瞬间,它就变成另外的河流了,所以我们再次踏进去的就不是同一条河流了。"

据说当时有一位作家在得知了克拉底鲁的主张后,特意编了一个喜剧并恭请克拉底鲁观看。喜剧描绘的是这样一个情节:

一位希腊人向朋友借来一笔钱,指天发誓一月以后准还。可到了时间他又不愿还了。因为他把这笔钱交了学费,拜一位老师学哲学。按照老师教的道理,一切都是变化的,人连一次都不能踏进同一条河流,何况从借钱

第七章　作为行动指南的马克思主义哲学

至今已有一个月了,现在的他已不是过去借钱时的他了。朋友听了非常气愤,揪住希腊人痛打了一顿。希腊人告到法院,要求赔偿损失和医药费。在法庭上,朋友供述了事情的原委,最后说:"我知道打人是犯法的,但是现在的我并没有打人,而打人时的我又不是现在的我。所以,根据他不还钱给我的同样道理,现在的我是不负任何责任的。"喜剧演到这里,所有的观众都捧腹大笑。

的确,真理再前进一步就变成了谬误。赫拉克利特关于运动变化的观点,是辩证法的重要渊源,而克拉底鲁则把他的朴素辩证法思想蜕变为诡辩论。

马克思、恩格斯认为,世界上的一切事物都处在普遍联系与永恒发展之中,不承认这种普遍联系与发展变化,就会陷入"形而上学的陷阱"。因此,辩证法不崇拜任何东西,从本质上说,它是批判的和革命的。在马克思主义发展观中,物质世界是永恒变化和发展的,从总体上说,客观世界的发展是一种呈现着过程性与阶段性特点的,并由低级到高级、由简单到复杂、由无序到有序的发展上升的有方向的运动,其本质是新事物的产生与旧事物的灭亡。历史发展的总趋势是代表进步的、积极的、不断壮大的新事物一定战胜落后的、消极的、不断衰落的旧事物。

马克思主义认为,在人类社会的发展进程中,生产力的发展是关键,是人类社会发展的最终决定力量。社会发展是经济增长基础上的全面进步,人的全面发展是社会发展的目的和重要指标;同时人类社会的发展必须保持人与自然的和谐相处等。这些思想资源为科学发展观奠定了理论基础。

我们党始终高度重视发展问题,在不同的历史时期,面对不同的历史任务,深入探索我国社会主义经济、政治、文化建设的规律,形成了一系列关于发展的重要思想。毛泽东同志著名的《论十大关系》,初步探索了符合我国情况的发展道路,尤其是其超常规的工业化发展道路,奠定了我国现代工业的基础。邓小平同志强调社会主义的根本任务是发展生产力、"发展才是硬

生活的哲学 与哲学的生活

道理",并提出"三步走"的发展战略,是对我国现代化建设规律认识的一次飞跃。第三代中央领导集体强调发展是党执政兴国的第一要务,提出科教兴国战略、西部大开发战略等重大战略,进一步丰富了社会主义现代化建设的理论和实践。科学发展观则在坚持发展是第一要务的同时,强调核心是以人为本,基本要求是全面、协调、可持续,根本方法是统筹兼顾。

正确理解和把握马克思主义发展观,就要深刻领会马克思主义关于生产力决定生产关系、经济基础决定上层建筑的基本规律,以生产力的发展为核心,始终把发展作为党执政兴国的第一要务。马克思主义认为,生产力是最活跃、最革命的因素,是决定其他一切因素的根本力量,因此,我们建设社会主义,根本任务就是解放和发展社会生产力,把经济建设作为党和国家的中心工作,聚精会神搞建设,一心一意谋发展。面对我国经济社会发展中存在的一些长期积累、制约全局的深层次矛盾和问题,面对粗放型经济发展方式不可持续的问题,面对资源、环境制约经济社会发展的问题,面对两极分化、官员腐败、社会不公的问题……我们务必要以宽广的视野、战略的思维,深刻认识加快经济发展方式转变的重要性和紧迫性,深刻体认发展的目的是为了人民、发展成果由人民共享的发展理念;深刻领会科学发展观是合规律性与合目的性的统一——合目的性表征着"科学发展"代表了最广大人民的根本利益,任何违背这一目的的发展都是不"科学"的;合规律性则表征着合乎人类历史前进的正确方向和道路,从而真正科学地回答了"发展如何可能"这一重大理论问题,任何违背这一方向和规律的道路都是发展的"歧路"。

正确理解和把握马克思主义发展观,就要深刻践行社会主义经济、政治、文化、社会、生态协调发展的模式和道路。实现物质财富极大丰富、人民精神境界极大提高、每个人自由而全面发展,是马克思主义最崇高的社会理想。社会主义社会是以经济建设为中心,同时实现全面发展、全面进步的社会。在这个"五位一体"的发展模式中,生态发展是前提。如果没有了良好

第七章　作为行动指南的马克思主义哲学

的生态环境,没有了人与自然的和谐关系,人类社会将难以持续发展。经济发展是核心。没有经济的发展,其他方面的发展就没有物质基础。政治发展是保障。没有社会主义民主与法制,没有社会主义政治文明,就不可能保障社会真正的发展。社会发展是条件。没有和谐的社会氛围、没有以民生为重点的社会建设,其他方面的发展就会缺乏社会土壤。文化发展是动力。没有中国特色的社会主义文化,没有中华民族的文化软实力,就不可能为社会发展提供精神动力、智力支持和思想保证,就不可能凝聚和激励全国各族人民的意志和力量。因此,坚持马克思主义发展观,就是要坚持以兴国为己任、以富民为目标,在集中力量抓好经济建设的同时,更加注重推进社会主义政治建设、文化建设、社会建设以及生态文明建设。

　　正确理解和把握马克思主义发展观,就要学习和掌握马克思主义关于人类社会发展规律及其历史趋势的基本原理,始终坚定中国特色社会主义信念和共产主义理想。邓小平同志曾指出:"我们这么大一个国家,怎样才能团结起来、组织起来呢? 一靠理想,二靠纪律。""有了共同的理想,也就有了铁的纪律。无论过去、现在和将来,这都是我们的真正优势。"有理想信念的支撑,方志敏"愿把牢底坐穿",雷锋甘做"螺丝钉",焦裕禄全心全意当人民的"公仆"。我们有些党员在矛盾面前畏缩不前,在困难面前悲观失望,在诱惑面前不能保持应有的纯洁以至腐败堕落,说到底是理想信念出了问题。现在我们都在讲中国梦,中国梦的实质就是以中国特色社会主义共同理想为指引,走中国特色社会主义道路,实现中华民族的伟大复兴。只要坚持了中国特色社会主义信念和中国梦这一共同理想,把国家富强、民族振兴和人民幸福的目标有机统一起来,从马克思主义关于人类社会发展规律的高度来认识当今世界的变化及其趋势,我们就能不为任何风险所惧、不被任何干扰所惑,坚定不移地沿着中国特色社会主义方向勇往直前。

　　第三,关于马克思主义以人为本的基本观点。

　　2008年5月20日和21日,一位网民揭露他在2007年11月在浙江泰顺

生活的哲学 与哲学的生活

县城一家超市里买的三鹿奶粉的质量问题。该奶粉令他女儿小便异常。后来他向三鹿集团和县工商局交涉未果。为此，该网民以网上发文自力救济，并以"这种奶粉能用来救灾吗?!"为题提出控诉，不过该控诉及网上相关帖子被三鹿集团地区经理以价值2476.8元的四箱新奶粉为代价，取得该网民的账户密码予以删除了。事后该网民则表示说，他因为相信了三鹿集团的解释，他买到的是假货，因此同意接受赔偿并删除帖子。

据"三鹿内部邮件"显示:2008年8月1日下午6时，三鹿取得检测结果:送检的16个婴幼儿奶粉样品，15个样品中检出了三聚氰胺的成分。2008年8月2日下午，三鹿分别将有关情况报告给了其注册所在地石家庄市政府和新华区政府，并开始回收市场上的三鹿婴幼儿奶粉。2008年8月4日至9日，三鹿对送达的原料乳200份样品进行了检测，确认"人为向原料乳中掺入三聚氰胺是引入到婴幼儿奶粉中的最主要途径"。

确认因自己集团生产的奶粉导致众多婴儿患有肾结石后，三鹿集团并没有将工作重点放在采取召回措施，将损害控制在最低程度上，反而开始进行所谓的危机公关工作。三鹿公关公司北京涛澜通略国际广告有限公司被指在2008年8月11日向三鹿集团建议与中国最大的互联网搜索引擎公司百度合作，屏蔽有关新闻的公关解决方案建议。建议内容如下：

"安抚消费者，1~2年内不让他开口；与百度签订300万广告投放协议以享受负面新闻删除，拿到新闻话语权；以攻为守，搜集行业竞争产品'肾结石'负面新闻的消费者资料，以备不时之需。百度的300万框架合作问题，奶粉事业部已经投放120万元，集团只需再协调180万元就可以与百度签署框架，享受新闻公关保护政策。"

所幸的是，百度对此建议予以拒绝。2008年9月8日甘肃岷县14名婴儿同时患有肾结石病症，引起外界关注。至2008年9月11日甘肃全省共发现59例肾结石患儿，部分患儿已发展为肾功能不全，同时已死亡1人，这些婴儿均食用了三鹿18元左右价位的奶粉。而且人们发现两个月来，中国多

第七章 作为行动指南的马克思主义哲学

省已相继有类似事件发生。

由于三鹿集团是中外合资公司,其最大海外股东是新西兰恒天然公司。根据新西兰政府的说法,恒天然公司在2008年8月份得知奶粉出现问题后,马上向中资方和地方政府官员要求召回三鹿集团生产的所有奶粉。不过恒天然公司经过一个多月的努力未能奏效,中国地方官员置若罔闻,试图掩饰,不予正式召回。恒天然只好向新西兰政府和总理海伦·克拉克报告。2008年9月5日新西兰政府得知消息后下令新西兰官员绕过地方政府,直接向中国中央政府报告此次事件,这样才使此事得以严正对待。

毫无疑问,三鹿奶粉事件是一件特大丑闻。问题是为什么一件本可以早发现、早解决、早减少伤害的事件,一定要拖到危害不断扩散、"纸包不住火"的时候才引起真正的重视呢?新华社的报道揭开了谜底:三鹿毒奶粉事件事态扩大的主要原因是三鹿集团公司和石家庄市政府在获悉三鹿奶粉造成婴幼儿患病情况后隐瞒实情、不及时上报所致。

深入分析一下某些地方政府、企业在事故发生后选择瞒报的深层次原因,政绩驱动与利益驱动是直接因素,而缺乏以人为本的执政理念与企业经营理念则是思想根源。换言之,地方政府或企业将乌纱帽、形象或利润等东西看得比人民的生命财产安全还要重要,是典型的"见物不见人"的庸俗执政观或经营观。

所谓"以人为本"是与"以物为本"或"以神为本"相对应的范畴,与虚无的上帝或作为对象性存在的外物相比,人也仅有"人"才是最重要的。"以人为本"的"本"不是本体论意义上的"本原(源)",而是价值论意义上的"根本"。它与"末"相对,回答在我们这个世界上,什么最重要、什么最根本、什么最值得我们关注。西方早期的人本思想,主要是相对于神本思想,主张用人性反对神性,用人权反对神权,强调把人的价值放到首位。中国文化有"惟人,万物之灵"的说法,强调"天地之性人为贵","人者,天地之心也",在人与万物的比较视野中赋予人以独一无二的价值本体论地位。《论语·乡

生活的哲学 与哲学的生活

党》记载:孔子家的马厩失火,孔子退朝后只问有没有人的伤亡,不问马,表明孔子身体力行儒家的人本理念。

1986年联合国大会通过的《发展权利宣言》明确指出:人是一切发展的中心问题。以人为本是科学发展观的核心,它是针对当前我国发展中存在的突出问题和实际工作中存在的一种片面的、不科学的发展观而提出来的。这种片面的、不科学的发展观认为,发展就是经济的快速运行,就是国内生产总值(GDP)的高速增长,就是片面追求高速度,而不是将人民群众的福祉作为执政追求,忽视甚至损害人民群众的需要和利益。这种发展观"见物不见人",其实质是一种"以物为本"的思想,它和以人为本所代表的是两种不同的发展观。

"以人为本"本身并不是马克思主义经典理论的命题,但作为伟大的无产阶级思想家和革命家,马克思、恩格斯对整个人类怀有强烈的道德使命感,深切体悯被剥削被压迫阶级的痛苦,关注人类社会的发展前途,从他们的全部著述及其深层结构中,可以揭示出其人本思想的基本脉络。

一方面,马克思在创立唯物史观时开宗明义地指出,人类历史的第一个前提无疑是有生命的个人的存在,人是社会历史的主体。在《神圣家族》中,马克思、恩格斯指出:"历史不过是追求着自己目的的人的活动而已。"因此,马克思主义把人看作一切活动和一切关系的承担者以及基础,看作社会历史的前提以及创造主体。另一方面,马克思一直关注人的解放、人的自由和人的全面发展并为之奋斗。马克思、恩格斯在《共产党宣言》中将共产主义的本质描述为"自由人的联合体",并强调只有生产力得到极大发展、物质精神财富极大丰富,才能实现每个人自由而全面的发展。不难看出,马克思主义创立的出发点是为了解放无产阶级,追求实现的最终目标是无产阶级解放基础上的全人类解放;理论整体立足于"现实的人"、围绕着"现实的人"的生产、生活实践展开。

以人为本,不仅主张人是发展的根本目的,回答了为什么发展、发展"为

第七章 作为行动指南的马克思主义哲学

了谁"的问题;而且主张人是发展的根本动力,回答了怎样发展、发展"依靠谁"的问题。"为了谁"和"依靠谁"是分不开的。人是发展的根本目的,也是发展的根本动力,一切为了人,一切依靠人,二者的统一构成以人为本的完整内容。只讲根本目的,不讲根本动力,或者只讲根本动力,不讲根本目的,都不符合唯物史观。毛泽东同志指出,人民群众是历史的主人;同时指出,人民,只有人民,才是创造世界历史的动力。胡锦涛同志说,相信谁、依靠谁、为了谁,是否始终站在最广大人民的立场上,是区分历史唯物主义和历史唯心主义的分水岭,也是判断马克思主义执政党的试金石。

坚持以人为本,就要为人的全面发展创造条件。所谓人的全面发展,是马克思、恩格斯针对资本主义生产对人的异化造成人的畸形发展而提出人的发展的理想状态和终极目标,并把它作为共产主义社会的本质特征,核心内涵是指人的劳动能力的全面发展,即人的智力和体力的充分、统一的发展,同时也包括人的各种需要、潜能素质、个性、志趣、道德品质乃至人的社会关系等获得最充分的发展。人的全面发展包含三层基本意思:一是使人的基本需求得到满足,这种需求既包括物质上的、精神上和心理上的,也包括与社会和他人关系上的;二是在一定程度上摆脱旧式分工对人的束缚,使个人的才华在多方面得到发展,从而使劳动成为一种享受和愉快;三是个人精神境界的提高、文明修养的完善和心灵品格的升华。马克思主义历来认为,人的自由和全面发展是共产主义的本质特征;单一的、片面的发展是人性的严重异化和扭曲。科学发展观提出以人为本的重要思想,指出以人为本的根本含义,就是坚持全心全意为人民服务,立党为公、执政为民,始终把最广大人民的根本利益作为党和国家工作的根本出发点和落脚点,坚持发展为了人民、发展依靠人民、发展成果由人民共享。我们在推进发展的过程中,要始终以人为根本,关心人、尊重人、依靠人、解放人、发展人,为人的全面发展和社会的全面发展开辟更加广阔的前景。

三、马克思主义的基本方法

《淮南子》《列子》等古籍都记载了一个九方皋相马的故事:

秦穆公问伯乐,有可以接替他相马的接班人吗?伯乐就推荐了九方皋。秦穆公命九方皋寻找千里马。三个月后,九方皋说找到了。秦穆公问是什么样的,九方皋说是一匹黄色的母马。秦穆公亲自看时,却是一匹黑色的公马。秦穆公很生气地召见伯乐说,你推荐的人连雌雄颜色都不分,怎么会相马呢?伯乐叹道:"若皋之所观,天机也。得其精而忘其粗,在其内而忘其外。见其所见,不见其所不见;视其所视,而遗其所不视。若皋之相者,乃有贵乎马者也。"意思是说,九方皋所看重的是事物内在的本质,关注的是它的精髓,而忽略了其他无关紧要的外在方面。像九方皋这样的相马方法,是比千里马还要珍贵的。

等到那匹马被牵来驯养、使用的时候,发现果然是匹难得的千里马。

在这个故事中,伯乐所惊叹的并非九方皋找到了千里马,而是九方皋找马的方法。在伯乐看来,方法远比马本身重要。因为九方皋找马的结果是有限的,而一旦掌握了找马的方法,则有无限的可能。

马克思主义认为,方法是人们认识世界、改造世界的中介;科学的方法是客观规律在人脑中的内化,它是人们认识世界、改造世界的重要工具,是实践获得成功的重要条件;方法具有普遍意义,它比认识和实践的某个具体结果更为重要,只有掌握科学的方法,才能增强人的认识能力与实践能力,做好各项工作。

马克思主义基本方法,是与马克思主义世界观相统一的方法论,它是指导我们正确认识和改造世界的根本思想方法和工作方法。恩格斯指出:"马克思的整个世界观不是教义,而是方法。它提供的不是现成的教条,而是进一步研究的出发点和供这种研究使用的方法。"列宁指出:"马克思主义者从马克思的理论中,无疑地只是借用了宝贵的方法。"毛泽东同志指出:"要把

第七章　作为行动指南的马克思主义哲学

马克思主义当作工具看待,没有什么神秘,因为它合用,别的工具不合用";"马克思主义的方法就是政治上军事上的望远镜和显微镜。"邓小平同志强调,学习运用马克思列宁主义理论,最重要的是掌握它的基本原则和基本方法。江泽民同志指出,学习和运用科学世界观和方法论,多掌握一点唯物辩证法,是对各级领导干部的一条重要要求。胡锦涛同志对学习和掌握马克思主义方法作出了许多深刻阐述,强调"辩证唯物主义和历史唯物主义的世界观和方法论,是马克思主义最根本的理论特征"。

把握马克思主义方法,关键是要把握唯物辩证、实事求是、群众路线的思想方法和工作方法。坚持唯物辩证,要求我们按照世界的本来面貌认识世界,客观地而不是主观地、发展地而不是静止地、全面地而不是片面地、系统地而不是零散地、普遍联系地而不是孤立地观察事物、分析问题、解决问题,在矛盾对立统一过程中把握事物发展规律。坚持实事求是,要求我们一切从实际出发,理论联系实际,不断研究新情况、解决新问题,使思想认识跟着客观实际的变化而变化,在解放思想、与时俱进中坚持真理、纠正错误,做到不唯上、不唯书、只唯实。坚持群众路线,要求我们做到一切依靠群众,从群众中来、到群众中去,充分调动各方面群众的积极性、主动性、创造性。

第一,关于马克思主义唯物辩证的基本方法。

四川省曾搞了一次"医患换位体验"活动,让医生以患者的身份挂号、排队、看病、拿药……结果,医生跑前跑后,既受累又受气,一名全程体验了"患者"的医生感慨道:"医生就像拿着个遥控器,把患者指挥得团团转,当患者确实很苦。"

美国医生爱德华·罗森邦行医50年,忽然患上了喉癌,当他重新审视医学、医院和医生时,感慨地说:"站在我病床边和躺在病床上所看到的角度完全不同。"他后来在《亲尝我自己的药方》一书中写道:"如果我能从头来过的话,我会以完全不同的方式行医,很不幸的是,生命不给人这种重新来过的机会。"

生活的哲学 与哲学的生活

多年前,有位年轻医生患上甲状腺病,中国医学科学院著名脑外科专家屠规益为他主刀。当手术结束时,屠教授低下身来说:"对不起,让您受苦了!"这是屠教授术后经常对病人说的一句话,虽然简短,却让这位年轻医生深感震撼。

著名医学家袁法祖早年从医,曾在老师的带领下,为一名中年妇女进行开腹手术。术后没几天,那名妇女就去世了,经解剖发现,患者的死亡与手术并无关系,当时,袁法祖的老师轻轻说了句"她是四个孩子的妈妈",就是这句简单的话,让袁法祖至今念念不忘,他知道这句话包含了多少情感,懂得了医生的责任有多重大:医生不仅要看到人身上的病,更要看到生病的人。

以上四则材料都是关于医患关系的。近些年来,社会上关于医患冲突的事件逐年增多。到底该怎么看待医患关系?如何处理医患关系?如何改善医患关系?从上述几则材料中,我们可以受到诸多启迪。

唯物辩证法是马克思主义哲学世界观和方法论的统一。唯物辩证法的核心是对立统一规律,对立统一规律转化为方法论就是矛盾分析法。矛盾分析法是我们认识事物、解决矛盾的根本方法,它包括一分为二看问题、普遍性与特殊性相结合、具体问题具体分析、坚持两点论和重点论的统一等内容。

首先,矛盾分析法的基本内容是关于同一性和斗争性的辩证法,是我们认识事物和分析事物的根本方法。矛盾就是对立和统一。同一性和斗争性是矛盾的两种基本属性。具体来说,矛盾的同一性是指矛盾双方相互依存、相互贯通的性质和趋势。它有两个方面的含义:一是矛盾着的对立面相互依存,互为存在的前提,并共处于一个统一体中;二是矛盾着的对立面之间相互贯通,在一定条件下相互转化。老子有句名言:"天下皆知美之为美,斯恶矣;皆知善之为善,斯不善矣。"老子还说:"有无相生,难易相成,长短相较,高下相倾,音声相和,前后相随。"这是对矛盾同一性的深刻揭示。美与丑、善与不善是相互依存的,天下都知道美的东西之所以是美的,那是因为有丑的东西存在;同理,天下人之所以知道一种行为是善的,那是因为有不善的行为存在。因此,有与无、难与易、长与短、高与下、音与声、前与后等对立的因素都具有相生、相成的同一性。矛盾的斗争性是对立面之间相互排斥,相互否定,相互离异,相互反对,相互限制的倾向和趋势。由于矛盾的性质不同,矛盾的斗争形式也不同,呈现多样性。同一性与斗争性相互联系,不可分离。一方面,同一性不能脱离斗争性而存在,没有斗争性就没有同一性。另一方面,斗争性也不能脱离同一性而存在,矛盾的斗争性是以矛盾双方具有内在的同一性为前提的。

在上述医生与患者的换位体验活动中,医生和患者构成了一对矛盾,他们之间不仅仅存在着对立的关系,更重要的是存在着同一的关系。对立表现在二者的身份不同,同一表现在二者相互依存,有着共同的目标,就是与疾病作斗争。以往的观念更多的只注意到二者的对立,而忽视了二者的同一关系。通过这次"医患换位体验"活动,使医生认识到了二者的同一性,体验到了作为一名患者的需求和感受,加强了"尊重患者,全心全意为患者服务"的意识。正如爱德华·罗森邦医生所说:"站在我病床边和躺在病床上所看到的角度完全不同。"站在病床边,看到的只是一个个有求于自己的病人;躺在病床上,考虑的则是你是不是在尽心尽力地医治我的疾病。这也是爱德华·罗森邦医生如果有机会就想要"以完全不同的方式行医"的原因。同时,这次活动也起到了缓和医患矛盾、解决医疗纠纷的作用,促进了矛盾的转化和解决。

在事物的发展过程中,矛盾的同一性具有非常重要的作用。矛盾的一方可以利用另一方的发展使自己获得发展;矛盾双方还可以相互吸取有利于自身的因素而得到发展,同时他还规定着事物的发展方向。矛盾是可以相互转化的,如果处理不好矛盾双方的关系,容易使矛盾激化。因此,在现实生活中遇到类似医患关系的矛盾时,我们应该妥善解决,注重矛盾的同一性在事物发展中的作用,创造一切条件,使矛盾向好的一面转化,防止矛盾激化。屠规益教授手术后常说的那句"对不起,让您受苦了",虽然简短,却很真诚,能让每一位患者的心头感受到关爱和温暖。而袁法祖的老师轻轻说的那句"她是四个孩子的妈妈",更证明医生不仅要有良好的医术,还要有大医精诚的仁心。这是化解医患矛盾的根本所在。

其次,矛盾分析法是"两点论"与"重点论"相结合的方法,反对"一点论"与"均衡论"。两点论是在研究复杂事物矛盾发展过程中,既要研究主要矛盾,又要研究次要矛盾;既要研究矛盾的主要方面,又要研究矛盾的次要方面,二者不可偏废。同时,唯物辩证法的两点论不是均衡的两点论,而是有重点的两点论。它要求把握矛盾的不平衡性并把它贯穿于矛盾的分析之中,不能主次不分、轻重不分,采取折中的态度。主要矛盾和次要矛盾的辩证关系原理、矛盾的主要方面和矛盾的次要方面的辩证关系原理要求我们在分析政策问题、制定和执行政策时善于抓住重点,抓住关键,集中主要力量去解决主要矛盾和矛盾的主要方面,同时又要统筹兼顾,恰当地处理好次要矛盾和矛盾的次要方面。既要防止不分主次,"胡子眉毛一把抓"的"均衡论";又要防止只抓中心,不顾其他,"单打一"的"一点论"。就像我们党现在以经济建设为中心,但同时要把政治建设、文化建设、社会建设、生态建设搞上去,这才是真正的辩证法。

从前有一对夫妇,家里有三个饼,夫妇俩一起分着吃,你一个,我一个,最后剩下一个,他俩相约说:"从现在起,如果谁先开口说话就不能吃这个饼了!"从此,为得到这个饼,俩人谁也不愿开口说话,有天晚上,一个盗贼溜进屋里,偷了他们家的财物,直到盗贼把东西全部偷光,看到没人说话,便当着丈夫的面侮辱他的妻子,可丈夫瞪着两眼还是不说话,妻子急了,高声喊有贼,并恼怒地对丈夫说:"你怎么这样傻啊!为了这一个饼,眼看着盗贼也不喊。"丈夫高兴地跳了起来,拍着手笑道:"啊,蠢货!你最先开口讲话,这个饼属于我了!"

第七章　作为行动指南的马克思主义哲学

这样的夫妇现实生活中不一定有,但主次不分、因小失大的事例却不在少数。这个故事的方法论意义就在于:我们想问题办事情应该牢牢抓住主要矛盾,不能主次不分,捡了芝麻丢了西瓜。

多年前,笔者担任过一次某市处级领导干部面试的考官。有一道题是这样的:假设你是某局局长,一天早上上班前,你的老妈突发急病,需要立即送院治疗,否则有生命危险;但你的秘书给你来电话,说有几份紧急公文等待你签字,当天要生效;市委主要领导也来电,说是因为你局前段时间工作不力,导致数百群众在市委上访,需要你前去解决问题;不仅如此,你还接到省里主管部门通知,说省厅领导今天下来进行工作检查,需要你进行全面汇报。作为局长,你将如何处理这几件几乎同时发生的事情?

一些领导干部在回答这道面试题时显得没有章法,即便侃侃而谈,也多半是"平均用力",与题目要考核的领导素质相去甚远。事实上,这道面试题考查的重点就是领导干部对矛盾分析法这一武器是否熟悉。看似都很重要的几件事情同时发生,如果你没有掌握正确的方法论,就会手忙脚乱,不知所措。解决上述问题,最合适的办法就是"两点论"与"重点论"相结合。基本原则是先公后私、先急后缓、先主后次。在上述几件事情中,数百群众上访的事情最为紧急,是重中之重,是主要矛盾。因此,局长应该立即前去市委解决百姓诉求,防止事态扩大为恶性群体性事件。在去市委的途中,你一方面要安排主管副局长做好向省厅领导汇报的准备,并安排他代替你进行工作汇报;另一方面,你可以叫秘书把紧急公文送来市委解决百姓诉求的现场,签署后生效。同时,如果家里没有其他亲人,可以呼叫120救护车送你老妈去医院治病。

再次,矛盾分析法是内外因分析法。事物发展的根本动力在于矛盾,矛盾推动事物向前发展。事物的内部矛盾就是事物发展的内因,事物的外部矛盾就是事物发展的外因,任何事物的发展都是内外因共同作用的结果。内因是事物发展的根据,是第一位的原因。外因是事物发展的条件,是第二的原因。它们在事物发展中的地位和作用却是不同的,不能相提并论,事物运动、发展的源泉在于事物内部的矛盾性。对立统一规律认为,事物发展的根本原因是由内因决定的。正因为这样,事物才是自我运动、自我发展,把这一原则贯彻到方法论上,就是要坚持内因分析法,反对形而上学的外因论。内因分析法要求我们在分析事物矛盾时,把立足点放在内因上,内因是事物发展的根本源泉;同时也要充分利用外因的作用,创造良好的外部条件,坚决抵制忽视外因作用的错误思想。

原陕西省宝鸡市公安局局长范某某因犯受贿罪,被判有期徒刑十年。这个平时被誉为"清廉"的领导,东窗事发竟源于一个小偷。这个小偷原来是宝鸡市公安局雇来打扫卫生的临时工。他先后在这个公安机关行窃三十多次,抓获后带出了范某某的腐败问题。事后,范某某反省说:"没想到一个小偷会给我带来这么大的灾难,如果早日把这个贼辞退就好了。"

直到被抓进监牢,这个昔日的公安局长依然没有反省出自己的问题究竟出在哪。因为他根本不懂得唯物辩证法,不懂得矛盾分析法。他完全没有意识到自己的腐败堕落是被判刑的内因,小偷只不过是一个偶然的因素而已。把自己的"出事"归结于"没有及时辞退小偷",反映出某些贪官的哲学素养匮乏到了何等程度。

最后,矛盾分析法是共性与个性、普遍性与特殊性相结合的方法,其精髓是具体问题具体分析,反对教条主义与经验主义。矛盾普遍性是矛盾存在于一切事物中,存在于一切事物发展过程的始终。矛盾的特殊性是不同事物的矛盾各有其特点;同一事物的矛盾在不同发展过程和发展阶段各有不同特点;构成事物的诸多矛盾以及每一矛盾的不同方面各有不同的性质、地位和作用。矛盾普遍性与矛盾特殊性是辩证统一的关系。矛盾的普遍性即矛盾的共性,矛盾的特殊性即矛盾的个性。矛盾普遍性和特殊性的辩证关系原理要求我们坚持普遍性的原则,具体地分析矛盾的特殊性。分析政策问题、制定和执行政策,必须坚持具体问题具体分析,反对"一刀切",反对

第七章　作为行动指南的马克思主义哲学

把马克思主义当作教条的错误思想和做法。分析问题和制定政策要坚持从特殊到普遍,再由普遍到特殊的认识规律;同时要学会"一般号召和个别指导相结合""从群众中来,到群众中去"等科学的工作方法。深入基层,调查研究,正确处理中央和地方的关系。毛泽东曾经指出:共性个性、绝对相对的道理,是关于事物矛盾的问题的精髓,不懂得它,就等于抛弃了辩证法,就会犯唯心主义、形而上学的错误。对于中国革命和建设的实践来说,共性与个性结合的原理,是马克思主义普遍真理与具体实践结合这一基本原则的哲学基础。中国革命和建设的成功,以及正在展开的建设有中国特色社会主义的伟大实践,都要求贯彻共性与个性、绝对与相对、普遍性与相对性结合的根本方法。

第二,关于马克思主义实事求是的基本方法。

前些年,社会上流行一副对联:上联是:上级压下级,层层加码,马到成功;下联是:下级骗上级,层层掺水,水到渠成。横批是:数字出官,官出数字。

这副对联是老百姓讽刺官场"注水"现象的产物。在一些地方,为了追求政绩和经济利益,有的要求按照计划上报统计数字,有的凭空编造统计数据,有的虚报、瞒报统计数据,有的甚至直接篡改基层上报的统计数据。贪官王怀忠于"九五"期间在安徽阜阳当政,阜阳年均国内生产总值实际增长4.7%,上报的数字却高达22%。贫困的阜阳被吹成全省发展最好的地区,王怀忠倒是被提拔了,阜阳人民却遭了殃。王怀忠之流绝不是官场个案,在今天的中国官场,说严重一点,那是比较普遍的现象。凡此种种,无不与我们党实事求是的思想路线背道而驰。然而,令人惊讶的是,这种弄虚作假、骗取政绩的伪劣手段却很少受到责任追究,不能不引起我们的高度重视和深刻反思。

马克思主义活的灵魂就是一切从实际出发,实事求是。马克思主义物质统一性原理强调,世界统一于物质,物质世界的统一是多样性的统一。这

生活的哲学 与哲学的生活

一原理要求我们在工作中根据事物的现实条件,具体问题具体分析。因此,这一原理也成为我们党实事求是思想路线的哲学基础。"实事求是"一词,最初出现于东汉史学家班固撰写的《汉书·河间献王传》,讲的是西汉景帝第三子河间献王刘德"修学好古,实事求是"。中国共产党人把马克思主义基本原理与中国革命的具体实践相结合的过程中,批判地继承了历史上的"实事求是",进行了新的科学解释,赋予唯物辩证法的哲学内容。今天,我们讲实事求是,就是是一说一,是二说二,严格按照客观现实思考或办事。从实际情况出发,不夸大,不缩小,正确地对待和处理问题,求得正确的结论。毛泽东在反对本本主义时,第一次明确提出思想路线问题,强调"没有调查就没有发言权";延安时期,他在总结中国共产党的历史经验教训时,就借用《汉书》中的典故,提出了"实事求是"的口号,这一口号后来被作为党的思想路线的概括表述。毛泽东同志曾对"实事求是"作过精辟的概括:"'实事'就是客观存在着的一切事物,'是'就是客观事物的内部联系,即规律性,'求'就是我们去研究。"新时期之初,邓小平总结新中国成立以来我们党的成败得失,面对"两个凡是"的错误主张,提出了"解放思想,开动脑筋,实事求是,团结一致向前看"的口号,丰富了"实事求是"思想路线的内涵。进入新世纪,江泽民针对世情、国情、党情的深刻变化,指出:"马克思主义具有与时俱进的理论品质。""全党同志要坚持马克思主义的科学原理和科学精神,善于把握客观情况的变化,善于总结人民群众在实践中创造的新鲜经验,不断丰富和发展马克思主义理论。""解放思想,实事求是,与时俱进,开拓创新"又进一步丰富了党的思想路线内涵。

中国共产党是靠实事求是起家和兴旺发展起来的。正如邓小平同志指出的:"过去我们搞革命所取得的一切胜利,是靠实事求是;现在我们要实现四个现代化,同样要靠实事求是。"回顾我们党九十多年的历史可以清楚地看到,什么时候坚持实事求是,党就能够形成符合客观实际、体现发展规律、顺应人民意愿的正确路线方针政策,党和人民事业就能够不断取得胜利;反

第七章 作为行动指南的马克思主义哲学

之,离开了实事求是,党和人民事业就会受到损失甚至严重挫折。

20世纪20年代末30年代初,李立三为代表的中共中央由于脱离客观实际,单凭主观愿望或想象来分析中国革命形势,严重违背了实事求是的精神,使革命事业遭受重创。他们一是错误地估计了革命形势,认为中国革命和世界革命都到了大决战的前夜;二是错误地估计了群众意愿,认为群众已经不要小干只要大干,也就是只要武装暴动,而且是全国性的武装暴动,故而在实际工作中已不再需要逐步积聚和准备革命的主观力量;三是错误地估计了武装斗争的战略,坚持"城市中心论",批评"以乡村包围城市"是一种"极错误的观念","过去的游击战术""必须根本地改变过来";四是错误地估计了资产阶级,认定"资产阶级已经是反动联盟的一部分",主张革命如果在一省与几省首先胜利,"要没收中国资产阶级的工厂、企业、银行",并且"必然需要从工农专政进到无产阶级专政"。在这种错误思想指导下,李立三等制订了以武汉为中心的全国中心城市武装起义和集中全国红军攻打中心城市的计划。重点是武汉暴动、南京暴动和上海总同盟罢工,并要求各路红军"会师武汉""饮马长江",与国民党军进行战略决战。

这次"左"倾错误在党内统治的时间虽然只有三个多月,但党为此付出了惨痛的代价。国民党统治区内,许多地方的党组织因为急于组织暴动而把原来的有限力量暴露出来,先后有十一个省委机关遭受破坏,武汉、南京等城市的党组织几乎全部瓦解,红军在进攻大城市时也遭到近乎致命的打击。

学习和掌握马克思主义实事求是的思想方法,要把它与解放思想、与时俱进结合起来。解放思想是实事求是的内在要求。只有解放思想,不断研究新情况、解决新问题,把思想认识从各种不合时宜的观念、做法和体制的束缚中解放出来,才能使我们正确地把握不断发展变化着的客观实际,才能使我们的思想认识符合客观实际,这样才能真正做到实事求是。与时俱进是实事求是的必然要求和结果。随着时间的推移和时代的前进,客观实际

生活的哲学与哲学的生活

发生了变化,我们的思想认识必须相应地跟着变、跟着前进,这也就是实事求是。因此,坚持实事求是,一定要同解放思想、与时俱进有机统一起来,在解放思想、与时俱进中坚持真理、纠正错误,做到不唯上、不唯书、只唯实。实践表明,要真正做到实事求是,必须注重和坚持调查研究。不管信息手段多么发达,不管有多少了解情况的其他渠道,都不能替代亲自深入实际、深入基层、深入群众进行实地的调查研究。

坚持实事求是,一个重要的要求就是要大力营造党内民主氛围,鼓励讲真话、敢于讲实话。赫鲁晓夫在苏共"二十大"揭露斯大林的暴行时,台下有人递条子上去。赫鲁晓夫当场宣读了条子的内容:"赫鲁晓夫同志,当时你在哪里?"很显然,这是在讽刺赫鲁晓夫:当年做缩头乌龟,现在却大反斯大林。读完后,赫鲁晓夫严厉地扫视全场,然后厉声问道:"这是谁写的,请站出来!"连问三次,台下鸦雀无声,却没有人站出来。停顿了一会儿,赫鲁晓夫说:"现在让我来回答你吧,当时我就坐在你的位置上。"这则笑话说明,赫鲁晓夫时期,尽管斯大林已经作古,但是斯大林建立的高度集中的威权体制依然存在。这种威权体制,严重压制了党内民主,使得党内说真话、说实话的风气荡然无存。党的高层根本掌握不了基层党员和群众的所思所想,严重脱离群众,而这正是从赫鲁晓夫到戈尔巴乔夫改革失败的主要原因,也是苏联1991年最终解体的主要原因。因此,各级领导干部要勇于开展批评和自我批评,带头讲真话,敢于道实情,有一说一,有二说二,不刻意评功摆好,不回避和掩饰问题。要善于听真话,鼓励下级和群众讲心里话,反映真实情况。要正确对待和诚恳接受同志的诤言挚语,坚持言者无罪、闻者足戒,有则改之、无则加勉,建立和谐融洽的同志关系,坚决反对党内生活庸俗化。

第三,关于马克思主义群众路线的基本方法。

2013年9月,很多湖南邵阳市民都接到一条短信,短信开头是:"邵阳人要说邵阳好,家乡才能真的好。请接到省(湖南)综治民调电话并予以客观公正、积极评价的用户,持五分钟左右的电话通讯记录单到当地综治办领取

第七章 作为行动指南的马克思主义哲学

误工补贴。"据邵阳某区综治办人员介绍,只要完成省里电话民调,凭通话记录就可以领取300元补贴。一位综治办人员称,号码必须是省里的民调电话,其他的都不算数。领取补贴时,市民不需要提供通话内容的录音等材料。

湖南邵阳的这一做法经媒体报道后,立即引发全社会的广泛关注。"花钱买好评"的做法被网友炮轰拙劣不堪。有网友直言不讳地批评道:"金杯银杯不如百姓的口碑。这种'说好话有补贴'的方式获得的民意认可,就像淘宝上一些卖家惯用的利诱买家给好评的伎俩。当'亲们'因为卖家的利诱纷纷给出好评时,这样的好评实质上是货真价实的'差评'。"还有网友说:"说好话给补贴其实就是一种掩耳盗铃的行为,这只会让百姓看不起当地干部,更损害了邵阳市政府的形象。"在网上民意的巨大压力下,邵阳市委、市政府采取紧急措施,立即叫停此举,并向网民表示歉意,对发短信的市综治办提出严肃批评,责成做出深刻检查。

创造条件让人民批评和监督政府,是打造服务型政府的基础,也是党和政府的一贯宗旨,更是群众路线的具体体现。实事求是地说,当地政府的坦诚态度和及时措施值得肯定,但小小短信折射出地方政府的复杂心态令人深思。肩负千钧重,民意贵如金。保障调查客观准确,维护民意真实表达,政府的决策才有依据和基础,工作才有落脚点。反过来,弄虚作假、变相"收买"群众给好评,或是粉饰太平、诱导群众说好话,无异于掩耳盗铃。群众"被满意"、民意调查"做手脚",不过是一件皇帝的新装。其结果必然是掩盖深层次矛盾和问题,埋下更大隐患。

有关部门之所以会如此,首先体现出的是地方政府部门的不自信。"打铁还需自身硬",如果自身的工作做好了,做得人民群众都满意了,那完全可以坦坦荡荡,任由人民群众评说,也任由上级部门调查。其次,反映出基层党委政府或有关部门对人民群众的不信任,担心民众在调查中说出对自身不满意的地方,不相信人民群众能作出客观公正评价。归根结底,是没有牢

生活的哲学 与哲学的生活

固树立马克思主义的群众观点,没有严格落实马克思主义的群众路线。

马克思主义认为,人民群众是历史的创造者。首先,人民群众是历史过程的积极主体,对社会发展起着主要决定作用。马克思在《神圣家族》中写道:"历史上的活动和思想都是'群众'的思想和活动","历史活动是群众的事业,随着历史活动的深入,必将是群众队伍的扩大"。因此,人民群众的总体意愿和行动代表了历史发展的方向。其次,人民群众是物质财富的创造者。人类社会赖以生存的物质生活资料是人民群众的主体——劳动群众创造的,离开劳动群众,人类社会就无法存在。恩格斯指出:"无论不从事生产的社会上层发生什么变化,没有一个生产者阶级,社会就不能生存。"再次,人民群众是精神财富的创造者。与物质生产活动的主体是人民群众一样,精神生产活动的主体也是人民群众。同时,人民群众的生活、实践活动是一切精神财富、精神产品形成和发展的源泉。第四,人民群众是英雄人物的创造者。英雄人物对社会发展起着重要作用,其作用比普通个人要大得多。但是英雄人物是时代和群众的产物,不是英雄造时势,而是时势造英雄;不是英雄创造群众,而是群众创造英雄。第五,人民群众是社会变革的决定力量。列宁强调:决定历史结局的是广大群众,而具有优秀精神品质的只是少数人,"如果这些少数人不中群众的意,群众有时就会对他们不太客气"。毛泽东也强调:"人民,只有人民,才是创造世界历史的动力。"

把马克思列宁主义关于人民群众是历史的创造者的原理系统地运用在党的全部活动中,形成党在一切工作中的群众路线,这是我们党长时期在敌我力量悬殊的艰难环境里,进行革命活动得到的无比宝贵的历史经验和总结。1929年9月28日,《中共中央给红军第四军前委的指示信》中第一次提出了"群众路线"这个概念。群众路线是党的根本工作路线。以毛泽东为代表的中国共产党在长期斗争中形成了"一切为了群众、一切依靠群众和从群众中来到群众中去"的群众路线。毛泽东同志经常强调,只要我们依靠人民,坚决地相信人民的创造力是无穷无尽的,因而信任人民,和人民打成一

第七章　作为行动指南的马克思主义哲学

片,那就任何困难都有可能克服,任何敌人最终都压不倒我们,而只能被我们所压倒。他还指出,领导群众进行一切实际工作时,要取得正确的领导意见,必须从群众中来到群众中去,实行领导和群众相结合,一般号召和个别指导相结合。这就是说,把群众的意见集中起来,化为系统的意见,又到群众中坚持下去,在群众的行动中考验这些意见是否正确。如此循环往复,使领导的认识更正确、更生动、更丰富。这样,毛泽东同志就把马克思主义的认识论同党的群众路线统一起来了。

邓小平在新的历史时期进一步强调了群众观点和群众路线。他在接受外国媒体采访时动情地说:"我是中国人民的儿子,我深情地爱着我的祖国和人民。"他把"人民拥护不拥护""人民赞成不赞成""人民高兴不高兴""人民答应不答应"作为各项方针政策的出发点和最终归宿,从而为我们树立了坚持群众观点和群众路线的光辉典范。

一切为了群众,首先要全心全意地为人民服务。既不是半心半意,更不是虚情假意。雷锋同志说得好:"人的生命是有限的,为人民服务是无限的,我要把有限的生命投入到无限的为人民服务中去。"他是这样说的,也是这样做的。他把平时积存的200元钱无私奉献给抚顺人民公社建设和辽阳灾区人民,用自己的津贴费给丢了火车票的大嫂补票,主动帮助外出老人,利用闲暇时间担任校外辅导员……雷锋始终"把别人的困难,当成自己的困难;把同志的愉快,看成自己的愉快"。1990年,纪思道在《纽约时报》这样细致地描述雷锋的"好人好事":"雷锋不是一个一般的好人,……他是那种会默默帮同志们洗衣服的小伙子;梦里思念的不是漂亮姑娘而是毛主席;当其他人在空闲时自己找乐子时,雷锋跑去工地上投入劳动,还把自己的积蓄都给了贫苦农民。当他乘上了火车,不光把自己的座位让给其他人,还花了所有时间来洗窗户和刷地板……"

一切为了群众,就必须对人民负责,为人民解困,以最广大人民群众的根本利益为最高标准。现如今,干部作风的最大问题,就是脱离群众,对群

生活的哲学与哲学的生活

众利益漠不关心。2009年,66岁的河北省承德市牛圈子沟镇下二道河子村村民王秀珍,到镇政府要求解决拆迁补偿问题。该镇党委书记史某某以要开会没时间、不熟悉情况为由,让王秀珍"别找他,反映也没用"。情急之下王秀珍大哭,并喊道:"史书记,您别走,您这儿都不管了,我去找谁,要我去跳楼啊!"史某某却回答:"这我可管不了,一楼二楼别去啊,要去就去(跳)五楼。"说完,甩手离开了。

一切依靠群众,首先要相信群众能够自己解放自己,要尊重和支持人民群众的首创精神,激发出人民群众的创造活力,畅通人民群众创造美好生活的渠道,为人民群众发挥积极性和创造性开辟广阔的空间,为人民群众展现活力提供广阔舞台,给人民群众创造更多的想干事、能干事的条件,积极投入到中国特色社会主义事业中来,主动做中国梦的参与者、推动者和书写者。要创造条件让人民群众分享更多的发展成果,共享人生出彩、梦想成真、成长进步的机会;让一切有利于社会进步的创造活力得到支持,创造才能得到发挥,创造成果得到肯定,让一切劳动、知识、技术、管理和资本的活力竞相迸发,让一切创造社会财富的源泉充分涌流,让更多的人投身到中国特色社会主义建设的伟大实践中来。

一切依靠群众,就既要反对命令主义,又要反对尾巴主义。命令主义是指违反群众的意愿,只凭强迫命令办事的领导作风。主要表现在:不顾客观实际情况和群众的觉悟程度,依靠领导者个人的主观愿望决定问题,并采取简单粗暴、行政命令的方式,强迫群众接受违背他们意向或他们尚未明了的事情。毛主席指出:"在一切工作中,命令主义是错误的,因为它超过群众的觉悟程度,违反了群众的自愿原则,害了急性病。""我们的同志不要以为自己了解了的东西,广大群众也和自己一样都了解了。群众是否已经了解并且是否愿意行动起来,要到群众中去考察才会知道。如果我们这样做,就可以避免命令主义。"尾巴主义是指放弃领导,迎合落后分子的错误意见的思想和行为。当进行某一项革命或建设任务的条件已经成熟,群众的觉悟已经达到一定程度时,领导者却对客观形势估计不足,把一部分落后群众的意见当作广大群众的意见,因而做了落后分子的尾巴,落在群众的后面,失去对群众的领导作用,这就是尾巴主义。毛泽东指出:"在一切工作中,尾巴主义也是错误的,因为它落后于群众的觉悟程度,违反了领导群众前进一步的原则,害了慢性病。"这就像过去我们说"摸石头过河",但现在老百姓都过河了,领导干部却还在河里摸石头,无疑是典型的尾巴主义。

一切依靠群众,应该虚心向人民群众学习,要拜群众为师,善于从群众的议论中发现问题,提出解决问题的方针和政策。譬如,在前述邵阳市政府的相关案例中,如果该部门能将"说好话给补贴"的错误做法改成——凡是能提出中肯批评和建设性意见的群众,都可以去领取补贴,把"花钱买好话"变为"花钱买意见和建议",则无疑是群众观点和群众路线在新时期的生动实践。毛泽东同志强调:"没有放下臭架子甘当小学生的精神,那是一定做不好调查工作的。"他身体力行,在才溪乡调查中,他走村入户,深入田间地头,与苏区群众推心置腹谈心,坦诚沟通,让群众敞开心扉、知无不言;他与群众一起生产生活、同甘共苦,亲自到才溪上坝段红军公田参加劳动,到群众家中帮助劈柴,与群众一起吃地瓜,田畔地头、饭前饭后都有毛泽东同志向民众问寒问暖了解民情的身影。

一切依靠群众,必须在一切工作中发动群众、组织群众,要在新形势下努力创造发动与组织群众的新方式、新方法。深入贯彻党的群众路线,就是要真正发挥出各级党组织的战斗堡垒作用和广大党员的先锋模范作用,在各项事业中,时刻想着群众,真心相信群众,想人民群众之所想,急人民群众之所急,实现好、维护好、发展好最广大人民群众的利益。这样群众才会真心实意地支持党、拥护党,使党成为社会主义事业发展的领导核心,成为攻坚克难奋勇争先的带头人,成为处变不惊、临危不乱、从容坚定的主心骨,成为汇集人民群众的智慧和力量的吸铁石,最终凝聚起实现中华民族伟大复兴中国梦的磅礴力量。

生活的哲学 与哲学的生活

现在,群众路线已经被有些党员干部淡忘了,官本位意识浓厚,习惯于当官做老爷,不愿做群众工作,思想上漠视群众、感情上疏远群众、心理上害怕群众、工作上脱离群众,对群众反映的问题一看就烦、一听就厌,漠视群众疾苦。不少基层党员和群众反映,现在交通工具发达了,干部与群众的距离却远了;通信工具先进了,干部与群众的沟通却难了;干部的学历高了,做群众工作的水平却低了。这种说法,从一些侧面反映出党的群众工作和党群关系、干群关系中存在的问题。这里面既有立场问题、感情问题,也有方法问题、能力问题。大家现在都已经认识到,党最大的政治优势是密切联系群众,党执政后最大的危险是脱离群众。如何在新的历史时期深入贯彻群众路线呢?一是要当好"小学生",放下架子,俯下身子,深入实际,深入基层,从群众中寻找解决问题的方案和办法,使作出的决策和决策的执行充分体现民心民意。二是要当好"研究员",要认真研究经济社会生活的新变化和群众工作的新特点,积极探索和掌握适应新形势要求的做群众工作的、新途径、新方法、新机制,努力提高群众工作的针对性和有效性,在改革发展过程中处理好效率与公平的关系,充分调动各方面群众的积极性、主动性、创造性;在利益格局调整的过程中兼顾不同群体的利益诉求,妥善协调和处理群众不同方面的利益关切;在思想观念发展变化的过程中寻找与群众交流沟通的共同语言,拉近与群众的思想感情距离,努力掌握为人民服务的科学方法,提高为人民服务的实际本领,善于运用说服教育、示范引导和提供服务等方法凝聚和激励群众。三是要当好"贴心人",要带着感情与群众打交道、交朋友、下基层、"接地气"。只有懂得群众的疾苦,才能同群众手拉手,心连心。要多一些田间地头的嘘寒问暖,少一些餐桌酒店的你来我往;多一些"屋里屋外"的家长里短,少一些趾高气扬的官腔官调,真正做到群众家里坐得下、粗茶淡饭吃得下、群众困难装得下;诚心诚意办实事,尽心尽力解难事,坚持不懈做好事。

马克思主义的立场、观点、方法是相互联系、不可分割的,统一和贯穿于

第七章 作为行动指南的马克思主义哲学

马克思主义的科学理论体系。只有从立场观点方法的统一中把握马克思主义的精髓和实质,才能完整准确地掌握和运用马克思主义,才能以之作为我们的行动指南。

主要参考文献

1. [德]黑格尔:《哲学史讲演录》,北京:商务印书馆,1978年版。

2. [英]罗素:《西方哲学史》,北京:商务印书馆,1976年版。

3. [挪威]乔斯坦·贾德:《苏菲的世界》,北京:作家出版社,1999年版。

4. [英]茱莉亚·安纳斯:《古典哲学的趣味》,北京:译林出版社,2012年版。

5. [英]马丁·科恩:《101个有趣的哲学问题》,北京:新华出版社,2007年版。

6. [美]威尔·杜兰特:《哲学的故事》,北京:三联书店,1997年版。

7. [美]托马斯·内格尔:《你的第一本哲学书》,北京:当代中国出版社,2005年版。

8. [美]佩格·蒂特尔:《图利的猫——史上最著名的116个思想悖论》,重庆:重庆大学出版社,2012年版。

9. [美]迈克尔·桑德尔教授:《公正——该如何做是好》,北京:中信出版社,2011年版。

10. [希腊]柏拉图:《柏拉图对话录》,北京:中国国际广播出版社,2006年版。

11. [美]莎伦·凯,保罗·汤姆森:《给青少年讲哲学》,重庆:重庆大学出版社,2010年版。

12. [英]特里·伊格尔顿:《马克思为什么是对的》,北京:新星出版社,2011年版。

13. 蓝黛编著:《智慧门:西方智者的机趣》,北京:民族出版社,2002年版。

14. 张遥编著:《智慧窗:中国智者的机趣》,北京:民族出版社,2002年版。

15. 文聘元:《西方哲学的故事》,天津:百花文艺出版社,2001年版。

16. 文聘元:《现代西方哲学的故事》,天津:百花文艺出版社,2005年版。

17. 成云雷:《趣味哲学》,上海:上海古籍出版社,2001年版。

18. 陆杰峰编著:《活着就要学点哲学》,北京:中国华侨出版社,2012年版。

19. 星汉编著:《世界上最经典的哲学故事》,北京:中国华侨出版社,2011年版。

20. 冯友兰:《中国哲学史新编》,北京:人民出版社,1999年版。

21. 冯友兰:《贞元六书》,上海:华东师范大学出版社,1996年版。

22. 胡军:《哲学是什么》,北京:北京大学出版社,2002年版。

23. 陈新汉主编:《哲学与智慧》,上海:上海大学出版社,2006年版。

24. 王德峰:《哲学导论》,上海:上海人民出版社,2000年版。

25. 张世英:《哲学导论》,北京:北京大学出版社,2002年版。

26. 韩树英主编:《通俗哲学》,中国青年出版社,2011年版。

27. 孙正聿:《哲学导论》,北京:中国人民大学出版社,2000年版。

28. 傅佩荣:《哲学入门》,北京:新星出版社,2012年版。

29. 365天读经典编委会:《365天读哲学》,北京:北京联合出版公司,2012年版。

后　记

近年来,一直想结合自己的研究专长与教学心得写一部关于哲学的通俗普及类读本。动机之一是因为生活离不开哲学,而哲学又来自于生活——这与一般人把哲学理解为抽象、玄奥乃至晦涩的理论似乎大相径庭。因此,如果通过我们的努力使哲学能真正地走进生活,走近百姓,走进千百万读者的心灵深处,无疑是"功德无量"的一件大事。动机之二是因为市委宣传部与市社科联正好有一个哲学社会科学的推广普及计划,与我的设想可谓不谋而合,本书的编写被列入了"茂名市2013年度哲学社会科学规划后期资助立项课题",促进了本读本的问世。

目前,国内外已经出版了一系列哲学知识普及读物。就国外来说,挪威作家乔斯坦·贾德所著《苏菲的世界》乃是风靡全球的畅销书。该书是一个将学术作品通俗化的成功典范。作者以14岁的少女苏菲某天放学回家所收到的神秘来信为引子,在一位神秘导师的指引下,苏菲开始思索从古希腊到康德,从祁克果到弗洛伊德等各位大师所思考的根本问题。该书最大的特点是使读者能以阅读侦探小说的心情浏览从柏拉图以前一直到20世纪的整部世界哲学史。

英国安纳斯所著的《古典哲学的趣味》介绍了希腊哲学家的灵魂学说、政治哲学、伦理学、知识论及形而上学思想,最后在与基督教的世界观和思想的比较之中,介绍古典哲学到中古哲学的过渡,写到奥古斯丁时的晚期罗

后　记

马哲学为止。这堪称一本有品位的哲学普及读物。

英国《哲学家》杂志主编马丁·科恩所著的《101个有趣的哲学问题》，是以问题的形式来解读哲学的成功尝试，它试图把哲学理论与实践统一起来，以问题为中心，使全书成为一连串既实用又生动的实验，而不是一堆枯燥无味、死气沉沉的概念。

美国哲学家威尔·杜兰特的经典力作《哲学的故事》以轻松幽默的方式介绍了人类哲学史上数十位著名哲学家的人生境遇、主要学说及其评价，因之，它并不被看作是一部哲学史，而是一部关于哲学家的故事会。这些故事本身奇巧而有趣，加上作者娓娓动听的叙述，使它变成了一部极富魅力的人文经典。

美国托马斯·内格尔的《你的第一本哲学书》也很畅销。作为当代西方哲学界的领军人物，内格尔用生动的语言，高超的分析技巧，以及深刻而冷静的洞察力向我们充分展现了哲学思考的真正旨趣。

韩国热销少儿类哲学普及读物《哲学家讲的哲学故事》系列丛书共50卷，选择了东西方哲学史上50位大哲学家，以各人的核心思想为主题，一人一册，用讲故事的形式，面向小读者普及对人类历史产生了最重要影响的50位哲学家的思想。故事的编撰，故事与思想的衔接，思想的表述，大致都不错。

应该说，国外哲学普及读物已经走到了我们前面。它们共有的特点是以轻松活泼的笔触，以不拘一格的表达，以一般受众喜闻乐见的形式，普及推广"高深莫测"的哲学思想，潜移默化影响大众行为，深受欢迎，绝大部分都成为畅销书。但从国外的哲学普及读物来看，他们几乎清一色是以传统的哲学体系与哲学问题为线索来构思，使相关读物极少反映现代生活。国外读本的另一个缺憾是对东方哲学几乎没有涉猎，这不能不是一个致命的遗憾。

生活的哲学 与哲学的生活

国内目前最有影响的哲学普及读物之一是文聘元所著的《西方哲学的故事》与《现代西方哲学的故事》。前者讲述了古希腊至19世纪中叶西方经典哲学家的人生道路、哲学体系与思想成就;后者着眼于对现代西方哲学家的介绍。两书以通俗而略带幽默感的叙述,展示出西方哲学的精髓。

成云雷著的《趣味哲学》,从哲学与哲学家、认识世界、智力体操、伦理的境界、文化与人生五个方面对哲学进行了轻松的叙述;张世英、孙正聿教授分别著有《哲学导论》、陈新汉主编《哲学与智慧》、胡军著《哲学是什么》,这些书与其他一系列哲学导论、概论类读物一样,依然承继了我国传统哲学著作的"清高",难以被普通读者们接受,很难算是真正的普及读物。

此外,陆杰峰编著的《活着就要学点哲学》、星汉编著的《世界上最经典的哲学故事》以及韩承澋编著的《说故事讲哲学》等书,都是很受群众欢迎的哲学普及读物。它们用一些浅显生动、富有哲理的古今中外的小故事,试图深入浅出地把深刻的哲学道理进行透彻的解释,寓哲理于故事之中。应该说,他们的努力没有白费。遗憾的是,这些读物更像是蕴含哲理的故事会,而不能算作真正的"哲学书"。

因此,实事求是地说,近年来,我国哲学普及工作已有了不少的新收获,在解决好普及与提高的问题上取得了新进展。但总体情况仍然不容乐观。主要表现在:国内目前的普及读本要么是编著形式的"哲学故事会",内容较为零散,丧失了哲学系统性的理论风格;要么是以令人不感兴趣的导论、概论形式出现,基本上是对哲学一般知识的沉闷介绍,就普及的角度而言,脱离了人民大众。

显然,写作一本既有传统哲学视域,又有现代哲学意识;既有西方哲学精髓,又有东方哲学神韵;既有独特哲学体系,又有经典哲学问题;既有深刻哲学思辨,又有生动生活案例的哲学书,是一件很有意义的事情。黑格尔

后　记

说,哲学有不同的道路,一条是"普通的道路,在这条道路上,人们是穿着家常便服走过的;但在另一条道路上,充满了对永恒、神圣、无限的高尚情感的人们,则是穿着法座的道袍阔步而来的"。事实上,这两条道路的方向不必相反,"穿着家常便服"的人,难道就不可以"充满了对永恒、神圣、无限的高尚情感"吗？因此,笔者尝试把通俗直白的语言、生动经典的案例、明晰深刻的思想、富有启发的观点和全面系统的理论结合起来,让更多的人从更多的侧面、更多的角度全面了解哲学、思考哲学、喜欢哲学、运用哲学,这正是本书的价值与意义所在。

笔者着重在以下几个方面进行了创新性的探索与尝试:一是打破传统哲学的概念框架,以一种既有继承又有创新的理论体系来解读哲学,建构了一个生活化的哲学体系,避免了一般读物墨守西方哲学成规的弊病;二是尝试用问题引导来深入哲学观念与生活智慧的探讨,通过对典型案例或经典问题的生动而深入的条分缕析,来阐释哲学的观念与智慧,极大地增强了书本的可读性,避免了一般概论性读物"脱离群众"的弊病;三是哲学史料的选择涵盖中西哲学思想与文化,材料为主题服务,旁征博引,避免了西方普及读物忽略东方哲学的弊病。笔者以哲学与生活为主题,以生活的智慧来展开哲学思想体系,以经典的哲学问题为导引,以马克思主义的立场、观点和方法为落脚点,中西互参、古今交汇、点面结合。我们的目的不是告诉读者关于哲学的标准答案,而是希望与读者诸君一道领会回归生活世界的哲学,并走上一条哲学化的生活之路。

最后,需要特别指出三点:其一,本书在撰写过程中参引了一些国内外相关读物与学术著作的研究成果,但作为通俗类读物,作者并没有严格按照学术著作的规范标引详细的出处,只在书后列举了主要的参考文献。个别地方对网络文章的引用,也因找不到原始出处而没办法详细说明。在此,谨向原作者致以真挚的谢意与诚恳的歉意。其二,本书的完成虽然准备时间充足，但真正撰写的时间并不长，书中错漏之处恳请读者诸君批评指正。其三，本书的出版得到了黑龙江人民出版社梁玉梅女士的多方筹划与精心安排，得到了茂名市委宣传部与茂名市社科联相关领导的关心与支持。黄国琪、陈文钦同志组织、策划了本书的编写与出版，对撰写提纲提出了宝贵意见并审阅了全书。笔者一并向他们致以衷心的感谢。

唐少莲
2015 年 6 月